Otto Mayr

Geschichte aktuell

Von der sozialen Frage bis zum Zweiten Weltkrieg

Stundenbilder mit Kopiervorlagen

LA Verlag Ludwig Auer Donauwörth

Verwendete Abkürzungen:

TA	Tafelanschrift
AA	Arbeitsauftrag
EA	Einzelarbeit
PA	Partnerarbeit
GA	Gruppenarbeit
LSG	Lehrer-Schüler-Gespräch
AB	Arbeitsblatt
ZA	Zielangabe

Hinweis zu Medien:

Die Nummern der AV-Medien, die im Bereich Arbeitsmittel/Medien/Literaturhinweise ein zusätzliches Unterrichtsmaterial kennzeichnen, sind die bundesweit zumeist üblichen Kennziffern, unter denen diese Medien bei den Kreisbildstellen zu finden sind.

Bedeutung der Kennziffern vor der Bestellnummer:

10 . . . Diareihe
32 . . . Film 16 mm Lichtton
42 . . . Videokassette VHS
50 . . . Medienverbund

Gedruckt auf umweltbewußt gefertigtem, chlorfrei gebleichtem
und alterungsbeständigem Papier.

1. Auflage. 1995

Titelfoto: ZEFA, Düsseldorf (Masterfile)
Gesamtherstellung: Ludwig Auer GmbH, Donauwörth
ISBN 3-403-0**2458**-X

Inhaltsverzeichnis

Vorwort

Der Geschichtsunterricht hat u.a. die Aufgabe, den Schülerinnnen und Schülern ein historisches Bewußtsein zu vermitteln, ihnen begreiflich zu machen, daß die Welt, in der sie heute leben, durch die Ereignisse in der Vergangenheit bestimmt wurde. Er soll die Bereitschaft wecken, Mitverantwortung für die Gestaltung dieser Welt zu tragen, damit in ihr ein Leben in Freiheit, sozialer Gerechtigkeit und gesichertem Frieden möglich ist.
Die Jugendlichen sollen verstehen lernen, daß die freiheitlich-demokratische Grundordnung, wie sie im Grundgesetz der Bundesrepublik Deutschland verankert ist, errungen werden mußte, und daß sie nur Bestand hat, wenn jeder Bürger sich zu ihr bekennt und sich um ihre Verwirklichung bemüht. Schülerinnen und Schüler sollen Einblick in die Entstehung demokratischer Lebensformen, aber auch deren vielfältige Gefährdungen erhalten und sich mit der Vergangenheit der beiden letzten Jahrhunderte auseinandersetzen.

Die Schüler und Schülerinnen sollen den Wandlungsprozeß vom vorindustriellen zum industriellen Zeitalter nachvollziehen. Sie sollen Motive für die imperialistische Expansion untersuchen und sich mit langfristigen Nachwirkungen des Kolonialismus beschäftigen.
Am Beispiel der Weimarer Republik lassen sich Chancen und Gefährdungen einer demokratischen Ordnung aufzeigen. In der Betrachtung dieser Epoche sollte der Frage nachgegangen werden, warum diese Republik gescheitert ist und die Einsicht entstehen, daß eine Demokratie ohne Demokraten schwere Krisenzeiten nicht überstehen kann.
Die Jugendlichen sollen am Beispiel der Machtergreifung Hitlers erkennen, daß ein totalitäres Regime nur durch rechtzeitiges Eingreifen verhindert werden kann.
Am Beispiel des Nationalsozialismus soll aufgezeigt werden, wie schnell eine Gesellschaft mit hohem kulturellen Niveau sich der Macht der Gewalt beugen kann.

Der Geschichtsunterricht erweitert und differenziert das Zeitbewußtsein und vermittelt die Grunderfahrung, daß Geschichte Geschehen in Zeit und Raum ist. Diesem Ziel soll dieser Band, der den Zeitraum von der industriellen Revolution bis zum Ende des Zweiten Weltkrieges abdeckt, dienen.
Inhaltlich werden die Unterrichtseinheiten den Ansprüchen gerecht, die an einen modernen, methodisch interessanten Geschichtsunterricht gestellt werden müssen: aktuelle Information, Kommentare zu geschichtlichen Ereignissen, aussagekräftige Schaubilder und Statistiken, persönliche Meinungen von Betroffenen, treffende Karikaturen, sachliche Informationstexte, gut strukturierte Arbeitsblätter und motivierende Stundenverläufe.

Otto Mayr

THEMA

Die technisch-industrielle Revolution

LERNZIELE

Bewußtmachen, daß der Mensch vom Beginn seines Daseins an Kraft aufwenden mußte, um sein Leben zu erhalten.
Erkennen, daß mit der Erfindung der Dampfmaschine durch den Engländer James Watt (1765) eine neues Zeitalter beginnt.
Bewußtmachen, daß die Erfindung der Dampfmaschine die industrielle Revolution einleitete.
Erkennen, daß es zu umwälzenden Veränderungen im Wasser- und Landverkehr kam.

ARBEITSMITTEL / MEDIEN / LITERATURHINWEISE

Folie 1 (Dampfbetriebene Dreschmaschine), 2 Informationsblätter, 1 Arbeitsblatt

TAFELBILD / FOLIEN

Folie 1

I. Hinführung:

Folie 1 (Dampfmaschine)

Zielangabe — TA: ***Die technisch-industrielle Revolution***

II. Erarbeitung:

Informationsblatt 1/EA/PA
Auswertung LSG

1. TZ: Die Suche nach einer neuen Kraftmaschine

SS: - Bis Ende des 18. Jahrhunderts war der Mensch auf mechanische Kräfte angewiesen.
- Mit der Erfindung der Dampfmaschine durch James Watt beginnt ein neues Zeitalter.

2. TZ: Die Dampfmaschine leitet eine industrielle Revolution ein

SS: - Die neue Energie war unabhängig von Standortfaktoren.
- Es entstanden ganz verschiedene Arbeitsmaschinen.
- Es konnte schneller und mehr produziert werden.

III. Vertiefung:

Impuls

L: Am Beispiel von James Watt und an weiteren Beispielen kannst du erkennen, welches Land im Bereich der Industrialisierung die führende Rolle innehatte.

Besprechung der Gründe

SS: England: Kontinentalsperre durch Napoleon (1806 - 1813) förderte das Suchen völlig neuer Wege; Welthandel durch Ausbreitung des Kolonialbesitzes schafft Nachfrage nach Konsumgütern.

IV. Ausweitung:

3. TZ: Veränderungen im Wasser- und Landverkehr

SS: - 1807: Dampfschiff (Robert Fulton)
- 1814: Lokomotive (G. Stephenson)
- 1835: Erste deutsche Eisenbahnstrecke Nürnberg - Fürth

V. Sicherung:

Eintrag AB

Die technisch-industrielle Revolution

Die Suche nach einer neuen Kraftmaschine

Vom Beginn seines Daseins auf der Erde an mußte der Mensch Kraft aufwenden, um sein Leben zu erhalten. Zunächst hatte er kaum andere Hilfsmittel als seine eigene Kraft und primitive Werkzeuge. Über Jahrtausende hinweg standen ihm nur mechanische Kräfte zur Verfügung, er machte sich die Trag- und Zugkraft der Tiere zunutze, erkannte die Kraft des fließenden Wassers und des Windes. Mit ihrer Hilfe konnte er Lasten bewegen, Wasserräder und Mühlen antreiben und Schiffe segeln. Bis Ende des 18. Jahrhunderts blieben die mechanischen Kräfte die Grundlage von Technik und Wirtschaft.

Als es den Menschen gelang, neue Energiequellen zu erschließen, begann das technische Zeitalter. Gewöhnlich bezeichnet man die Erfindung der Dampfmaschine durch den Engländer James Watt als den Beginn dieser neuen Zeit.
Nach vielen Versuchen gelang es James Watt, eine brauchbare und wirtschaftliche Dampfmaschine zu bauen, die die Wärme in Drehbewegung umsetzen konnte. Im Jahr 1776 lief die erste Watt`sche Dampfmaschine. Bald schon leistete sie in Bergwerken und wenig später auch in Hüttenwerken und Textilunternehmen als Arbeitsmaschine gute Dienste.

Die Dampfmaschine leitete die industrielle Revolution ein

Die neue Energie war unabhängig von Standortfaktoren wie Wasser und Wind. Sie ließ sich überall dort erzeugen, wo sie gebraucht wurde. Zuerst wurden die Spinnereien und Webereien von der Dampfmaschine angetrieben. Bald entstanden viele andere Arbeitsmaschinen. Durch sinnvolle Übertragungsgeräte (Riemen- und Zahnradgetriebe) wurde die Antriebskraft in der benötigten Drehzahl bereitgestellt, und man konnte durch einfache Hebelbewegung ganze Maschinensysteme anlaufen lassen. Zur Bedienung dieser Maschinen brauchte man keine ausgebildeten Fachleute. Meist genügte eine kurze Anlernzeit, dann konnte der neue Fabrikarbeiter ein Vielfaches von dem leisten, was der Handwerker ohne Maschine zustandebrachte. In der Baumwollindustrie z.B. produzierte ein Arbeiter an der Spinnmaschine bald soviel wie 200 Spinner vor der Erfindung der Dampfmaschine.

Die Leistung der Dampfmaschine

"Schätzt man die Kraft eines Pferdes im Vergleich zu der eines Menschen wie 5,5 zu 1 und rechnet man, daß eine Dampfmaschine täglich volle 24 Stunden arbeitet, unterdessen Pferde nur 8 Stunden und Menschen 10 Stunden am Tage arbeiten können, so leuchtet ein, daß diese Dampfmaschine (mit 600 PS) täglich die Arbeit von 1800 Pferden und von 7920 Menschen verrichtet."

(aus: Treue u.a.: Quellen zur Geschichte der industriellen Revolution, S. 55, Göttingen 1966.)

Umwälzende Veränderungen im Wasser- und Landverkehr

Bereits 1807 baute der Amerikaner Robert Fulton eine Dampfmaschine in ein Schiff ein und bewegte damit einen Schaufelantrieb. Die "Clermont" legte im Liniendienst zwischen New York und Albany jeweils in 32 Stunden 240 km zurück.
1819 fuhr die "Savannah" als erster Dampfer in 28 Tagen über den Atlantik. Sie war neben der Dampfmaschine auch noch mit Segeln ausgerüstet. Die Dampfkraft wurde nur zusätzlich an windstillen Tagen eingesetzt.
George Stephenson baute im Jahre 1814 seine erste Lokomotive, die mit Dampf angetrieben wurde. Im Jahr 1825 konnte die erste Eisenbahn für den Personenverkehr in Betrieb genommen werden. Sie fuhr von Manchester nach Liverpool.
Die erste deutsche Eisenbahnstrecke von Nürnberg nach Fürth wurde 1835 eröffnet. Die dampfgetriebenen Eisenbahnen erschlossen dem Güter- und Personenverkehr viele neue Möglichkeiten.

GESCHICHTE NAME: __________ KLASSE: ____ DATUM: ________ NR.: ___

Die technisch-industrielle Revolution

Vom Beginn seines Daseins an mußte der Mensch Kraft aufwenden, um sein Leben zu erhalten. Dabei bediente er sich verschiedener Möglichkeiten:

____

____.

Als es den Menschen gelang, neue Energiequellen zu erschließen, begann das technische Zeitalter. Gewöhnlich bezeichnet man die Erfindung der ____________________ durch den Engländer ____________________ als den Beginn der neuen Zeit.

James Watt (1736 - 1819)

Modell der Wattschen Dampfmaschine

Die Dampfmaschine leitet die sog. ______________________________ ein. Die neue Energie war unabhängig von Standortfaktoren wie Wasser und Wind. Sie ließ sich überall dort erzeugen, wo sie gebraucht wurde. Deshalb entstanden in der Folgezeit viele ______________________________, die in der Industrie eingesetzt wurden.

Auch im Bereich des Verkehrs führte die Dampfmaschine zu umwälzenden Veränderungen. Bereits im Jahr __________ baute der Amerikaner ____________________ eine Dampfmaschine in ein Schiff ein und bewegte damit einen Schaufelantrieb. Im Jahr __________ fuhr die "Savannah" als erster Dampfer in 28 Tagen über den Atlantik.

Die erste deutsche Eisenbahnstrecke von ____________________ nach ______________ wurde im Jahr __________ eröffnet. Die dampfgetriebenen Eisenbahnen erschlossen dem Güter- und Personenverkehr ungeahnte Möglichkeiten.

Die technisch-industrielle Revolution

Vom Beginn seines Daseins an mußte der Mensch Kraft aufwenden, um sein Leben zu erhalten. Dabei bediente er sich verschiedener Möglichkeiten:
Körperkraft, primitive Werkzeuge, Trag- und Zugkraft der Tiere, Energie des fließenden Wassers und des Windes.
Als es den Menschen gelang, neue Energiequellen zu erschließen, begann das technische Zeitalter. Gewöhnlich bezeichnet man die Erfindung der ***Dampfmaschine*** durch den Engländer ***James Watt*** als den Beginn der neuen Zeit.

James Watt (1736 - 1819)

Modell der Wattschen Dampfmaschine

Die Dampfmaschine leitet die sog. ***"industrielle Revolution"*** ein.
Die neue Energie war unabhängig von Standortfaktoren wie Wasser und Wind. Sie ließ sich überall dort erzeugen, wo sie gebraucht wurde. Deshalb entstanden in der Folgezeit viele ***Arbeitsmaschinen***, die in der Industrie eingesetzt wurden.

Auch im Bereich des Verkehrs führte die Dampfmaschine zu umwälzenden Veränderungen. Bereits im Jahr ***1807*** baute der Amerikaner ***Robert Fulton*** eine Dampfmaschine in ein Schiff ein und bewegte damit einen Schaufelantrieb. Im Jahr ***1819*** fuhr die "Savannah" als erster Dampfer in 28 Tagen über den Atlantik.

Die erste deutsche Eisenbahnstrecke von ***Nürnberg*** nach ***Fürth*** wurde im Jahr ***1835*** eröffnet. Die dampfgetriebenen Eisenbahnen erschlossen dem Güter- und Personenverkehr ungeahnte Möglichkeiten.

THEMA

Entstehung von Fabriklandschaften und Industriestädten

LERNZIELE

Erkennen, daß der Abbau der Handarbeit zugunsten der Maschinenarbeit eine Folge der Erfindung der Dampfmaschine war.
Erkennen, daß die wachsende Industrie neue Arbeitsplätze schuf.
Bewußtmachen, daß aufgrund dieser Entwicklung große Fabriklandschaften und Industriestädte entstanden.
Verstehen, daß die Kohlelagerstätten von besonderer Bedeutung waren

ARBEITSMITTEL / MEDIEN / LITERATURHINWEISE

Folie 1 (Kinderarbeit in der Fabrik), Folie 2 (Daten zur Industrialisierung),
1 Informationsblatt, 1 Arbeitsblatt

TAFELBILD / FOLIEN

Folie 1

I. Hinführung:

Folie 1 (Walzwerk)

Zielangabe | TA: ***Entstehung von Fabriklandschaften und Industriestädten***

II. Erarbeitung:

Informationsblatt 1/stilles Erlesen

Auswertung/LSG | TA:
* Handarbeit nimmt ab, Maschinenarbeit nimmt zu
* Industrie schafft neue Arbeitsplätze
* Standortwahl nahe der Rohstoffe

Kartenarbeit
* Kohlelagerstätten sind von großer Bedeutung: in Deutschland die Lagerstätten an der Ruhr, an der Saar und in Oberschlesien
* Fabriklandschaften und Industriestädte entstehen

III. Vertiefung:

Folie 2/LSG | SS:
1. Die Städtbevölkerung nimmt schnell zu.
2. Die Zahl der Beschäftigten in der Industrie steigt immens an.
3. Die Industrialisierung führt zur Verstädterung Deutschlands im 19. Jahrhundert.

IV. Sicherung:

Eintrag AB

V. Ausweitung:

Bild Informationsblatt 1 | SS: Die Menschen leben in engen Verhältnissen ...

Hausaufgabe: Spurensuche nach Zeugnissen des Industriezeitalters, z.B. Fabriken, technische Anlagen, Bahnhof, Arbeitersiedlungen ...

Entstehung von Fabriklandschaften und Industriestädten

Die neue Dampfmaschine war das äußere Zeichen des industriellen Umschwungs. Immer mehr wurde die Handarbeit zugunsten der Maschinenarbeit eingeschränkt. Die Zeit der fabrikmäßigen Herstellung vieler Güter begann.

Die Industrie schuf in den Städten neue Arbeitsplätze und zog die nötigen Arbeitskräfte an sich. Die Schwerindustrie wählte ihre Standorte nahe den Lagerstätten der Rohstoffe. Dort entstanden auch in Deutschland die ersten Ballungsgebiete. Neue Verkehrsmittel und -wege, vor allem die Eisenbahnen, wurden für die Gründung von Industrieunternehmen mitbestimmend. Bald prägten in einigen Teilen Deutschlands Fabrikanlagen das Landschaftsbild.
Die schnell wachsenden Industriestädte konnten die Arbeitermassen kaum verkraften. Neben großen Mietskasernen entstanden Barackenstädte, die nur unzureichende Wohnmöglichkeiten boten. Die Wohnungsfürsorge großer Firmen für ihre Betriebsangehörigen begann in der 2. Hälfte des 19. Jahrhunderts. Ganze Stadtteile verdanken ihr die Entstehung.

Das Heer aus lohnabhängigen Arbeitern wuchs unaufhörlich. Es bestand aus landflüchtigen Bauern, aus im Konkurrenzkampf mit der Industrie unterlegenen Handwerkern und aus arbeitslos gewordenen Heimarbeitern wie Webern, Messerschleifern u.a.

In Deutschland begann einige Jahrzehnte später als in England die Entwicklung zur Großindustrie, besonders in der Nähe der großen Kohlelagerstätten an der Ruhr, der Saar und in Oberschlesien. Dem Ruhrgebiet kam bald eine besondere Bedeutung zu. Hier begann die Entwicklung der Großindustrie.

Zunahme der Stadtbevölkerung am Beispiel einiger deutscher Städte (in Tausend):

	1800	1850	1880	1900
Berlin	172	419	1122	1889
Hamburg	130	132	290	706
Leipzig	40	63	149	456
Köln	50	97	145	373
Frankfurt	48	65	137	289
Düsseldorf	10	27	95	214
Stuttgart	18	48	117	177

Zahl der Beschäftigten der Fa. Krupp:

1826: 10 Arbeiter
1848: 70 Arbeiter
1857: 100 Arbeiter
1914: 70.000 Arbeiter (die eine eigene Stadt bewohnten)

Die "Landflucht" führte im 19. Jahrhundert zu einer "Verstädterung" Deutschlands:

In Deutschland gab es	1825	2 Großstädte
	1840	4 Großstädte
	1875	11 Großstädte
	1900	32 Großstädte

Folie 2

GESCHICHTE | NAME: ____________ | KLASSE: _____ | DATUM: ________ | NR.: ____

Entstehung von Fabriklandschaften und Industriestädten

Die neue Dampfmaschine war das äußere Zeichen des industriellen Umschwungs. Immer mehr wurde die Handarbeit zugunsten der ______________________ eingeschränkt. Die Zeit der fabrikmäßigen Herstellung vieler Güter begann.

Die Industrie schuf neue __________________ und zog die nötigen Arbeitskräfte an sich. So entstanden in der Folgezeit große ____________________________ und ______________________.

In Deutschland begann einige Jahrzehnte später als in England die Entwicklung zur Großindustrie, besonders in der Nähe der großen Kohlelagerstätten an der Ruhr, der Saar und in Oberschlesien. Von besonderer Bedeutung wurde das _______________.

Großstädte auf dem Gebiet des Deutschen Reiches von 1871:

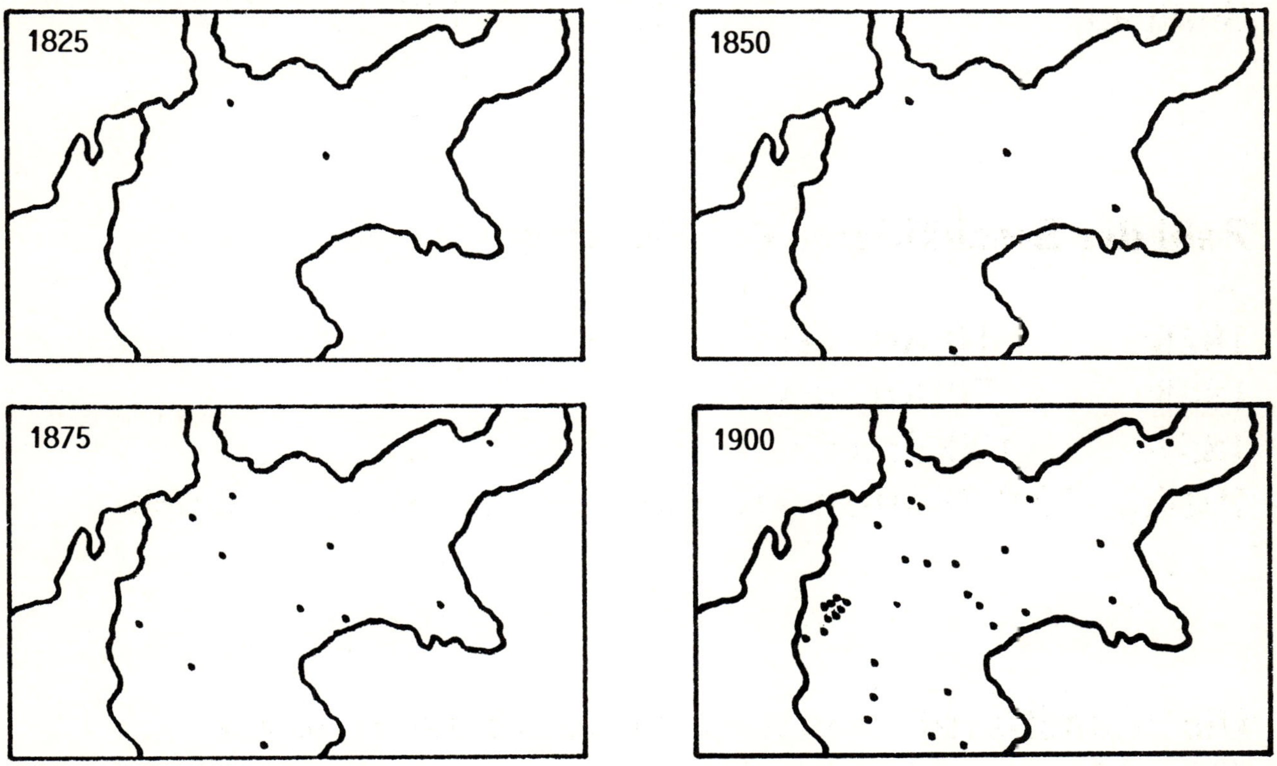

Zunahme der Stadtbevölkerung am Beispiel der Stadt Köln:

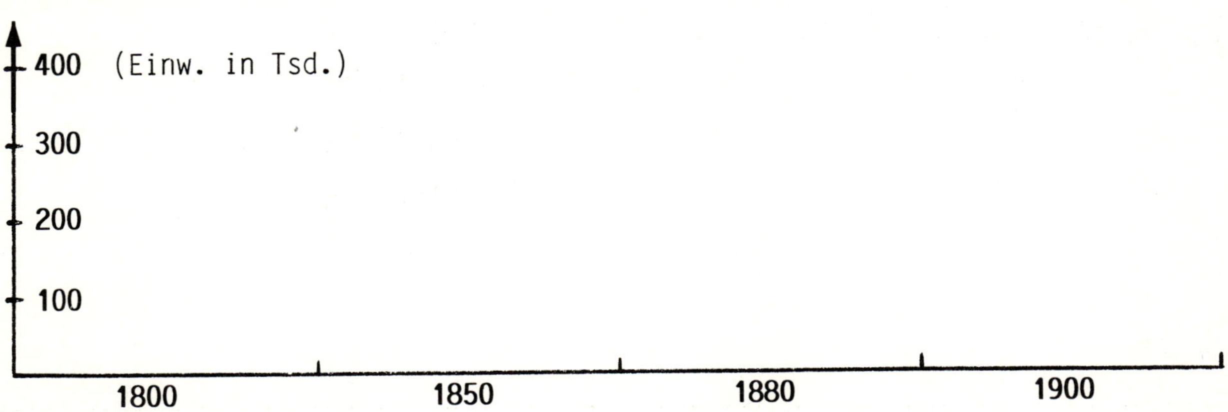

GESCHICHTE	NAME:	KLASSE:	DATUM:	NR.:

Entstehung von Fabriklandschaften und Industriestädten

Die neue Dampfmaschine war das äußere Zeichen des industriellen Umschwungs. Immer mehr wurde die Handarbeit zugunsten der ***Maschinenarbeit*** eingeschränkt.
Die Zeit der fabrikmäßigen Herstellung vieler Güter begann.
Die Industrie schuf neue ***Arbeitsplätze*** und zog die nötigen Arbeitskräfte an sich.
So entstanden in der Folgezeit große ***Fabriklandschaften*** und ***Industrie-städte.***
In Deutschland begann einige Jahrzehnte später als in England die Entwicklung zur Großindustrie, besonders in der Nähe der großen Kohlelagerstätten an der Ruhr, der Saar und in Oberschlesien. Von besonderer Bedeutung wurde das ***Ruhrgebiet.***

Großstädte auf dem Gebiet des Deutschen Reiches von 1871:

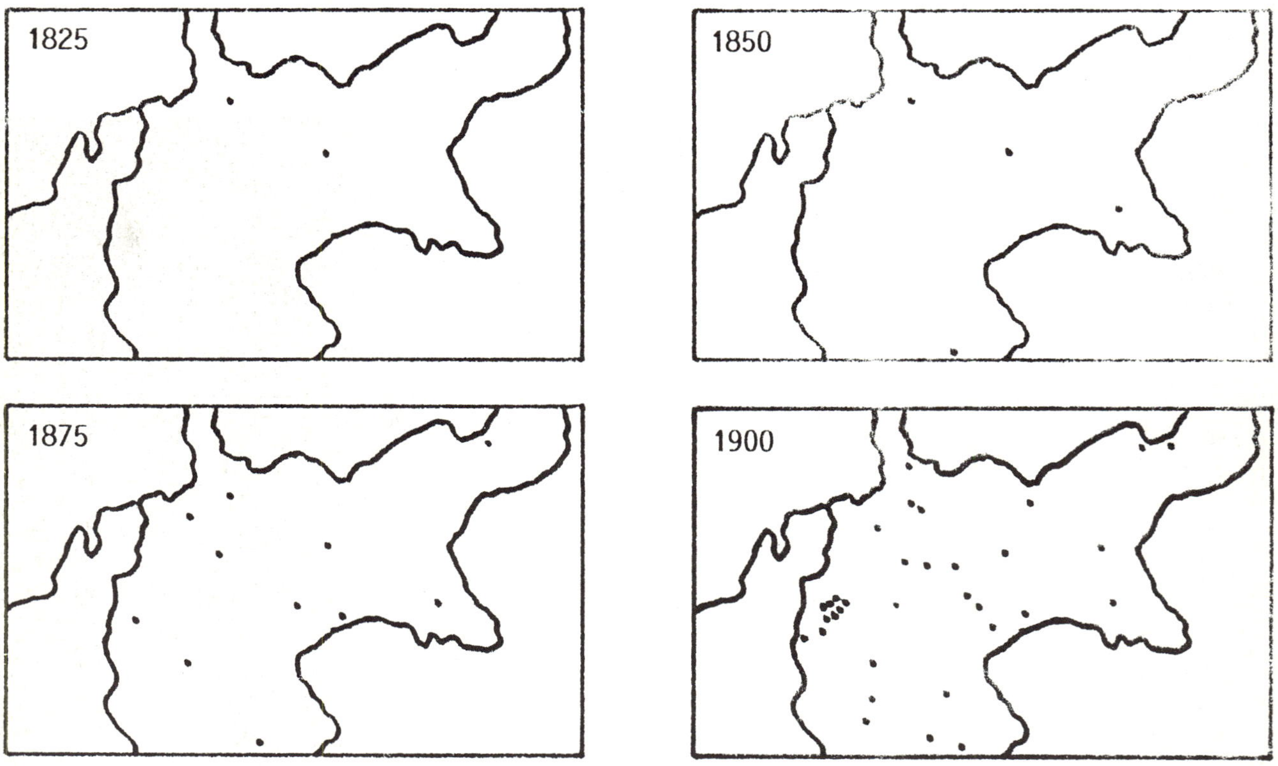

Zunahme der Stadtbevölkerung am Beispiel der Stadt Köln:

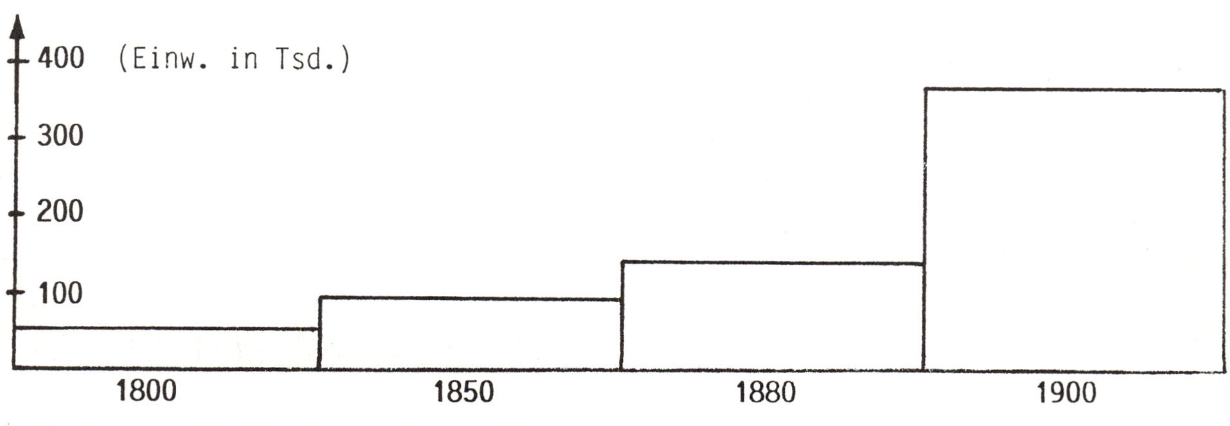

THEMA

Alltag in einer Arbeiterfamilie

LERNZIELE

Die Lage der Arbeiter in der neuen Industriegesellschaft kennenlernen.
Die "soziale Frage" als Kernproblem dieser Zeit begreifen.
Die Kinderarbeit als unmenschliche Ausbeutung verstehen.
Den Weberaufstand als Ausbruch der Verzweiflung begreifen.

ARBEITSMITTEL / MEDIEN / LITERATURHINWEISE

Folie 1 (Eisenwalzwerk), 2 Informationsblätter, 1 Arbeitsblatt

Zusatz: Gerhart Hauptmann: "Die Weber" (1892)

TAFELBILD / FOLIEN

Folie 1

I. Hinführung:

Folie 1 (Eisenwalzwerk)

Zielangabe

TA: ***Alltag in einer Arbeiterfamilie***

II. Erarbeitung:

Informationsblatt 1/EA/PA

1. Wie kam es zu dem Überangebot an arbeitssuchenden Menschen?
2. Wie wirkte sich die weitverbreitete Arbeitslosigkeit aus?
3. Was versteht man unter der sog. "sozialen Frage"?

Auswertung/LSG

SS:
1. Die Industrialisierung machte Handwerker arbeitslos. Diese versuchten, in der Stadt Arbeit zu finden.
2. Die Arbeiter waren bereit, für sehr geringen Lohn zu arbeiten.
3. Die Arbeiter waren einer unvorstellbaren Not ausgeliefert.

III. Vertiefung:

Problematik Kinderarbeit
Informationsblatt 1/Quelle Informationsblatt 2

SS: Kinder mußten täglich bis zu 16 Stunden arbeiten. Oft wurden ihnen die schmutzigsten und häufig auch schwierige und gefährliche Arbeiten übertragen.

IV. Ausweitung:

Informationsblatt 2/
Der Weberaufstand 1844

SS: Die schlesischen Weber wurden von den Fabrikanten ausgenutzt. Es kam zu einem Aufstand, der vom Militär niedergeschlagen wurde. Elf Weber wurden erschossen. An der Verhältnissen änderte sich jedoch nichts.

V. Sicherung:

Eintrag AB

Die Lage der Arbeiter in der neuen Industriegesellschaft

Viele Handwerker, die im Konkurrenzkampf mit der Industrie arbeitslos geworden waren, versuchten, in der Stadt Arbeit zu finden. So entstand in den wachsenden Fabrikstädten ein **Überangebot an arbeitssuchenden Menschen**. Die Arbeiter lebten mit ihren Familien in riesigen Mietskasernen oder in armseligen Holzbaracken. Häufig wohnten sechs und mehr Personen in einem einzigen Raum. Der Lohn reichte meist nur für die notwendigste Kleidung und das einfachste Essen.

Die **weitverbreitete Arbeitslosigkeit** machte es den Unternehmern leicht, Arbeitskräfte zu finden, die bereit waren, für geringen Lohn zu arbeiten. Der Hunger und die allgemeine Not ließ diesen Menschen keine andere Wahl. Arbeitszeiten bis zu 16 Stunden täglich waren keine Seltenheit.
Das Verhältnis zwischen Arbeitnehmer und Arbeitgeber war gesetzlich nicht geregelt. Niemand kümmerte sich um die Versorgung des Arbeiters. Wenn er krank wurde oder einen Betriebsunfall erlitt, wurde er entlassen. Damit war er einer heute unvorstellbaren Not ausgeliefert. Rasches Altern, Krankheit und früher Tod waren oft unvermeidliche Folgen. Diese soziale Not war ebenso wie die Industrialisierung eine europaweite Erscheinung. In allen Ländern, in denen die Industrie voranschritt, bestand diese **soziale Frage.**
Die Lage der verheirateten Arbeiter war besonders schwierig. Ihr Lohn reichte nicht aus, die Familien zu versorgen. Deshalb mußten auch Frauen und Kinder in der Fabrik mitarbeiten. Sie bekamen aber nicht den vollen Lohn. Außerdem erhöhte ihre Mitarbeit das Angebot an Arbeitskräften, so daß die Unternehmer die Löhne noch stärker drücken konnten. Aus heutiger Sicht kaum vorstellbar war die damalige **Behandlung der Kinder**. Bei einer täglichen Arbeitszeit von 12 bis 16 Stunden wurden ihnen die schmutzigsten und oft auch schwierige Arbeiten übertragen.
In vielen Orten kam es zu Ausschreitungen der um ihre Existenzgrundlage kämpfenden Heimarbeiter und Handwerker gegen die Industriebetriebe und die Unternehmer. Das bekannteste Beispiel dafür ist der **Weberaufstand** im schlesischen Eulengebirge im Jahr 1844. Damals ließ der König von Preußen aufständische Weber von Soldaten zusammenschießen.

Der Weberaufstand 1844

Durch mechanische Webstühle und importierte Baumwolle war die Zahl der Arbeitslosen unter den schlesischen Webern gestiegen. Diese Situation wurde von den Unternehmern maßlos ausgenutzt. Die Weber besaßen kein Geld und mußten deshalb vom Fabrikanten ihr Garn leihen und ihm dann die fertige Leinwand verkaufen. Die Fabrikanten bemängelten jedoch zumeist die Qualität der von den Weber hergestellten Ware und drückten den Preis.
Die schlimmsten Ausbeuter waren die Gebrüder Zwanziger in Peterswaldau. Sie zahlten nur den halben Lohn im Vergleich zu den anderen Kaufleuten. Darüber hinaus wollten sie die Not und das Elend der Weber ausnutzen und noch mehr Weber einstellen, falls diese bereit wären, für noch weniger Lohn zu arbeiten.
Jetzt kam die aufgestaute Wut und die Verzweiflung zum Ausbruch. Die Weber marschierten nach Peterswaldau. Unterwegs schlossen sich immer mehr Weber dem Zuge an. Vor dem Haus der Gebrüder Zwanziger forderten sie höhere Löhne, doch ernteten sie mit ihren Forderungen nur Spott und Drohungen. Daraufhin stürmten die Weber das Haus, zertrümmerten die Möbel und zerstörten die Vorräte.
Am nächsten Tag griff der Aufstand auch auf andere Dörfer über. Das Militär griff ein und drei Gewehrsalven streckten elf Menschen nieder. Andere wurden verwundet. Die Weber aber leisteten Widerstand. Sie warfen mit Steinen und kämpften mit Knüppeln und Äxten. Am folgenden Tag wurden noch mehr Soldaten herangeführt und der Aufstand schließlich niedergeschlagen. Viele Weber wurden ins Gefängnis geworden. Andere flohen in die Wälder. Die sozialen Verhältnisse änderten sich durch den Aufstand jedoch nicht.

Kinderarbeit bei den Webern

Der Fabrikant Wieck berichtet 1840:

"Ein Weber ließ seinen sechsjährigen Sohn von 5 Uhr früh bis 7 Uhr abends ununterbrochen spulen und treiben, darauf wurde er in die Abendschule geschickt, von wo er erst um 9 Uhr nach Hause kam und dann noch gezwungen war, seine Schulaufgaben zu erledigen. Schwarzer Rübenkaffee und Schwarzbrot, Kartoffeln und Salz waren seine Kost, und erlahmte seine Tätigkeit, so feuerte der Holzpantoffel seines Vaters ihn aufs neue an."

GESCHICHTE	NAME: ____________	KLASSE: ____	DATUM: ________	NR.: ___

Alltag in einer Arbeiterfamilie

In den wachsenden Fabrikstädten entstand als Folge der Industrialisierung ein Überangebot an arbeitssuchenden Menschen. Die weitverbreitete ____________________-____________________ machte es den Unternehmern leicht, Arbeitskräfte zu finden, die bereit waren, für ________________________ zu arbeiten.
Arbeitszeiten bis zu ______ Stunden am Tag waren keine Seltenheit.
Das Verhältnis zwischen Arbeitnehmer und Arbeitgeber war gesetzlich ____________________________. Niemand kümmerte sich um die Versorgung des Arbeiters.
Wenn er krank wurde oder einen Betriebsunfall erlitt, wurde er __________________.
Damit war er einer unvorstellbaren Not ausgeliefert. Die Folgen dieser bedrückenden Situation für die Arbeiter: ____.
Diese soziale Not war ebenso wie die Industrialisierung eine europaweite Erscheinung.
Mit der Industrialisierung entstand auch die sog. ________________________.
In vielen Orten kam es zu Ausschreitungen gegen die ________________________ Arbeitsbedingungen. Das bekannteste Beispiel dafür ist der ____________________ im Jahr ________.

Arbeitszeit für Kinder um 1825:
Dortmund: 10 bis 15 Stunden - **Köln:** 12 bis 14 Stunden - **Trier:** 8 bis 14 Stunden **Düsseldorf:** 6 bis 13 Stunden - **Iserlohn:** gewöhnlich 14 Stunden

Die Lage der verheirateten Arbeiter war besonders schwierig. Ihr Lohn reichte nicht aus, die Familien zu versorgen. Deshalb mußten auch ______________ und ______________ in der Fabrik mitarbeiten. Aus heutiger Sicht kaum vorstellbar war die damalige Behandlung der Kinder. Bei einer täglichen Arbeitszeit zwischen __________________ wurden ihnen die schmutzigsten und oft auch schwierige Arbeiten übertragen.

Alltag in einer Arbeiterfamilie

In den wachsenden Fabrikstädten entstand als Folge der Industrialisierung ein Überangebot an arbeitssuchenden Menschen. Die weitverbreitete ***Arbeitslosigkeit*** machte es den Unternehmern leicht, Arbeitskräfte zu finden, die bereit waren, für ***geringen Lohn*** zu arbeiten.
Arbeitszeiten bis zu ***16*** Stunden am Tag waren keine Seltenheit.
Das Verhältnis zwischen Arbeitnehmer und Arbeitgeber war gesetzlich ***nicht geregelt***. Niemand kümmerte sich um die Versorgung des Arbeiters.
Wenn er krank wurde oder einen Betriebsunfall erlitt, wurde er ***entlassen.***
Damit war er einer unvorstellbaren Not ausgeliefert. Die Folgen dieser bedrückenden Situation für die Arbeiter: ***rasches Altern, Krankheit, früher Tod.***
Diese soziale Not war ebenso wie die Industrialisierung eine europaweite Erscheinung.
Mit der Industrialisierung entstand auch die sog. ***"soziale Frage".***
In vielen Orten kam es zu Ausschreitungen gegen die ***unmenschlichen*** Arbeitsbedingungen. Das bekannteste Beispiel dafür ist der ***Weberaufstand*** im Jahr 1844.

Arbeitszeit für Kinder um 1825:
Dortmund: 10 bis 15 Stunden - **Köln:** 12 bis 14 Stunden - **Trier:** 8 bis 14 Stunden
Düsseldorf: 6 bis 13 Stunden - **Iserlohn:** gewöhnlich 14 Stunden

Die Lage der verheirateten Arbeiter war besonders schwierig. Ihr Lohn reichte nicht aus, die Familien zu versorgen. Deshalb mußten auch ***Frauen*** und ***Kinder*** in der Fabrik mitarbeiten. Aus heutiger Sicht kaum vorstellbar war die damalige Behandlung der Kinder. Bei einer täglichen Arbeitszeit zwischen ***12 und 16 Stunden*** wurden ihnen die schmutzigsten und oft auch schwierige Arbeiten übertragen.

THEMA

Wer half den Arbeitern im 19. Jahrhundert?

LERNZIELE

Helfer der Arbeiter im 19. Jahrhundert kennenlernen.
Bewußtmachen, daß die ersten Hilfsmaßnahmen von seiten der Unternehmer und der Kirche kamen.
Die einzelnen Hilfsmaßnahmen beschreiben können.

ARBEITSMITTEL / MEDIEN / LITERATURHINWEISE

Folie 1 (Helfer der Arbeiter), Folie 2 (Papst Leo XIII.: Enzyklika "Rerum novarum" vom 15. Mai 1891), 1 Informationsblatt, 1 Arbeitsblatt

TAFELBILD / FOLIEN

Friedrich von Bodelschwingh

Adolf Kolping

Ernst Abbe

Emanuel von Ketteler

Johann Heinrich Wichern

Folie 1

I. <u>Hinführung:</u>

Folie 1 (Helfer der Arbeiterschaft)

Zielangabe — TA: ***Wer half den Arbeitern im 19. Jahrhundert?***

II. <u>Erarbeitung:</u>

Informationsblatt 1/EA/PA

1. Von welcher Seite erhielten die Arbeiter Hilfe?
2. Wie sah diese Hilfe aus?

Auswertung/LSG — TA: <u>Hilfe von seiten der Unternehmer:</u>

Robert Owen: Einschränkung der Kinderarbeit, Verkürzung der Arbeitszeit, Bau von Wohnhäusern für seine Arbeiter.
Ernst Abbe: Bau von Wohnsiedlungen, Gründung einer privaten Krankenkasse, Rente bei Arbeitsunfällen und im Alter, Beteiligung der Arbeiter an der Firma.

<u>Hilfe von seiten der Kirche:</u>

Folie 2 — **Papst Leo XIII.** weist die Arbeitgeber auf ihre Verantwortung hin.
Johann Hinrich Wichern wird zum Gründer der "Inneren Mission".

III. <u>Vertiefung:</u>

Folie 1 (Helfer der Arbeiter) — SS: nennen die Hilfen durch die einzelnen Personen

Information durch den Lehrer über die bisher unbekannten Helfer

IV. <u>Sicherung:</u>

Eintrag AB

V. <u>Ausweitung:</u>

Bisherige Hilfe durch Unternehmer und Kirche — SS: weitere Hilfe durch Selbsthilfe oder durch den Staat

Verbesserung der sozialen Lage: Helfer der Arbeiterschaft

Einzelne Unternehmer schaffen betriebseigene soziale Einrichtungen

Robert Owen:

Einer der ersten Fabrikanten, der die Not der Arbeiter lindern wollte, war Robert Owen in England. Er ließ die Kinderarbeit weitgehend einschränken, die Arbeitszeit der Erwachsenen auf 10,5 Stunden verkürzen und für die Arbeiter Wohnhäuser errichten. Er sorgte auch für einen gemeinschaftlichen, verbilligten Einkauf von Lebensmitteln (Konsumgenossenschaft).

Ernst Abbe:

Ernst Abbe erkannte, daß sein Erfolg vom Fleiß und der Tüchtigkeit seiner Arbeiter abhing. Er kümmerte sich deshalb um seine Leute, baute Wohnsiedlungen, Krankenhäuser und Altersheime für sie. Er gründete eine private Krankenkasse, aus der die Arbeiter bei Krankheit etwas Geld für die Arztkosten erhielten und Unterstützung für die Familie gezahlt werden konnte. Bei Arbeitsunfällen und im Alter zahlte er eine freiwillige Rente. Seine Arbeiter waren durch eine Betriebsvertretung, die sie selbst wählten, mitverantwortlich für die Leitung der Firma und hatten auch Anteil am Gewinn des Werkes.

Antworten des Christentums auf die soziale Frage

Papst Leo XIII.:

Er wandte sich in Rundschreiben (Enzykliken) an alle Christen und wies darin die Arbeitgeber auf ihre Verantwortung für die Arbeitnehmer hin.

Johann Hinrich Wichern:

Der evangelische Theologe sah die soziale und religiöse Not seiner Zeit. Er weckte das Gewissen vieler Menschen für die Aufgaben christlicher Nächstenliebe. Wichern wurde zum Gründer der "Inneren Mission". In seiner Heimatstadt Hamburg baute er ein Heim für verwahrloste Kinder, das "Rauhe Haus."

Rauhes Haus, Arbeitssaal und Lehrwerkstätte

Papst Leo XIII:
Enzyklika "Rerum novarum" (15. 5. 1891)

① ... Die Pflichten, die ... die Besitzenden und Arbeitgeber angehen, sind die nachstehenden: die Arbeiter dürfen nicht wie Sklaven angesehen und behandelt werden; ihre persönliche Würde, welche geadelt ist durch ihre Würde als Christen, werde stets heilig gehalten; ...

→ *würdevolle Behandlung*

---

② ... Es ist ... eine Forderung der Billigkeit, daß man sich seitens der öffentlichen Gewalt des Arbeiters annehme, damit er von dem, was er zum allgemeinen Nutzen beiträgt, etwas empfängt, so daß er in Sicherheit hinsichtlich Wohnung, Kleidung und Nahrung ein weniger schweres Leben führen kann. Daraus folgt, daß alles zu fördern ist, was irgendwie der Lage der Arbeiterschaft nützen kann ...

→ *gesicherte Wohnung, Kleidung, Nahrung*

---

③ ... In bezug auf die tägliche Arbeitszeit muß ... der Grundsatz gelten, daß sie nicht länger sein darf, als es den Kräften der Arbeiter entspricht. Wie lange die Ruhe aber dauern müsse, das richtet sich nach der Art der Arbeit, nach Zeit und Ort, nach den körperlichen Kräften ...

→ *angemessene Arbeitszeiten*

---

④ ... was ein erwachsener, kräftiger Mann leistet, dazu ist eine Frau oder ein Kind nicht imstande. Die Kinderarbeit insbesondere erheischt die menschenfreundlichste Fürsorge. Es wäre nicht zuzulassen, daß Kinder in die Werkstatt oder Fabrik eintreten, ehe Leib und Geist zur gehörigen Reife gediehen sind ...

→ *Rücksicht auf Frauen und Kinder*

---

⑤ ... Gewinnt der Arbeiter einen genügenden Lohn, um sich mit Frau und Kind anständig zu erhalten, ist er zugleich weise auf Sparsamkeit bedacht, so wird er es ... auch dahin bringen, daß er einen Sparpfennig zurücklegen und zu einer kleinen Habe gelangen kann. Will man zu irgendeiner wirksamen Lösung der sozialen Frage gelangen, so ist unter allen Umständen davon auszugehen, daß das Recht auf persönlichen Besitz unbedingt hochgehalten werden muß. Der Staat muß dieses Recht in seiner Gesetzgebung begünstigen und nach Kräften dahin wirken, daß möglichst viele aus den Staatsangehörigen eine eigene Habe zu erwerben trachten ...

→ *ausreichender Lohn persönlicher Besitz*

---

⑥ ... Endlich können und müssen aber auch die Arbeitgeber und die Arbeiter selbst zu einer gedeihlichen Lösung der Frage durch Maßnahmen und Einrichtungen mitwirken, die den Notstand möglichst heben und die eine Klasse der andern näherbringen helfen. Hierher gehören Vereine zu gegenseitiger Unterstützung, private Veranstaltungen zur Hilfeleistung für den Arbeiter und seine Familie bei plötzlichem Unglück, in Krankheits- und Todesfällen, Einrichtungen zum Schutz für Kinder, jugendliche Personen oder auch Erwachsene ...

→ *Vereine zur Vorsorge (Unglück, Krankheit, Tod) und zum Schutz*

Folie 2

Wer half den Arbeitern im 19. Jahrhundert?

Noch weitere bedeutende Männer der Kirchen halfen den Arbeitern:

Wer half den Arbeitern im 19. Jahrhundert?

Robert Owen, Unternehmer:
weitgehende Einschränkung der Kinderarbeit; Verkürzung der Arbeitszeit der Erwachsenen; Bau von Wohnhäusern für die Arbeiter; verbilligter Einkauf von Lebensmitteln.

Ernst Abbe, Unternehmer:
Bau von Wohnsiedlungen, Krankenhäusern und Altenheimen; Gründung privater Krankenkassen; Rente bei Arbeitsunfällen und im Alter; Beteiligung der Arbeiter an der Firma.

Papst Leo XIII.:
Er wandte sich in Rundschreiben (Enzykliken) an alle Christen und wies darin die Arbeitgeber und die Arbeitnehmer auf ihre Verantwortung im Arbeitsprozeß hin.

Johann Hinrich Wichern, ev. Theologe:
Er wurde zum Gründer der "Inneren Mission". In seiner Heimatstadt Hamburg baute er ein Heim für verwahrloste Kinder, das "Rauhe Haus".

Weitere bedeutende Männer der Kirchen halfen den Arbeitern:

Papst Pius XI., der Mainzer Bischof Emanuel von Ketteler, Adolf Kolping, Friedrich von Bodelschwingh.

THEMA

Selbsthilfe der Arbeiter

LERNZIELE

Bewußtmachen, daß die Arbeiter auch versuchten, sich selbst zu helfen.
Erkennen, daß nur der Zusammenschluß der Arbeiter eine Möglichkeit war, ihre Forderungen durchzusetzen.
Stationen auf dem Weg zu einer organisierten Vertretung der Arbeiter nennen können.
Die anfängliche Position Bismarcks hierzu kennenlernen (Sozialistengesetz).
Den 1. Mai als Tag der Arbeit kennenlernen.

ARBEITSMITTEL / MEDIEN / LITERATURHINWEISE

Folie 1 (1. Mai - Internationaler Tag der Arbeit), Folie 2 (Gewerkschaften in Deutschland), 1 Informationsblatt, 1 Arbeitsblatt

TAFELBILD / FOLIEN

Solidarität vor dem 1. Weltkrieg: Spendenmarken für ausgesperrte Arbeiter aus Anlaß des 1. Mai. – Der 8-Stunden-Tag schien damals eine utopische Illusion. Die Arbeitszeit betrug in der Regel 10–12 Stunden, einschließlich Samstag.

Folie 1

I. Hinführung:

Folie 1 (1. Mai)

Zielangabe

TA: ***Selbsthilfe der Arbeiter***

II. Erarbeitung:

Informationsblatt 1/AA/EA/PA

1. Nenne die Stationen auf dem Weg zu einer organisierten Vertretung der Arbeiter!
2. Welche Stellung nahm Bismarck in dieser Frage zunächst ein?
3. Welche Rolle muß der Staat auf Dauer übernehmen?

Auswertung/LSG

SS: 1. 1863: F. Lassalle gründet den "Allgemeinen Deutschen Arbeiterverein".
1869: Gründung der "Sozialdemokratischen Arbeiterpartei Deutschlands".
1875: Zusammenschluß beider Parteien.
1890: SPD

2. Ablehung der Sozialdemokratie durch das Sozialistengesetz

3. Der Staat muß Gesetze erlassen, um die soziale Frage zu lösen.

III. Vertiefung:

Folie1/Information durch den Lehrer

IV. Sicherung:

Eintrag AB

V. Ausweitung:

Folie 2 (Gewerkschaften)

L: Die Mitglieder sind aber nur noch zu 20 - 25% Arbeiter, der weitaus größere Teil besteht aus Angestellten.

Die Arbeiter schließen sich zusammen

In England, dem damals führenden Industrieland, hatten die Arbeiter schon 1825 erkannt, daß nur ein fester Zusammenschluß die Arbeitgeber zwingen konnte, für soziale Verbesserungen zu sorgen.
In Deutschland begann diese Entwicklung rund vierzig Jahre später. Etwa 1860 entstanden auch in Deutschland die ersten Gewerkschaften. Sie kämpften für geregelte Löhne und Arbeitszeit, Regelung des Urlaubs und der Kündigung.
Wirkliche Bedeutung konnten diese Bewegungen aber erst erhalten, wenn die Arbeiter im Parlament vertreten waren. Es war also auch eine Frage der Mitverantwortung für das ganze Volk.

Ferdinand Lassalle gründete darum 1863 in Leipzig den "Allgemeinen Deutschen Arbeiterverein". August Bebel und Wilhelm Liebknecht riefen 1869 in Eisenach die "Sozialdemokratische Arbeiterpartei Deutschlands" ins Leben.
Beide Parteien schlossen sich 1875 in Gotha zur "Sozialistischen Arbeiterpartei Deutschlands" zusammen, die sich ab 1890 "Sozialdemokratische Partei Deutschlands" (SPD) nannte.
Inzwischen ging 1871 der Traum aller Deutschen nach Einheit in Erfüllung: Das Deutsche Reich wurde gegründet. Bismarck jedoch sah in den Sozialisten die Feinde der neu begründeten Ordnung. Darum verbot er 1878 in den sog. "Sozialistengesetzen" die Partei. Die Ideen wirkten jedoch weiter. Bismarck konnte auf Dauer die Probleme der Arbeiter nicht verleugnen und erkannte, daß dem Staat die Aufgabe zufiel, Gesetze zu schaffen, die dazu beitragen würden, die soziale Frage vernünftig zu lösen.

Reichs-Gesetzblatt Nr. 34

Inhalt: Gesetz gegen die gemeingefährlichen Bestrebungen der Sozialdemokratie vom 21. Oktober 1878

WIR WILHELM, VON GOTTES GNADEN

Deutscher Kaiser und König von Preußen
verordnen
im Namen des Reiches und nach Zustimmung des Reichstages:

§ 1 Alle sozialistischen Arbeitervereinigungen werden verboten. Darunter fallen auch Gewerkschaften.

§ 2 Versammlungen, in denen sozialistische Gedanken verbreitet werden, sind verboten.

§ 3 Sozialistische Zeitungen, Zeitschriften, Bücher und Flugblätter dürfen nicht gedruckt, verkauft und verbreitet werden.

Gewerkschaften in Deutschland:

Folgende Gewerkschaften und Dachverbände existierten 1993 in Deutschland:

* Der **DGB** (Deutscher Gewerkschaftsbund, Düsseldorf) mit 16 Einzelgewerkschaften (Mitglieder: ca. 12 Mio)
* Der **DBB** (Deutscher Beamtenbund, Bonn) mit 37 Einzelgewerkschaften (Mitglieder: ca. 1,2 Mio)
* Die **DAG** (Deutsche Angestellten-Gewerkschaft, Hamburg) mit ca. 580.000 Mitglieder
* Der **CGB** (Christlicher Gewerkschaftsbund, Bonn) mit 16 Einzelgewerkschaften (Mitglieder: ca. 300.000)

Mitglieder in den Einzelgewerkschaften des DGB:

Gewerkschaft	Mitglieder
IG Metall	3.624.000
Gew. öffentl. Dienste, Transport und Verkehr	2.138.000
IG Chemie, Papier, Keramik	885.000
IG Bau-Steine-Erden-Umwelt	737.000
Ges. Handel, Banken und Versicherungen	717.000
Deutsche Postgewerkschaft	612.000
Ges. der Eisenbahner Deutschlands	527.000
IG Bergbau und Energie	504.000
Gew. Nahrung-Genuß-Gaststätten	431.000
Gew. Erziehung und Wissenschaft	360.000
Gew. Textil-Bekleidung	348.000
Gew. Holz und Kunststoff	240.000
IG Medien	245.000
Gew. der Polizei	209.000
Gew. Gartenbau, Land- und Forstwirtschaft	135.000
Gew. Leder	42.000
DGB insgesamt	11.800.000

Folie 2

GESCHICHTE	NAME: ____________	KLASSE: ____	DATUM: ________	NR.: ___

Selbsthilfe der Arbeiter

Neben der Hilfe von seiten der Unternehmer (______________________________)
oder von Männern der Kirche (______________________________),
versuchten die Arbeiter auch, ______________________________.

In ____________________, dem damals führenden Industrieland, hatten die Arbeiter schon im Jahr __________ erkannt, daß nur ein fester Zusammenschluß die Arbeitgeber zwingen konnte, für soziale Verbesserungen zu sorgen.
Etwa __________ entstanden auch in Deutschland die ersten ____________________.
Sie kämpften für ______________________________
______________________________.

Aber allen Beteiligten wurde klar, daß sich die soziale Frage auf Dauer nur lösen ließ, wenn sich die Arbeiter in einer ____________________ zusammenschlossen, um so in den Parlamenten ihre Forderungen ______________________________.

1863: ______________________________
____

1869: ______________________________
____

1875: ______________________________
____

1890: ______________________________
____

Dem Staat fiel die Aufgabe zu, ____________________ zu schaffen, die dazu beitragen konnten, die ______________________________ vernünftig zu lösen.

GESCHICHTE | NAME: ______ | KLASSE: ____ | DATUM: ______ | NR.: ____

Selbsthilfe der Arbeiter

Neben der Hilfe von seiten der Unternehmer (***Robert Owen, Ernst Abbe***) oder von Männern der Kirche (***Papst Leo XIII., Adolf Kolping***), versuchten die Arbeiter auch, ***sich selbst zu helfen.***

In ***England,*** dem damals führenden Industrieland, hatten die Arbeiter schon im Jahr ***1825*** erkannt, daß nur ein fester Zusammenschluß die Arbeitgeber zwingen konnte, für soziale Verbesserungen zu sorgen.
Etwa ***1860*** entstanden auch in Deutschland die ersten ***Gewerkschaften.***
Sie kämpften für ***geregelte Löhne und Arbeitszeit, Regelung des Urlaubs und der Kündigung.***
Aber allen Beteiligten wurde klar, daß sich die soziale Frage auf Dauer nur lösen ließ, wenn sich die Arbeiter in einer ***Partei*** zusammenschlossen, um so in den Parlamenten ihre Forderungen ***durchzusetzen.***

1863: Ferdinand Lassalle gründet in Leipzig den "Allgemeinen Deutschen Arbeiterverein".

1869: August Bebel und Wilhelm Liebknecht gründen in Eisenach die "Sozialdemokratische Arbeiterpartei Deutschlands".

1875: Beide Parteien schließen sich in Gotha zur "Sozialistischen Arbeiterpartei Deutschlands" zusammen.

1890: Diese Partei nennt sich nun "Sozialdemokratische Arbeiterpartei Deutschlands" (SPD).

Dem Staat fiel die Aufgabe zu, ***Gesetze*** zu schaffen, die dazu beitragen konnten, die ***soziale Frage*** vernünftig zu lösen.

THEMA

Anfänge staatlicher Sozialgesetzgebung

LERNZIELE

Bismarcks Erkenntnis nachvollziehen, daß mit Verboten die soziale Frage nicht zu lösen war.
Bewußtmachen, daß der Staat eine neue Gesetzgebung schaffen mußte, um der arbeitenden Bevölkerung gerecht zu werden.
Einen Überblick über die ersten Sozialgesetze bekommen.
Einen Vergleich zur heutigen Situation der Sozialversicherung ziehen können.

ARBEITSMITTEL / MEDIEN / LITERATURHINWEISE

Folie 1 (Hilfe für die Arbeiter), Folie 2 (aktuelles Material), 1 Informationsblatt,
1 Arbeitsblatt

TAFELBILD / FOLIEN

Unternehmer	**Kirche**
Arbeiter	**?**

Folie 1

I. Hinführung:

Folie 1(Hilfe für die Arbeiter)

Zielangabe

TA: ***Anfänge staatlicher Sozialgesetzgebung***

II. Erarbeitung:

Informationsblatt 1/gemeinsames Erlesen/LSG

TA: * Bismarck erließ zunächst strenge Gesetze gegen die Sozialisten (Sozialistengesetze).
* Mit Verboten war die soziale Frage nicht zu lösen.
* Der Staat mußte eine neue Gesetzgebung schaffen.
* Die Schaffung der Sozialversicherung war der erste große Schritt zum Arbeitsfrieden.

III. Vertiefung:

Impuls

L: Versuche, den Zusammenhang zwischen der Erfindung der Dampfmaschine und der Schaffung der Sozialversicherung zu erklären!

SS: Dampfmaschine - Unternehmer - Arbeiter - soziale Frage - Hilfe durch den Staat.

Impuls

L: Eine wichtige Sozialversicherung wurde allerdings erst später, im Jahr 1927 geschaffen.

SS: Arbeitslosenversicherung

IV. Sicherung:

Eintrag AB

V. Ausweitung:

Folie 2 (aktuelles Material zur Situation der Sozialversicherung heute)

Der Staat als Vermittler

In ihrem Bemühen um gerechten Lohn, menschenwürdige Arbeitsplätze, Altersversorgung, Arbeitslosenunterstützung und Krankenfürsorge standen die Vorkämpfer lange allein. Vom Staat kam keine Hilfe. Im Gegenteil, Bismarck erließ strenge Gesetze gegen die Sozialisten (**Sozialistengesetze**). Die Sozialdemokratische Partei wurde verboten. Die Parteiführer mußten ins Gefängnis, die Parteizeitungen durften nicht mehr erscheinen. Dennoch blieb der Wille der Arbeiter ungebrochen.
Bismarck mußte erkennen, **daß mit Verboten die soziale Frage nicht zu lösen war.** Da der Staat u.a. die Aufgabe hat, für das Wohl seiner Bürger zu sorgen, mußte eine neue Gesetzgebung geschaffen werden, die der arbeitenden Bevölkerung gerecht wurde.
Einer der ersten großen Schritte zu einem wirklichen Arbeitsfrieden war die **Schaffung der Sozialversicherung**. Der Staat wollte damit einen Ausgleich zwischen Reichen und Armen einleiten. Die neuen Gesetze sicherten dem Arbeiter im Krankheitsfall, bei Unfällen, bei Arbeitsunfähigkeit (Invalidität) und im Alter eine Unterstützung. In den Jahren 1881 bis 1889 wurden die Grundlagen unserer heutigen sozialen Situation gelegt. Die Gewerkschaften, die Sozialdemokratie, die christlichen Kirchen, einsichtige Unternehmer und der Staat versuchten gemeinsam, die soziale Frage zu lösen.

Folgende Tabelle gibt einen Überblick über die ersten Sozialgesetze:

Gesetz	Beitrag der Arbeitgeber	Beitrag der Arbeitnehmer	Leistungen
Krankenversicherung (1883)	1/3	2/3	Freie ärztliche Behandlung und Krankengeld.
Unfallversicherung (1884)	ganz	nichts	Ärztliche Versorgung, 2/3 Lohnfortzahlung
Alters- und Invalidenversicherung (1889)	1/2	1/2	Invalidenrente für Arbeitsunfähige und Altersrente für Leute über 65 Jahre.

Arbeitslosenversicherung

Träger: Bundesanstalt für Arbeit in Nürnberg mit den Landesarbeitsämtern und örtlichen Arbeitsämtern

Leistungen: Arbeitslosengeld/-hilfe, Berufsberatung, Arbeitsvermittlung, Förderung der beruflichen Qualifikation, Arbeits- und Berufsförderung Behinderter, Kurzarbeiter-/Schlechtwettergeld
Zahlung der Geldleistungen sechs Wochen lang bei Arbeitsunfähigkeit

Finanzierung: 6,3% des Bruttolohns, Arbeitnehmer und Arbeitgeber je zur Hälfte

Krankenversicherung

Träger: Allgemeine Ortskrankenkassen, Betriebskranken-/Innungskrankenkassen, Ersatzkassen, See-Krankenkasse, Landwirtschaftliche Krankenkassen, Bundesknappschaft

Leistungen: ärztliche und zahnärztliche Behandlung, Arzneimittelversorgung, Krankenhauspflege, Früherkennungsuntersuchungen, Gesundheitsförderung, häusliche Krankenpflege, Leistungen bei Schwerpflegebedürftigkeit, Heil- und Hilfsmittel (darunter bestimmte Kann-Leistungen)

Finanzierung: ca. 12 bis 13% des Bruttolohns, je nach Krankenkasse unterschiedlich, Arbeitnehmer und Arbeitgeber je zur Hälfte

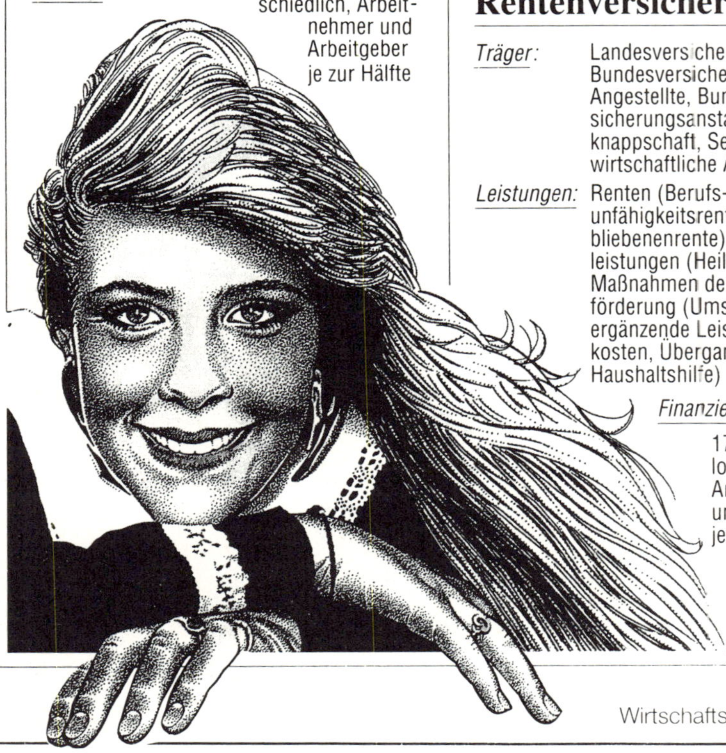

Unfallversicherung

Träger: Berufsgenossenschaften, Gemeinde-Unfallversicherungsverbände, Eigenunfallversicherungen der Städte, Feuerwehr-Unfallkassen

Leistungen: Heilbehandlung (ärztlich, zahnärztlich, Kur, Pflege, Arbeitstherapie, Belastungserprobung) und finanzielle Versorgung (Verletztengeld/-rente, Sterbegeld, Hinterbliebenenrente) nach Unfällen

Finanzierung: Arbeitgeber, Höhe abhängig von Betriebsgröße und Gefahrenklasse

Rentenversicherung

Träger: Landesversicherungsanstalten, Bundesversicherungsanstalt für Angestellte, Bundesbahnversicherungsanstalt, Bundesknappschaft, Seekasse, landwirtschaftliche Alterskassen

Leistungen: Renten (Berufs-/Erwerbsunfähigkeitsrenten, Hinterbliebenenrente), Rehabilitationsleistungen (Heilbehandlung), Maßnahmen der Berufsförderung (Umschulungen), ergänzende Leistungen (Reisekosten, Übergangsgeld, Haushaltshilfe)

Finanzierung: 17,7% des Bruttolohns, Arbeitnehmer und Arbeitgeber je zur Hälfte

WirtschaftsSpiegel 9/93

Folie 2

Anfänge staatlicher Sozialgesetzgebung

Auch der Staat mußte sich den Auswirkungen der technisch-industriellen Revolution stellen:

soziale Frage:

⇩

Hilfe durch

⇩

Gründung von ______________________________

Forderungen: ______________________________

Vom Staat kam zunächst ____________________.

Im Gegenteil, ______________ erließ strenge Gesetze

gegen die Sozialisten (____________________).

Die Sozialdemokratische Partei wurde ____________.

Bismarck mußte erkennen, daß mit Verboten die soziale Frage ______________

____________. Er erkannte, daß der Staat Gesetze schaffen mußte, die den

Arbeiter ______________________.

⇩

Neue Gesetzgebung

Gesetz	*Leistungen.*	*AG /Anteil/ AN*	
________	________________	____	____
________	________________		
________	________________		
________	________________	____	____
________	________________		
________	________________	____	____
________	________________		
________	________________		

GESCHICHTE	NAME:	KLASSE:	DATUM:	NR.:

Anfänge staatlicher Sozialgesetzgebung

Auch der Staat mußte sich den Auswirkungen der technisch-industriellen Revolution stellen:

soziale Frage: ***unmenschliche Arbeitsbedingungen, Kinderarbeit***

Hilfe durch ***einzelne Unternehmer und Männer der Kirche***

Gründung von ***Gewerkschaften und der Partei der Arbeiter***

Forderungen: ***menschliche Arbeitsbedingungen, geregelte Löhne...***

Vom Staat kam zunächst ***keine Hilfe.***

Im Gegenteil, ***Bismarck*** erließ strenge Gesetze gegen die Sozialisten (***Sozialistengesetz***).

Die Sozialdemokratische Partei wurde ***verboten.***

Bismarck mußte erkennen, daß mit Verboten die soziale Frage ***nicht zu lösen war.*** Er erkannte, daß der Staat Gesetze schaffen mußte, die den Arbeiter ***schützen konnten.***

Neue Gesetzgebung

Gesetz	*Leistungen.*	*AG /Anteil/ AN*	
Kranken-versicherung (1883)	***Freie ärztliche Behandlung für die ganze Familie, Krankengeld***	***1/3***	***2/3***
Unfallversi-cherung (1884)	***Ärztliche Versorgung, 2/3 Lohnfortzahlung***	***alles***	***---***
Alters- und Invalidenver-sicherung (1889)	***Rente nach dem 65. Lebens-jahr und bei Arbeitsunfähig-keit***	***1/2***	***1/2***

THEMA

"Imperialismus" - was heißt das?

LERNZIELE

Den Begriff "Imperialismus" klären können.
Gründe und Ziele des Imperialismus nennen können.
Folgen des Imperialismus für die europäischen Großmächte und für die Kolonialländer beschreiben können.

ARBEITSMITTEL / MEDIEN / LITERATURHINWEISE

Folie 1 (Kolonien der europäischen Großmächte), 2 Informationsblätter, 2 Arbeitsblätter

TAFELBILD / FOLIEN

Kolonien der europäischen Großmächte:

1819:	England erwirbt Singapur.
1839:	England gewinnt Aden. England erobert Hongkong.
1859:	Bau des Suezkanals, den England 1875 durch Kauf der Aktien in seine Hand bekommt.
Bis 1870:	Zu England gehören: Gibraltar, Malta, Kapland, Sierra Leone, Aden, Indien, Ceylon, Britisch-Ostafrika, Britisch-Somaliland, Kanada, Australien und Neuseeland.
Ab 1870:	Englische Erwerbungen: Ägypten, Sudan, Uganda, Rhodesien, Njassaland, Transvaal, Betschuanaland, Oranje, Nigeria, Goldküste, Kuweit, Burma, Malaja.
Ab 1870:	Frankreichs Erwerbungen: Algerien, Senegal, Kongo, Elfenbeinküste, Madagaskar, Teile von Indochina, einige westindische Inseln, Marokko, Tunesien, Senegal, Sahara, Französisch-Somaliland.
Ab 1884:	Deutschland erwirbt: Togo, Kamerun, Deutsch-Südwestafrika, Deutsch-Ostafrika, Inseln im Pazifik, Kiautschou, Tsingtau.

Folie 1

I. Hinführung:

Folie 1 (Kolonien der europäischen Großmächte)

Zielangabe — TA: ***"Imperialismus" - was heißt das?***

II. Erarbeitung:

Informationsblatt 1/AA/EA/PA
Auswertung/LSG

1. TZ: Begriff "Imperialismus" — TA: Politik einer Großmacht zur Ausdehnung ihrer Herrschaftsansprüche und Einflußbereiche

2. TZ: Gründe für den Imperialismus — TA:
* Bedarf an billigen Importen von Rohstoffen
* Kolonien sind Märkte für europäische Produkte
* Großmachtstreben der europäischen Staaten (Hegemonialpolitik)
* Sendungsbewußtsein
* National- und Rassenstolz

3. TZ: Ziele des Imperialismus — TA:
* Sicherung der Interessenspähren
* Erschließung neuer Siedlungsgebiete
* Ausbreitung der europäischen Zivilisation

III. Vertiefung:

4.TZ: Folgen für die Großmächte — TA:
* gegenseitiges Mißtrauen
* politische Krisen
* Kriegsgefahr

IV. Sicherung:

Eintrag 2 AB

V. Ausweitung:

5. TZ: Folgen für die Kolonialländer — TA:
* Die Europäer bauten Schulen und Kirchen, bekämpften Hunger und Krankheiten.
* Sie beuteten die Kolonien aus und zerstörten zum Teil sehr alte und hohe Kulturen.

Imperialismus und Erster Weltkrieg

Seit den Entdeckungsfahrten von Columbus 1492 erforschten und eroberten die europäischen Seemächte immer größere Gebiete der Erde. Sie teilten die "neue Welt" und ihre Reichtümer untereinander auf und wurden dadurch zu Großmächten. Diese Politik der weltweiten Ausdehnung von Herrschaftsansprüchen und Einflußbereichen nennt man **Imperialismus.**

Gründe für den Imperialismus

Für das weltweite Streben der Europäer nach Kolonien und Einflußzonen gab es verschiedene Gründe. Im rohstoffarmen Europa sollte die rasch wachsende Industrie durch die Ausbeutung rohstoffreicher Kolonien lebensfähig bleiben. Billige Importe von Bodenschätzen und Naturprodukten ermöglichten erst den wirtschaftlichen Aufschwung Europas. Die Kolonien selbst boten sich als willkommene Märkte für europäische Produkte an. Überschüssiges Kapital konnte dort günstig angelegt werden. Die völlige Abhängigkeit der Eingeborenen machte sie zu billigen Arbeitskräften.
Hinter dem europäischen Imperialismus standen aber vor allem machtpolitische Interessen: Jeder Staat versuchte, sich eine weltweite Herrschaft aufzubauen (Hegemonialpolitik). Gleichzeitig diente diese Politik auch der Ablenkung von innerstaatlichen Schwierigkeiten.
Die Masse der Bevölkerung litt unter der Not, die ihnen die beginnende Industrialisierung gebracht hatte. Doch die Herrschenden verstanden es geschickt, die oft vorhandene Unzufriedenheit im Innern zu überdecken, indem sie dem Volk große Erfolge nach außen vorwiesen. Der Erwerb fremder Länder als Kolonien weckte den Nationalstolz und ließ die Menschen ihre eigene Not vergessen. Übersteigertes Sendungsbewußtsein verbunden mit Rassenstolz und dem Glauben an das Recht des Stärkeren waren ebenfalls Motive imperialistischen Denkens.

Ziele des Imperialismus

Ursachen und Ziele des Imperialismus waren natürlich eng miteinander verbunden. Aus politischer Sicht ging es den europäischen Staaten vor allem um die Sicherung ihrer Interessensphären, um die Sicherung von Absatzmärkten zur Vermeidung von Wirtschaftskrisen und um die Erschließung neuer Siedlungsgebiete.
Wirtschaftliche Gründe waren vorrangig die Investition des Kapitals, die Sicherung von Absatzmärkten und die Möglichkeit, billig Rohstoffe bekommen zu können.
Eng mit dem Sendungsbewußtsein hängen die gesellschaftlichen Ziele des Imperialismus zusammen: Ausbreitung der europäischen Zivilisation, christliche Mission und die Herrschaft über die sog. "unterentwickelten" Regionen der Welt.

Folgen für die Großmächte

Der wirtschaftliche Aufschwung, die Verbesserung der Lebensverhältnisse und die weltweite Machtausdehnung riefen bei den europäischen Völkern ein starkes Überlegenheitsgefühl hervor. Jeder Staat war von seiner nationalen Größe überzeugt und fühlte sich zur Führung in der Welt berufen.
Es begann ein Wettlauf um die Kolonien, da jedes Land die günstige Gelegenheit nicht versäumen wollte, zur absoluten Großmacht aufzusteigen. Dieses imperialistische Denken erzeugte gegenseitiges Mißtrauen, politische Krisen und Kriegsgefahr.

Folgen für die Kolonialländer

Die Weißen in Afrika - das war Segen und Fluch zugleich für viele Eingeborene. Die weißen Herren schufen in den Kolonien ertragreiche Plantagen, bauten Straßen und Eisenbahnen und erschlossen Bodenschätze. Sie bekämpften Hunger und Krankheiten, schützten die Eingeborenen vor Sklavenhändlern, bauten Schulen und Kirchen für sie und versuchten, die europäische Kultur zu verbreiten.
Auf der anderen Seite bestand das Hauptinteresse der Europäer darin, die Kolonien wirtschaftlich auszubeuten. Dabei nahmen sie keinerlei Rücksicht auf Traditionen, Lebensformen und andere kulturelle Eigenheiten. Aufstände von Afrikanern wurden erbarmungslos niedergeschlagen. Die Schwarzen verloren ihre letzten Rechte. Sie wurden als billige Arbeitskräfte mißbraucht; die weiße Herrenschicht sonderte sich streng von der schwarzen Mehrheit ab. Die Weißen zerstörten auf diese Weise nicht nur in Afrika zum Teil sehr alte und hohe Kulturen.

Die Geringschätzung der Schwarzen geht aus einem Auszug aus dem im Jahr 1909 erschienenen Buch "Das Deutsche Kolonialreich" von Hans Meyer hervor:

"Kurz, der Neger ist wie ein unerzogenes Kind. Es ist aber sehr fraglich, ob er sich überhaupt erziehen läßt. Die Anschauung ist jedenfalls nicht unbegründet, daß die Negerrasse niemals durch einen Kampf ums Dasein in einem harten Klima gestärkt worden ist und daß ihr Charakter sich nicht so hat entwickeln können, wie er für eine Kultur von der Höhe der europäischen notwendig ist."

Ein Beamter der Kolonialverwaltung bei einer Besichtigungsfahrt. Welche Einstellung hat vermutlich der "weiße Mann" gegenüber der eingeborenen Bevölkerung?

GESCHICHTE	NAME: ____________	KLASSE: ____	DATUM: ________	NR.: ___

Ursprung und Ziele des Imperialismus

Ursachen - Gründe - Motive - Ursachen - Gründe - Motive - Ursachen -

politische	wirtschaftliche	gesellschaftliche
____________	____________	____________
____________	____________	____________
____________	____________	____________
____________	____________	____________
____________	____________	____________
____________	____________	____________
____________	____________	____________
____________	____________	____________

Ziele - Ziele - Ziele - Ziele - Ziele - Ziele - Ziele - Ziele - Ziele - Ziele - Ziele

____________	____________	____________
____________	____________	____________
____________	____________	____________
____________	____________	____________
____________	____________	____________
____________	____________	____________
____________	____________	____________
____________	____________	____________
____________	____________	____________

Folgen für die Großmächte - Folgen für die Großmächte - Folgen für

* ____
* ____
* ____

GESCHICHTE	NAME: ______	KLASSE: ____	DATUM: ______	NR.: ____

Ursprung und Ziele des Imperialismus

Ursachen - Gründe - Motive - Ursachen - Gründe - Motive - Ursachen -

politische	wirtschaftliche	gesellschaftliche
** Großmachtstreben (Hegemonialpolitik)*	** Produktions- und Kapitalüberschuß*	** Sendungsbewußtsein*
** Beteiligung des Staates an Wirtschaftsunternehmen*	** Massenproduktion für die zunehmende Bevölkerung*	** Rassenstolz*
** Ablenkung von inneren Schwierigkeiten*	** internationale Konkurrenz*	** Recht des Stärkeren*
		** Nationalismus*

Ziele - Ziele - Ziele - Ziele - Ziele - Ziele - Ziele - Ziele - Ziele - Ziele - Ziele

** Sicherung von Interessenssphären*	** Investition des Kapitals*	** Ausbreitung der europäischen Zivilisation*
** Sicherung von Absatzmärkten, Vermeidung von Wirtschaftskrisen*	** billige Rohstoffe*	** christliche Mission*
** Erschließung neuer Siedlungsgebiete*		** Herrschaft über "unterentwickelte" Regionen der Welt*

Folgen für die Großmächte - Folgen für die Großmächte - Folgen für

** gegenseitiges Mißtrauen*

** politische Krisen*

** Kriegsgefahr*

GESCHICHTE	NAME: ____________	KLASSE: ____	DATUM: ________	NR.: ___

Die imperialistische Politik der Großmächte um 1900

Imperialismus *(von lat." imperium" = Weltreich)*: Streben einzelner Großmächte, ihren ____________________ und ____________________________ Einfluß in der Welt zu erweitern, um damit den eigenen Staat zu einer ______________________ zu machen.

Ordne die folgenden Länder den Schlagworten imperialistischer Politik zu, die für das jeweilige Land zutreffend sind!

Großbritannien - USA - Deutschland - Frankreich - Rußland - Japan

________________________: Ausweitung des British Empire

________________________: Neuer Kurs: "Ein Platz an der Sonne"

________________________: Vormacht auf dem Balkan

________________________: Nationalstolz

________________________: "Dollarimperialismus"

________________________: Vormacht in Ostasien

Die Großmächte und ihre Kolonien um 1900:

GESCHICHTE	NAME: ______________	KLASSE: ____	DATUM: __________	NR.: ___

Die imperialistische Politik der Großmächte um 1900

Imperialismus *(von lat." imperium" = Weltreich)*: Streben einzelner Großmächte, ihren ***politischen*** und ***wirtschaftlichen*** Einfluß in der Welt zu erweitern, um damit den eigenen Staat zu einer ***Weltmacht*** zu machen.

Ordne die folgenden Länder den Schlagworten imperialistischer Politik zu, die für das jeweilige Land zutreffend sind!

Großbritannien - USA - Deutschland - Frankreich - Rußland - Japan

Großbritannien:	Ausweitung des British Empire
Deutschland:	Neuer Kurs: "Ein Platz an der Sonne"
Rußland:	Vormacht auf dem Balkan
Frankreich:	Nationalstolz
USA:	"Dollarimperialismus"
Japan:	Vormacht in Ostasien

Die Großmächte und ihre Kolonien um 1900:

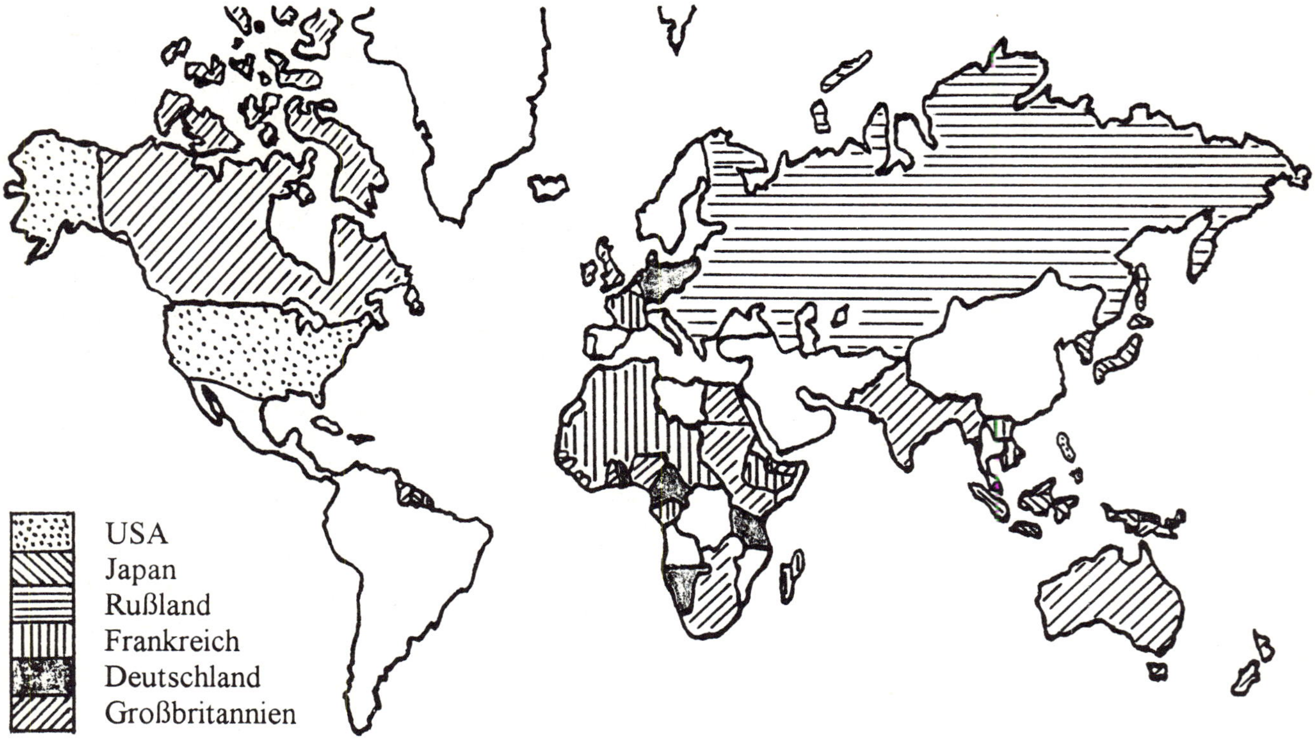

THEMA

Wie kam es zum Ersten Weltkrieg?

LERNZIELE

Ursachen kennenlernen, die zum Ausbruch des Ersten Weltkrieges geführt haben.
Verstehen, daß militärische Überlegungen und die Kriegsbereitschaft gegenüber politischen Lösungen ein Übergewicht besaßen.
Bewußtmachen, daß die meisten Menschen in Europa den Kriegsbeginn begeistert feierten.

ARBEITSMITTEL / MEDIEN / LITERATURHINWEISE

Folie 1 (Attentat in Sarajewo), 2 Informationsblätter, 1 Arbeitsblatt

TAFELBILD / FOLIEN

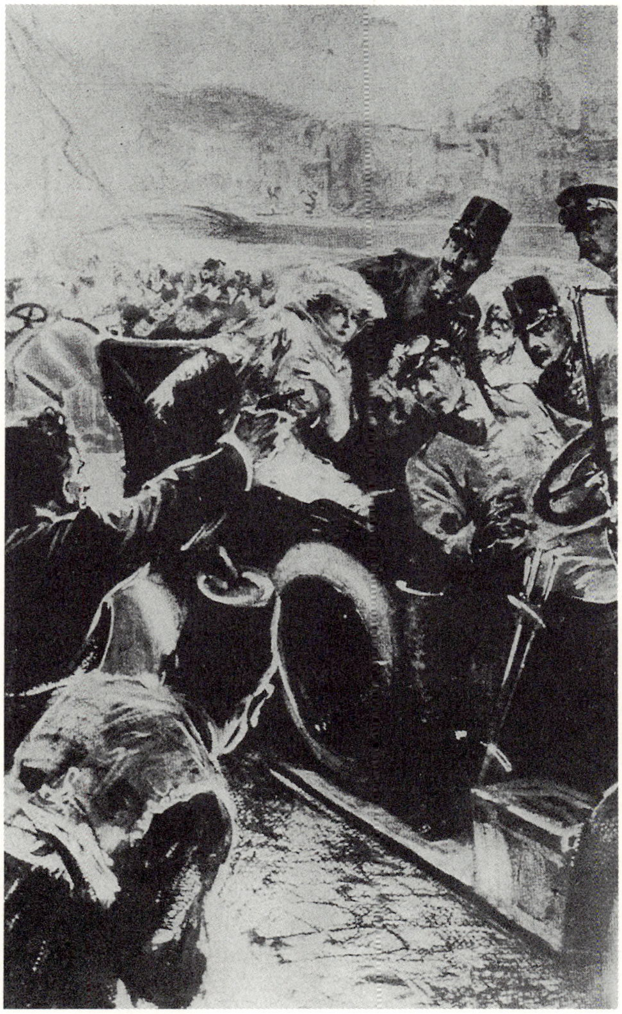

Attentat von Sarajewo auf den österreichischen Thronfolger Erzherzog Franz Ferdinand und seine Gattin, das zum Ausbruch des Ersten Weltkriegs 1914 führte, in einer zeitgenössischen Darstellung.

Folie 1

I. Hinführung:

Folie 1 (Attentat von Sarajewo)

Zielangabe — TA: ***Wie kam es zum Ersten Weltkrieg?***

II. Erarbeitung:

Informationsblatt 1/A/EA/PA
Auswertung/LSG

TA: Nationalismus:
Jeder Staat fühlte sich zur Führung der Welt berufen.

Rüstungswettlauf:
Alle Staaten steigerten ihre Rüstungsanstrengen.

Blockbildung:
Kaiser Wilhelm II trieb Deutschland in die Isolation.

Lage auf dem Balkan:
Machtkampf zwischen Rußland und Österreich-Ungarn.

Von der Krise in den Weltkrieg:
s. Informationsblatt

III. Vertiefung:

Impuls

L: Wer war deiner Meinung nach schuld am Ausbruch des Ersten Weltkrieges?

SS: Die Schuldfrage ist schwer zu beurteilen. Keiner hat ihn wirklich gewollt, niemand hat ihn jedoch verhindert. Militärische Überlegungen kamen vor politischen Lösungsversuchen.

IV. Sicherung:

Eintrag AB

V. Ausweitung:

Die Menschen in Europa feiern den Krieg.

Auf dem Weg in den Ersten Weltkrieg

Spannungsfeld Nationalismus

Der wirtschaftliche Aufschwung, die Verbesserung der Lebensverhältnisse und die weltweite Machtausdehnung hatten bei den europäischen Völkern ein starkes Überlegenheitsgefühl hervorgerufen.
Jeder Staat war von seiner nationalen Größe überzeugt und fühlte sich zur Führung der Welt berufen. Ab 1890, als der 29jährige Kaiser Wilhelm II. seinen alten Kanzler Bismarck entließ, waren im Deutschen Reich besonders aggressive Töne zu hören. Viele Deutsche meinten, man sei bei der Verteilung der Welt übergangen worden. Man dachte wie Reichskanzler von Bülow 1897: "Wir verlangen auch unseren Platz an der Sonne!" Das Versäumte sollte mit doppelter Anstrengung aufgeholt werden.

Spannungsfeld Rüstungswettlauf

Zur weltweiten Rivalität der Europäer um Märkte und Kolonien kamen Probleme im Innern Europas: der deutsch-französische Gegensatz seit 1871, die russisch-österreichischen Interessenkonflikte auf dem Balkan, die Rivalität zwischen Deutschland und England.
Um auf jede Auseinandersetzung vorbereitet zu sein, steigerten alle Staaten ihre Rüstungsanstrengungen (Rüstungsausgaben in Mill. Goldmark):

	1905	1910	1913
Österreich-Ungarn	460	660	720
Frankreich	990	1170	1325
Deutschland	1065	1370	2100
Rußland	1070	1435	2050
Großbritannien	1260	1370	1490

Spannungsfeld Blockbildung

Bismarck hatte zwanzig Jahre lang ein System von Bündnissen und Verträgen aufgebaut. Das Deutsche Reich war mit Österreich-Ungarn und Italien im Dreibund von 1882 zusammengeschlossen. Es hatte aber auch mit Großbritannien ein Kolonialabkommen (1889) und mit Rußland einen geheimen Rückversicherungsvertrag (1887). Dieser war besonders wichtig, denn er sicherte dem Reich für den Fall eines französischen Angriffs, mit dem Bismarck immer rechnete, russische Neutralität zu.
Kaiser Wilhelm begann seine Außenpolitik, indem er diesen Rückversicherungsvertrag 1890 nicht verlängern ließ. Verhandlungen mit England scheiterten, weil der Kaiser nicht von den ehrgeizigen Flottenbauplänen lassen wollte.
Er merkte nicht, wie durch seine Politik des "Säbelrasselns" sich im Ausland Angst vor dem Deutschen Reich breitmachte. Die europäischen Konkurrenten einigten sich: In der "Entente cordiale" ("herzliches Einverständnis") von 1904 verständigten sich Großbritannien und Frankreich. Rußland einigte sich 1907 mit England über Persien und erweiterte so die Entente cordiale zum Dreierverband. Frankreich und Rußland hatten sich bereits 1893 gegenseitig Hilfe zugesichert. Deutschland war isoliert.

Die Lage auf dem Balkan

Der Machtkampf zwischen Rußland und Österreich-Ungarn kam auf dem Balkan zum Ausbruch. In Serbien verfolgte man Pläne für ein serbisches Großreich unter Einbeziehung der von Österreich besetzten slawischen Gebiete. Diese Politik (Panslawismus) wurde von Rußland stillschweigend unterstützt: Es sah darin eine Aufgabe als Schutzmacht aller Slawen und eine Möglichkeit, auf dem Balkan Fuß zu fassen.

Das Attentat von Sarajewo

Am 28. Juni 1914 wurde der österreichische Thronfolger Erzherzog Franz Ferdinand mit seiner Gemahlin auf offener Straße in Sarajewo erschossen. Er befand sich auf einer Reise durch Bosnien und die Herzegowina, durch die diese Gebiete beruhigt werden sollten. Die Attentäter gehörten zu einer serbischen Untergrundbewegung, die gegen die Politik Österreich-Ungarns kämpfte. In ganz Europa wurde diese Tat verabscheut, in Serbien jedoch gefeiert.

23. Juli 1914 - 6. August 1914: Von der Krise in den Weltkrieg

23. Juli	Ultimatum Österreichs an Serbien: Untersuchung mit österreichischen Beamten
24. Juli	Deutschland gibt Österreich grundsätzlich freie Hand gegen Serbien
25. Juli	Serbien lehnt österreichische Untersuchungsbeamte ab und mobilisiert Truppen
	Deutschland empfiehlt Österreich rasches Vorgehen gegen Serbien
	Beistandserklärung Frankreichs für Rußland
	Rußland sichert Serbien Unterstützung zu
26. Juli	Deutschland fordert Rußland auf, sich nicht einzumischen
	Rußland fordert Deutschland auf, Österreich zur Mäßigung anzuhalten
	England schlägt europäische Vermittlungskonferenz vor
27. Juli	England rät Österreich, gegenüber Serbien einzulenken
28. Juli	Österreich erklärt Serbien den Krieg
	Kaiser Wilhelm II. schlägt Österreich nur begrenzte militärische Aktionen gegen Serbien vor
	Rußland mobilisiert Teile der Armee
	England befiehlt Flotte auf Kriegsstation und versucht erneut zu vermitteln
29. Juli	Österreich lehnt jede Diskussion um Serbien ab
	Österreich fordert von Deutschland Bündnisbereitschaft gegen Rußland
	Deutschland mahnt Österreich zu Verhandlungen mit Rußland
	Österreich beschießt die serbische Hauptstadt Belgrad
30. Juli	Österreich will militärische Niederlage Serbiens
	Deutscher Generalstab drängt Politiker zu militärischen Vorbereitungen
	Generalmobilmachung der Armeen in Rußland
	Frankreich rät Rußland zur militärischen Zurückhaltung
31. Juli	Österreich besteht auf „Lektion für Serbien"
	Konflikt in Deutschland zwischen Politikern und Militärs
	Ultimatum Deutschlands an Rußland, Mobilmachung zurückzunehmen
1. August	Frankreich und Deutschland mobilisieren ihre Truppen
	Deutschland erklärt Rußland den Krieg, hofft auf Neutralität Englands
	England verpflichtet sich zum Schutz der Küste Frankreichs
2. August	Deutschland besetzt Luxemburg und fordert Durchzugsrecht durch Belgien
3. August	Deutschland erklärt Frankreich den Krieg
4. August	Deutsche Truppen marschieren durch Belgien
	Belgien erklärt Deutschland den Krieg
	England stellt Ultimatum und erklärt Deutschland den Krieg
5. August	Rumänien und Italien bleiben neutral.
6. August	Österreich-Ungarn erklärt Rußland den Krieg

GESCHICHTE	NAME: ____________	KLASSE: ____	DATUM: ________	NR.: ___

Wie kam es zum Ersten Weltkrieg?

28. Juli 1914: ______________________________

01. Aug. 1914: ______________________________

03. Aug. 1914: ______________________________

04. Aug. 1914: ______________________________

____

06. Aug. 1914: ______________________________

Wie kam es zum Ersten Weltkrieg?

Nationalismus → *Rüstungswettlauf* → *Blockbildung*

↓

Der Krieg wird immer wahrscheinlicher

↓

Balkankrise

Rußland will seinen Einfluß über den Balkan bis zum Mittelmeer ausdehnen (Panslawismus).

Österreich-Ungarn will dies verhindern.

28. Juni 1914: Attentat in Sarajewo

↓

28. Juli 1914: *Österrreich erklärt Serbien den Krieg.*

01. Aug. 1914: *Deutschland erklärt Rußland den Krieg.*

03. Aug. 1914: *Deutschland erklärt Frankreich den Krieg.*

04. Aug. 1914: *Belgien erklärt Deutschland den Krieg.*
England erklärt Deutschland den Krieg.

06. Aug. 1914: *Österreich-Ungarn erklärt Rußland den Krieg.*

↓

Der Erste Weltkrieg hatte begonnen.

THEMA

Wichtige Abschnitte des Ersten Weltkriegs (1914 - 1918)

LERNZIELE

Wichtige Abschnitte des Ersten Weltkriegs kennenlernen.
Den Verlauf des Ersten Weltkriegs anhand einer Karte nachvollziehen können.
Einen Überblick über Kriegsschauplätze, Kriegsführung und Kriegstechnik gewinnen.
Für die Leiden der Menschen im Krieg sensibilisiert werden.

ARBEITSMITTEL / MEDIEN / LITERATURHINWEISE

Folie 1 (Aufbruch), 2 Informationsblätter, 1 Arbeitsblatt

Zusatz: 32 03358 "Der Erste Weltkrieg" (12 min)
32 03359 "Der Erste Weltkrieg - Die Hölle von Verdun" (10 min)

TAFELBILD / FOLIEN

Folie 1

I. Hinführung:

Folie 1 (Aufbruch)

Zielangabe

TA: ***Wichtige Abschnitte des Ersten Weltkriegs (1914 - 1918)***

II. Erarbeitung:

Informationsblatt 1/AA/arbeitsteilige PA/ Auswertung/LSG

TA: Kriegsschauplätze:
*Offensivkrieg Deutschlands im Westen und Osten (1914/1915)
*Landkrieg: schnell erstarrte Fronten
*Seekrieg: Blockade und U-Boot-Krieg
*1917: Kriegseintritt der USA

Kriegsführung und -technik:
*Materialschlachten und Stellungskrieg
*Wirtschaftskrieg: Hungersnot durch englische Seeblockade
*Neue Waffen: Panzer, Flugzeuge, U-Boote, Giftgas, Geschütze
*Frauen in den Rüstungsbetrieben

III. Vertiefung:

Informationsblatt 2/ gemeinsames Erlesen

IV. Sicherung:

Eintrag AB

V. Ausweitung:

Lehrervortrag: ***Trommelfeuer***

Der junge Kriegsfreiwillige auf seinem Beobachtungsposten weiß zuerst gar nicht, was ihm geschieht. Er hört das Grollen und Donnern, hört das Orgeln und Pfeifen. Dann spritzt plötzlich rings um ihn Erde auf. Fontänen aus Feuer und Dreck steigen hoch. Faustgroße Brocken und Steine fliegen ihm um den Kopf. Ein Regen aus Schmutz und Staub geht auf ihn nieder. Er preßt sein Gesicht angstverzerrt gegen den Boden. Er beißt in die Erde, um nicht aufzuschreien, krallt sich mit den Händen fest, macht sich klein und flach. Sein Atem geht keuchend. Nein, verflucht nochmal, nein, so hat er sich den Krieg nicht vorgestellt! Hat geglaubt, das sei ein feines Spiel. Aber das hier ist ja ernst! Verfluchter Ernst! Nein, er will nicht sterben. In seiner Angst beginnt er zu beten, laut, fast schreiend. Aber hilft denn das noch? Die Hölle ist ja los! Die Hölle läßt sich nicht bändigen, nicht durch Beten, nicht durch Fluchen.

Wichtige Abschnitte des Ersten Weltkriegs (1914 - 1918)

Der Krieg im Westen

Die deutschen Armeen marschierten ohne Rücksicht auf die Neutralität Belgiens nach Westen. Bereits Anfang September hatten die Armeen den Fluß Marne in Frankreich erreicht. Beinahe wäre **Schlieffens Plan** gelungen: Paris konnte zwar nicht umfaßt werden, aber die deutschen Truppen standen nur noch 22 km davon entfernt. Daß es Franzosen und Engländern gemeinsam gelang, diesen Marsch aufzuhalten, bezeichnen sie noch heute als "Wunder an der Marne". Danach entstand eine feste Frontlinie zwischen Ärmelkanal und Schweizer Grenze. Trotz größter Anstrengungen gelang es keiner Seite, diese Frontlinie entscheidend zu durchbrechen. Im "Stellungskrieg" verbluteten Millionen von Soldaten. Allein der Angriff auf die Festung Verdun kostete 700.000 jungen Menschen das Leben.

Der Krieg im Osten

Die russischen Armeen fielen 1914 in Ostpreußen ein. Im August 1914 wurden diese von den beiden deutschen Generälen Hindenburg und Ludendorff geschlagen. Nachdem später der russische Vorstoß nach Österreich-Ungarn aufgehalten worden war, erstarrten auch hier die Fronten zum **Stellungskrieg.**

Der Krieg zur See

England führte den Seekrieg zunehmend als **Blockade gegen Deutschland**. Bereits im November/Dezember 1914 sind die meisten deutschen Schiffe aufgebracht oder versenkt. Zu den erwarteten großen Seeschlachten zwischen den deutschen und den britischen Großkampfschiffen kam es nur 1916 am Skagerrak. An der Front und in der Heimat spürte man mit jedem Kriegsjahr mehr, wie man auf den Handel angewiesen war. Gegen die Blockade versuchte sich Deutschland durch den **Einsatz von Unterseeboten** zu wehren.
1915 erklärt Deutschland die Gewässer um Großbritannien zum Kriegsgebiet, kurz darauf wird der U-Boot-Handelskrieg offen begonnen. Zunächst war das ein Erfolg: Zeitweise kehrte ein Viertel aller britischen Schiffe nicht wieder zurück. Auf Dauer erwies sich der U-Boot-Krieg aber als äußerst negativ: Es machte viele neutrale Staaten zu Gegnern Deutschlands und trieb 1917 die USA endgültig auf die Seite der Alliierten.

Kriegseintritt der USA

Der amerikanische Präsident Wilson hatte die Neutralität seines Landes erklärt. Er verurteilte die Blockaden beider Seiten. Zugleich ließ er aber zu, daß die USA zum bedeutendsten Lieferanten für Kriegsmaterial an England und Frankreich wurden. Als ein britisches Passagierschiff, auf dem sich u.a. 139 Amerikaner befanden, von deutschen Unterseebooten versenkt wurde, nahm er das zum **Anlaß, gegen die Mittelmächte in den Krieg einzutreten** (2. April 1917). Die USA verstärkten die ausgebluteten Armeen der Alliierten und lieferten neues Material. Dies führte schließlich zur endgültigen Überlegenheit der Westmächte und zum Zusammenbruch der deutschen Westfront im Oktober 1918.

Die Wirklichkeit des Krieges

Aus dem Bewegungskrieg zu Beginn des Ersten Weltkriegs wurde sehr bald ein erbitterter **Stellungskrieg**. Beide Seiten verschanzten sich in Gräben und Unterständen. Menschen und Kriegsmaterial wurden in unvorstellbarer Zahl und Menge eingesetzt, um mit einem Durchbruch den entscheidenden Sieg zu erringen.
Solche gigantischen **Materialschlachten** waren möglich, weil die Industrien der kriegführenden Länder unter Ausschöpfung der letzten Reserven **immer neues Kriegsgerät** herstellten: Flugzeuge, Panzerfahrzeuge, Riesengeschütze, Unterseeboote, Giftgas.

Soldatenfriedhof bei Verdun, Frankreich

Es gab keinen Unterschied mehr zwischen Heimat und Front. Die von England gegen Deutschland verhängte Seeblockade löste im Reich eine **Hungersnot** aus. Das Brot wurde mit Sägemehl versetzt, Fleisch war äußerst knapp. Für Anzüge fehlte der Stoff, für Schuhe das Leder, für Fahrradschläuche der Gummi. Da die Männer an der Front gebraucht wurden, **verrichteten Frauen die schwere Arbeit in den Rüstungsbetrieben**.

Frauen beim Abfüllen von Granaten

Deutsche Marschkolonne auf ihrem schweren Weg

GESCHICHTE	NAME: ________________	KLASSE: ____	DATUM: __________	NR.: ___

Wichtige Abschnitte des Ersten Weltkriegs (1914 - 1918)

Westfront 1916: Schlacht um Verdun. Blutige Stellungskämpfe und tagelanges Trommelfeuer machen die Brennpunkte an der Westfront zur Kriegshölle.

Kriegsschauplätze:

* ____

* ____

* ____

* ____

Kriegführung und Kriegstechnik:

* ____

* ____

* ____

* ____

GESCHICHTE	NAME:	KLASSE:	DATUM:	NR.:

Wichtige Abschnitte des Ersten Weltkriegs (1914 - 1918)

Westfront 1916: Schlacht um Verdun. Blutige Stellungskämpfe und tagelanges Trommelfeuer machen die Brennpunkte an der Westfront zur Kriegshölle.

Kriegsschauplätze:

* *Offensivkrieg Deutschlands im Westen und Osten (1914/1915)*
* *Verlauf des Landkriegs: schnell erstarrte Fronten (1915 - 1918)*
* *auf den Meeren: Blockade und U-Boot-Krieg*
* *1917: Kriegseintritt der USA*

Kriegführung und Kriegstechnik:

* *Materialschlachten und Stellungskrieg ("Hölle von Verdun")*
* *Wirtschaftskrieg: Hungersnot durch englische Seeblockade*
* *Neue Waffen: Panzer, Flugzeuge, U-Boote, Giftgas, Geschütze*
* *Frauen verrichten die schwere Arbeit in den Rüstungsbetrieben*

THEMA

Das Epochenjahr 1917

LERNZIELE

Das Jahr 1917 als Epochenjahr begreifen.
Den Kriegseintritt der USA begründen können.
Bewußtmachen, daß mit dem Kriegseintritt der USA der Krieg für Deutschland verloren war.
Über die Oktoberrevolution in Rußland berichten können.
Die deutsche Regierung als den "Geburtshelfer der Sowjetunion" begreifen.
Wilsons 14-Punkte-Programm als Grundlage für Friedensverhandlungen kennenlernen.

ARBEITSMITTEL / MEDIEN / LITERATURHINWEISE

Folie 1 (USA und Rußland), 2 Informationsblätter, 1 Arbeitsblatt

Zusatz: 32 00870 "Die USA auf dem Wege zur Weltmacht" (13 min)
32 02080 "Der Untergang des Zarenreiches" (21 min)

TAFELBILD / FOLIEN

Denkmal in Moskau: Arbeiter und Kolchosbäuerin

Freiheitsstatue in New York

Folie 1

I. Hinführung:

Folie 1 (USA und Rußland)

Zielangabe — TA: ***Das Epochenjahr 1917***

II. Erarbeitung:

Informationsblatt 1und 2/
arbeitsteilige EA/PA
Auswertung LSG

TA: Revolution in Rußland:
* Im Februar 1917 wird der Zar abgesetzt.
* Lenin reißt die Macht an sich.
* Im Frieden von Brest-Litowsk (1918) scheidet Rußland aus dem Krieg aus.

Die USA treten in den Krieg ein:
* Präsident Wilson will zunächst neutral bleiben.
* Der "uneingeschränkte U-Boot-Krieg" führt zum Eintritt der USA in den Krieg gegen Deutschland.

III. Vertiefung:

Impuls

L: Nachträglich betrachtet muß man sagen, daß die deutsche Regierung der Geburtshelfer der Sowjetunion war.

SS: Dadurch, daß die deutsche Regierung Lenin mit seiner Gruppe quer durch Deutschland die Fahrt nach Rußland ermöglichte, war sie an der weiteren Entwicklung mittelbar beteiligt.

IV. Sicherung:

Eintrag AB

V. Ausweitung:

Informationsblatt 2/
gemeinsames Erlesen

TA: Wilsons 14-Punkte-Programm sollte die Grundlage für Friedensverhandlungen sein.

Das Epochenjahr 1917

Die Revolution in Rußland

Im **Februar 1917** demonstrierten in Petersburg hungernde Arbeiter. Sehr bald wurde daraus ein Aufstand, der viele russische Städte ergriff. Als die Regierung des Zaren Truppen gegen die Aufständischen einsetzte, forderten die Massen die Absetzung des Zaren. Die Soldaten weigerten sich jedoch, auf die Aufständischen zu schießen, Truppenteile meuterten oder liefen zu den Aufständischen über. Der Zar dankte schließlich ab, er wurde verhaftet und später ermordet. Rußland war nun Republik, mit einer vorerst provisorischen Regierung.
Bald danach bildeten sich zwei Mächtegruppen: die Liberalen, die mit den Sozialisten gemeinsam eine Demokratie errichten wollten, und die Räte (Sowjets) der Arbeiter und Bürger. **Von dieser Revolution hatte die deutsche Heeresleitung den Zusammenbruch der Ostfront erhofft.** Als der ausblieb, ließ die deutsche Regierung radikale russische Politiker, unter ihnen auch Lenin, die in der Schweiz im Exil lebten, durch Deutschland nach Schweden reisen. Von dort fuhren sie weiter nach Petersburg, wo sie unter Führung Lenins die Macht an sich reißen konnten.
Am 6. November (nach russischer Zeitrechnung am 24. Oktober, daher **"Oktoberrevolution")** stürmten die Bolschewisten den Regierungssitz in Petersburg. Eine kleine Gruppe von Berufsrevolutionären organisierte den Aufstand. Nach der Verhaftung der bisherigen Regierung versprach Lenin einen schnellen Friedensschluß.
Die neue bolschewistische Regierung bot daraufhin Friedensverhandlungen an. **Im Frieden von Brest-Litowsk schied Rußland aus dem Krieg aus.** Am 3. März 1918 wurde der Friede unterzeichnet. In ihm mußte Rußland auf Polen, Litauen und die Provinzen an der Ostsee verzichten. Finnland und die Ukraine wurden selbständig. Die Ukraine wurde von deutschen Truppen besetzt.

Lenin spricht in Petrograd, wie Leningrad von 1914—1924 hieß

Die USA treten in den Krieg ein

Um sich von der Umklammerung durch die britische Seeblockade zu befreien, die in Deutschland zu Nachschubproblemen und Hungersnot geführt hatte, beschloß die deutsche Regierung, den **uneingeschränkten U-Boot-Krieg** wieder aufzunehmen. Deutsche U-Boote sollten die Blockade durchbrechen und gleichzeitig den Nachschub der Alliierten empfindlich stören. Gegen die Bedenken der Politiker sollten nach Meinung der Militärs die U-Boote alle Schiffe, auch neutrale, in englischen Gewässern versenken. Der amerikanische Präsident Wilson hatte die Neutralität seines Landes erklärt. Als jedoch amerikanische Staatsbürger durch deutsche U-Boot-Angriffe ums Leben kamen, traten am **6. April 1917** die Vereinigten Staaten auf der Seite der Alliierten in den Krieg ein. Sie verstärkten die ausgebluteten Armeen der Alliierten und lieferten neues Material. Dies führte schließlich zur endgültigen Überlegenheit der Westmächte und dem Zusammenbruch der deutschen Westfront im August 1918. Auch in Deutschland selbst waren die letzten Reserven aufgebraucht.

Wilsons 14 Punkte

Thomas Woodrow Wilson, 1856—1924

Der amerikanische Präsident Wilson hatte zu Beginn des Jahres 1918 ein "**demokratisches Friedensprogramm in 14 Punkten**" vorgetragen. Mit diesem Programm wollte er die Gefahr einer bolschewistischen Weltrevolution bannen und Frieden und Eintracht unter den Völkern wiederherstellen. Zugleich wollte er die Welt reif machen für die Demokratie.
Grundlage seiner Punkte war das Selbstbestimmungsrecht der Völker. Dadurch sollte für die Zukunft ein Krieg unmöglich gemacht werden. Ein Völkerbund sollte über den Frieden in der Welt wachen. Alle Staaten sollten auf Gebietsforderungen verzichten. Die Geheimdiplomatie sollte abgeschafft werden. Alle Staaten sollten sich freiwillig einer Rüstungsbeschränkung unterwerfen.
Ferner forderte Wilson die Rückgabe Elsaß-Lothringens an Frankreich, die Räumung und Wiederherstellung Belgiens, die Neuverteilung der Kolonien, wobei die Wünsche der Eingeborenen berücksichtigt werden sollten.
Auch ein unabhängiges Polen mit einem Zugang zur Ostsee, die Freiheit der Meere und der Wegfall der wirtschaftlichen Grenzen zwischen den Völkern gehörten zu seinem Programm.
Dieses 14-Punkte-Programm sollte die **Grundlage für Friedensverhandlungen** sein. Während des Krieges hatten England und Frankreich dem zugestimmt. Nach dem Waffenstillstand aber wollten sie es nicht mehr als für die Deutschen gültig ansehen.

GESCHICHTE	NAME: ________	KLASSE: ____	DATUM: ______	NR.: ___

Das Epochenjahr 1917

Rußland:

Im April 1917 ließ die deutsche Regierung radikale russische Politiker, unter ihnen auch Lenin, die in der Schweiz im Exil lebten, durch Deutschland nach Schweden reisen. Von dort fuhren sie weiter nach Petersburg, wo sie unter Führung ____________________ die Macht an sich reißen konnten ("____________________________________").
Nach der Verhaftung der bisherigen Regierung versprach Lenin einen schnellen Friedensschluß. Im Frieden von ______________________________ schied Rußland aus dem Krieg aus. Am ___________________ wurde der Friede unterzeichnet.

USA:

Während des Krieges waren in Deutschland viele Unterseeboote gebaut worden. Mit ihrer Hilfe wollte die Regierung die Blockade der Engländer durchbrechen. Der "**uneingeschränkte U-Boot-Krieg**" forderte auch Opfer unter den Angehörigen neutraler Staaten. Als ein amerikanisches Passagierschiff von deutschen U-Booten versenkt wurde,

____.

Das brachte politisch und militärisch die Entscheidung. Das Übergewicht der amerikanischen Industrie zeigte sich bald auch im Übergewicht der _______________.

Mit dem Kriegseintritt der USA ____

____.

 NAME: ______ KLASSE: ____ DATUM: ______ NR.: ____

Das Epochenjahr 1917

Rußland:

Im April 1917 ließ die deutsche Regierung radikale russische Politiker, unter ihnen auch Lenin, die in der Schweiz im Exil lebten, durch Deutschland nach Schweden reisen. Von dort fuhren sie weiter nach Petersburg, wo sie unter Führung ***Lenins*** die Macht an sich reißen konnten (***"Oktoberrevolution"***). Nach der Verhaftung der bisherigen Regierung versprach Lenin einen schnellen Friedensschluß.
Im Frieden von ***Brest-Litowsk*** schied Rußland aus dem Krieg aus. Am ***3. März 1918*** wurde der Friede unterzeichnet.

USA:

Während des Krieges waren in Deutschland viele Unterseeboote gebaut worden. Mit ihrer Hilfe wollte die Regierung die Blockade der Engländer durchbrechen. Der "**uneingeschränkte U-Boot-Krieg**" forderte auch Opfer unter den Angehörigen neutraler Staaten. Als ein amerikanisches Passagierschiff von deutschen U-Booten versenkt wurde, ***erklärte die USA den Mittelmächten am 6. April 1917 den Krieg.***
Das brachte politisch und militärisch die Entscheidung. Das Übergewicht der amerikanischen Industrie zeigte sich bald auch im Übergewicht der ***Waffen.***

Mit dem Kriegseintritt der USA ***war der Erste Weltkrieg für die Mittelmächte verloren.***

THEMA

Die Revolution in Deutschland 1918: Ende der Monarchie

LERNZIELE

Die Lage Deutschlands im Herbst 1918 beurteilen können.
Bewußtmachen, daß durch diese Lage eine revolutionäre Situation gegeben war.
Den Ausbruch der Revolution in Deutschland nachvollziehen können.
Den Verlauf der Revolution kennenlernen.
Philipp Scheidemann und Friedrich Ebert als die Männer der "ersten Stunde" begreifen.

ARBEITSMITTEL / MEDIEN / LITERATURHINWEISE

Folie 1 (Revolution in Deutschland), Folie 2 (Bewaffnete Kämpfe und revolutionäre Kampfaktionen), 1 Informationsblatt,
1 Arbeitsblatt

TAFELBILD / FOLIEN

Demonstration in Berlin am 9. November 1918 für die Errichtung einer Republik in Deutschland.

Folie 1

I. Hinführung:

Folie 1 (Revolution in Deutschland)

Zielangabe

TA: ***Die Revolution in Deutschland 1918***

II. Erarbeitung:

Informationsblatt 1/AA/EA/PA
Auswertung LSG

TA: Die Lage Deutschlands im Herbst 1918:
* Mangel an Nahrungsmitteln
* ruinierte Wirtschaft
* aussichtslose militärische Lage
* Arbeiter fordern Frieden
* General Ludendorff tritt zurück
* Verfassungsänderung
* Gehorsamsverweigerung der Matrosen in Kiel

Revolution in Deutschland:
* Revolution erfaßt weitere deutsche Städte.
* Kaiser Wilhelm II. und alle deutschen Fürsten danken ab, der Kaiser geht nach Holland ins Exil.
* Scheidemann ruft die Republik aus, Ebert übernimmt die Regierung.
* Unterzeichnung des Waffenstillstands am 11. November 1918

III. Vertiefung:

Folie 2 (Wichtigste bewaffnete Kämpfe und revolutionäre Kampfaktionen)

IV. Sicherung:

Eintrag AB

V. Ausweitung:

Zusätzliche Information durch den Lehrer

L: In Bayern rief Kurt Eisner am 8. November 1918 die Republik aus. König Ludwig III. floh ins Ausland. Ohne Blutvergießen wurde Bayern die erste Republik in Deutschland.

Revolutionäre Ereignisse am Ende des Krieges

Die Lage Deutschlands im Herbst 1918

Die militärischen Kräfte Deutschlands waren zu Beginn des Jahres 1918 weitgehend erschöpft. Die Alliierten hingegen gewannen durch den Kriegseintritt der USA im Juli 1918 neue Zuversicht. Die mit amerikanischer Hilfe vorgetragenen Angriffe der Alliierten rissen die deutsche Front auf, die militärische Lage im Herbst 1918 war aussichtslos. Nordfrankreich und Westbelgien wurden aufgegeben. General Ludendorff mußte einsehen, daß der Krieg nicht mehr gewonnen werden konnte. Er wollte jedoch bis zum Ende weiterkämpfen lassen. Als auch er einsehen mußte, daß der Krieg nicht mehr zu gewinnen war, trat er zurück.
In der Heimat und an der Front sehnte jeder das Kriegsende herbei. Die Nahrungsmittel mußten so stark rationiert werden, daß viele an Unterernährung starben. Die Wirtschaft des Landes war durch den Krieg ruiniert. In den Fabriken kam es deshalb zu Streiks: Die Arbeiter forderten vor allem Frieden. Erst jetzt verlangte auch die Oberste Heeresleitung (OHL) von der Regierung den Waffenstillstand mit den Feindmächten. Die Alliierten lehnten aber Verhandlungen mit dem Militärregime oder Vertretern der Monarchie ab. Deshalb wurde eine neue deutsche Regierung unter Reichskanzler Prinz Max von Baden gebildet. In ihr waren Sozialdemokraten, Zentrum und Liberale vertreten. Eine Verfassungsänderung brachte dem Reichstag Konrollrechte gegenüber der Regierung: Zum ersten Mal regierte in Deutschland ein Parlament.

Revolution in Deutschland

Ende Oktober 1918 erhielt die deutsche Kriegsflotte den Befehl, gegen England auszulaufen. Die Matrosen befürchteten nicht ohne Grund ein sinnloses "Heldenopfer" und verweigerten den Gehorsam. Am 3. November schlossen sie sich zum bewaffneten Aufstand zusammen und verbündeten sich mit den Hafen- und Werftarbeitern. Rasch griff der Aufstand auf andere Städte über. Am 5. November erreichte er Lübeck, am 6. November Hamburg. Am 8. November wurde in München die Republik ausgerufen. Am 9. November brach die Revolution in Berlin aus.
Als Kaiser Wilhelm II. erkannte, daß auch das Heer nicht mehr hinter ihm stand, floh er in der Nacht vom 9. auf den 10. November nach Holland.
Die Ereignisse überstürzten sich an diesem 9. November in Berlin. **Philipp Scheidemann** rief vom Reichstag die Republik aus. Der Führer der sozialdemokratischen Partei, **Friedrich Ebert**, wurde Reichskanzler. Damit hatte Deutschland eine Regierung, die sich auf die Revolution, auf die Macht der Arbeiter- und Soldatenräte gründete. Ebert war ein Gegner des gewaltsamen Umsturzes. Er und Scheidemann wollten auf friedlichem Wege die Demokratie verwirklichen.
Während die Revolution ganz Deutschland ergriff, unterzeichnete die von dem Zentrumspolitiker **Matthias Erzberger** geführte Waffenstillstandskommission bei Compiègne in Frankreich den Waffenstillstand (11. November 1918).

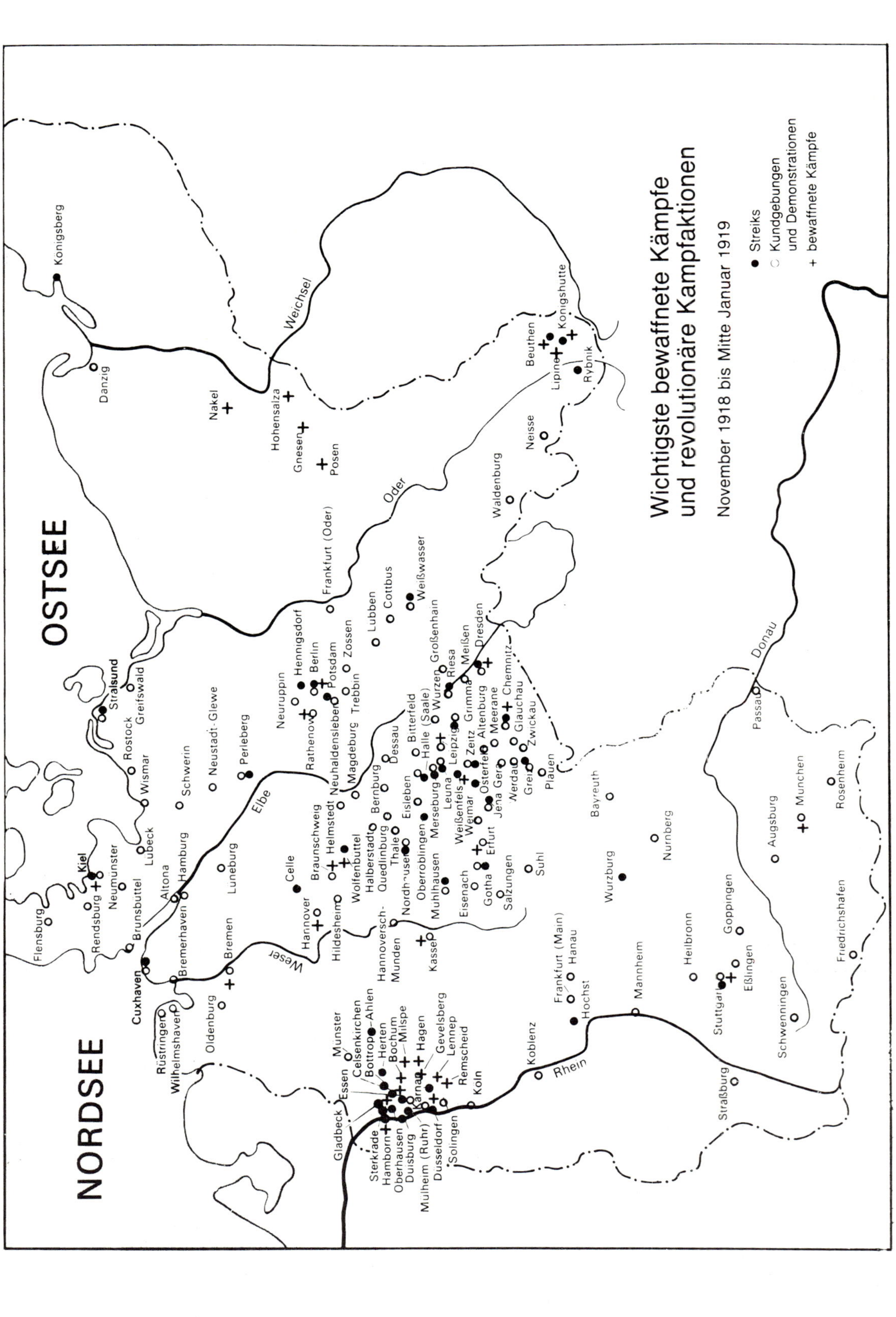
Wichtigste bewaffnete Kämpfe
und revolutionäre Kampfaktionen
November 1918 bis Mitte Januar 1919
Streiks
Kundgebungen
und Demonstrationen
+ bewaffnete Kämpfe
OSTSEE
NORDSEE
Weichsel
Oder
Elbe
Weser
Rhein
Donau
Königsberg
Danzig
Nakel
Hohensalza
Gnesen
Posen
Königshütte
Beuthen
Lipine
Rybnik
Neisse
Waldenburg
Frankfurt (Oder)
Cottbus
Weißwasser
Lübben
Zossen
Trebbin
Potsdam
Berlin
Hennigsdorf
Neuruppin
Rathenow
Stralsund
Greifswald
Rostock
Wismar
Schwerin
Neustadt-Glewe
Perleberg
Lübeck
Kiel
Neumünster
Rendsburg
Flensburg
Brunsbüttel
Altona
Hamburg
Lüneburg
Cuxhaven
Bremerhaven
Bremen
Oldenburg
Rüstringen
Wilhelmshaven
Celle
Hannover
Braunschweig
Helmstedt
Wolfenbüttel
Hildesheim
Halberstadt
Quedlinburg
Thale
Neuhaldensleben
Magdeburg
Bernburg
Dessau
Bitterfeld
Eisleben
Halle (Saale)
Leipzig
Wurzen
Riesa
Großenhain
Meißen
Dresden
Grimma
Chemnitz
Altenburg
Meerane
Glauchau
Zwickau
Zeitz
Osterfeld
Merseburg
Leuna
Weißenfels
Weimar
Jena
Gera
Werdau
Greiz
Plauen
Erfurt
Gotha
Eisenach
Salzungen
Suhl
Mühlhausen
Nordhausen
Oberröblingen
Hannoversch-
Münden
Kassel
Bayreuth
Nürnberg
Würzburg
Frankfurt (Main)
Hanau
Höchst
Mannheim
Heilbronn
Göppingen
Stuttgart
Eßlingen
Schwenningen
Friedrichshafen
Augsburg
München
Rosenheim
Passau
Straßburg
Koblenz
Köln
Münster
Gelsenkirchen
Bottrop
Ahlen
Herten
Bochum
Milspe
Hagen
Gevelsberg
Lennep
Remscheid
Essen
Gladbeck
Sterkrade
Hamborn
Oberhausen
Duisburg
Mülheim (Ruhr)
Düsseldorf
Solingen
Barmen

Folie 2

GESCHICHTE	NAME: ______________	KLASSE: ____	DATUM: ________	NR.: ___

Die Revolution in Deutschland 1918

Die Lage Deutschlands im Herbst 1918

9. November 1918:

Philipp Scheidemann

9. November 1918:

Philipp ______________________________ ruft in Berlin die Republik aus. Der Führer der sozialdemokratischen Partei, Friedrich ________________ wird Reichskanzler. Beide Politiker wollen auf friedlichem Weg die Demokratie verwirklichen.

11. November 1918:

GESCHICHTE	NAME: ______	KLASSE: ____	DATUM: ______	NR.: ____

Die Revolution in Deutschland 1918

Die Lage Deutschlands im Herbst 1918

**Mangel an Nahrungsmitteln* — ** ruinierte Wirtschaft*
**militärische Lage aussichtslos* — **Änderung der Verfassung*
**Arbeiter fordern Friedensschluß* — **General Ludendorff tritt zurück*
**Gehorsamsverweigerung der Matrosen in Kiel im Oktober 1918*

⇩

Revolution in Deutschland

***Kiel:* 03. Nov.**

***Lübeck:* 05. Nov.**

***Hamburg:* 06. Nov.**

***München:* 08. Nov.**

***Berlin:* 09. Nov.**

⇩

9. November 1918: ***Kaiser Wilhelm II. dankt ab und geht nach Holland ins Exil.***

9. November 1918:

Philipp ***Scheidemann*** ruft in Berlin die Republik aus. Der Führer der sozialdemokratischen Partei, Friedrich ***Ebert*** wird Reichskanzler.
Beide Politiker wollen auf friedlichem Weg die Demokratie verwirklichen.

⇩

11. November 1918: ***Unterzeichnung des Waffenstillstands***

THEMA

Die Weimarer Verfassung von 1919

LERNZIELE

Die Entstehungsgeschichte der Weimarer Verfassung kennenlernen.
Erklären können, warum die Nationalversammlung in Weimar zusammentrat
Die Weimarer Verfassung von 1919 erläutern können.
Bewußtmachen, daß die große Machtfülle des Reichspräsidenten eine Gefahr für die junge Republik darstellte.
Die Rechtsstellung des Reichspräsidenten der Weimarer Zeit mit der Stellung des Bundespräsidenten heute vergleichen können.

ARBEITSMITTEL / MEDIEN / LITERATURHINWEISE

Folie 1 (Karte Weimar), Folie 2 (Schaubild AB), 2 Informationsblätter, 1 Arbeitsblatt, Grundgesetz

TAFELBILD / FOLIEN

Folie 1

I. Hinführung:

Folie 1 (Karte)

Zielangabe — TA: ***Die Weimarer Verfassung von 1919***

II. Erarbeitung:

2 Informationsblätter/AA/EA/PA
Auswertung LSG

TA: Zur Wahl der Nationalversammlung:
* 19. Jan. 1919: Wahl zur verfassunggebenden Nationalversammlung
* Erstmals Stimmrecht für Frauen.
* Parteien: USPD, SPD, ZP, DDP, DVP, DNVP.
* Sieger: SPD + ZP + DDP.

Neue Regierung:
* Nationalversammlung tritt am 6. Februar 1919 in Weimar zusammen.
* Friedrich Ebert (SPD) wird erster deutscher Reichspräsident.

Weimarer Verfassung von 1919:
* Volk sollte an der Macht im Staat beteiligt werden.
* Machtfülle des Reichspräsidenten Gefahr für die Republik.
* Weimarer Verfassung ist die freiheitlichste Verfassung der damaligen Zeit.

III. Vertiefung:

Folie AB (Verfassungsmodell) — SS: erläutern das Schaubild

IV. Sicherung:

Eintrag AB

V. Ausweitung:

Die Rechtsstellung des Reichspräsidenten in der Weimarer Republik mit der Rechtsstellung des Bundespräsidenten bzw. des Bundeskanzlers in der Bundesrepublik Deutschland heute vergleichen:

Stellung des Reichspräsidenten: Artikel 48 der Weimarer Verfassung (Info-Blatt 2)
Stellung des Bundespräsidenten: Artikel 58 und 59 Grundgesetz
Stellung des Bundeskanzlers: Artikel 65 Grundgesetz

Die Weimarer Republik: Die erste Demokratie in Deutschland

Die Deutschen wählen eine Nationalversammlung

Am 19. Januar 1919 wählte das deutsche Volk eine verfassungsgebende Nationalversammlung. Man wählte nicht mehr nach dem preußischen Drei-Klassen-Wahlrecht. Jetzt durften neben den Männern auch alle Frauen ab 20 Jahren zur Wahlurne gehen. Erstmals zählten alle Stimmen gleich viel, und die Abgeordneten wurden direkt gewählt.

Verschiedene Parteien stellten sich zur Wahl:

USPD (Unabhängige Sozialdemokraten): Arbeiterpartei.
SPD (Mehrheitssozialdemokraten): Arbeiterpartei.
ZP (Zentrumspartei): Partei der Katholiken und vieler Gesellschaftsschichten.
DDP (Deutsche Demokratische Partei): liberales Bürgertum.
DVP (Deutsche Volkspartei): Interessenvertreter des Mittelstandes und der Industrie.
DNVP (Deutschnationale Volkspartei): monarchistisch gesinnte Gruppen.

Aus den Wahlen zur Nationalversammlung gingen die SPD, die ZP und die DDP mit etwa 75% als Sieger hervor. Sie hatten sich eindeutig zur parlamentarischen Republik bekannt, und so ruhten auf ihnen die Hoffnungen aller Demokraten.

Eine neue Regierung wird gebildet

Die Verteilung der Sitze in der Nationalversammlung 1919

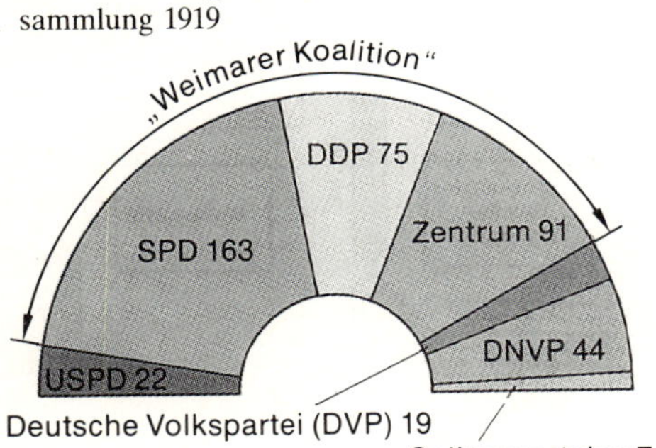

Friedrich Ebert (1871–1925).

Mit der Wahl zur Nationalversammlung hatte sich der weitaus größte Teil der Deutschen zum parlamentarischen System bekannt. Die gewählten Abgeordneten traten erstmals am **6. Februar 1919** im Nationaltheater **in Weimar** zusammen.
Man wählte diesen Ort, weil sich die Versammlung in Berlin, wegen der immer noch herrschenden Unruhen, nicht sicher fühlen konnte. Außerdem sollte dies ein Zeichen sein, daß sich das neue Deutschland von der preußisch-militärischen Vergangenheit abwandte und sich der deutschen Tradition der Klassik, deren Hauptvertreter Goethe und Schiller in Weimar gelebt hatten, verbunden fühlte. So erhielt die erste deutsche Republik von dieser Stadt ihren Namen: **Weimarer Republik.**
Die Versammlung wählte am **11. Februar 1919 Friedrich Ebert (SPD) zum deutschen Reichspräsidenten.** Er erhielt 277 von 379 Stimmen, - ein Beweis, daß er auch außerhalb seiner Partei hohes Ansehen besaß.

Die Weimarer Verfassung von 1919

"Goethe und Schiller"-Denkmal in Weimar

Schillerhaus in Weimar

Aus der Reichsverfassung vom 11. August 1919
(Weimarer Verfassung)
Präambel (Vorwort):
Das deutsche Volk, einig in seinen Stämmen und von dem Willen beseelt, sein Reich in Freiheit und Gerechtigkeit zu erneuern und zu festigen, dem inneren und äußeren Frieden zu dienen und den gesellschaftlichen Fortschritt zu fördern, hat sich diese Verfassung gegeben.

Artikel 1:
Die Staatsgewalt geht vom Volke aus!
Artikel 22:
Die Abgeordneten werden in allgemeiner, gleicher, unmittelbarer und geheimer Wahl gewählt.
Artikel 48:
Der Reichspräsident kann, wenn im Deutschen Reich die Sicherheit und Ordnung erheblich gestört oder gefährdet ist, die zur Wiederherstellung der öffentlichen Sicherheit und Ordnung notwendigen Maßnahmen treffen, erforderlichenfalls mit Hilfe der bewaffneten Macht einschreiten. Zu diesem Zwecke darf er vorübergehend die ... festgesetzten Grundrechte ganz oder zum Teil außer Kraft setzen.
Artikel 54:
Der Reichskanzler und die Reichsminister bedürfen zu ihrer Amtsführung des Vertrauens des Reichstages. Jeder von ihnen muß zurücktreten, wenn ihm der Reichstag ... sein Vertrauen entzieht.

Das Ringen um eine Verfassung für die neue Republik war nicht leicht. Teile der USPD kämpften in der Nationalversammlung immer noch für eine Räterepublik. Die DNVP wollte zurück zu einer Monarchie. Auch innerhalb der entschiedenen Anhänger der parlamentarischen Republik gab es verschiedene Meinungen. Die einen wollten die Zentralregierung stärken (Zentralisten) die anderen den Ländern viel Macht belassen (Föderalisten). Überhaupt erschien es schwierig, die Bürger, die es bisher nur gewohnt waren zu gehorchen, auch innerlich für die neue Regierungsform zu begeistern.

So waren die Schöpfer der Verfassung bemüht, sie so zu gestalten, daß das **Volk in vielfältiger Weise an der Macht im Staate beteiligt** war. Ebenso wie bei der Wahl zur Nationalversammlung sollten alle Bürger über 20 Jahre die Abgeordneten des Reichstages bestimmen Der Reichskanzler und seine Minister mußten von einer Mehrheit im Reichstag bestätigt werden; ebenso konnte ein Mißtrauensvotum der Abgeordneten die Regierung stürzen. Die Volksvertreter im Reichstag hatten den wichtigsten Anteil an der Gesetzgebung. Auch die Länderparlamente wurden vom Volk gewählt. Vertreter dieser Landtage bildeten den Reichsrat; er konnte gegen die Gesetze Einspruch erheben. Darüber hinaus konnte das Volk unmittelbar durch Volksbegehren und Volksentscheid an der Gesetzgebung mitwirken. Außerdem bestimmte es in direkter Wahl den Reichspräsidenten für eine Amtszeit von sieben Jahren.
Allerdings erwies sich die große **Machtfülle des Reichspräsidenten,** die vor allem im Artikel 48 begründet war, als **Gefahr für die Republik**. Mit seiner Hilfe konnte das Staatsoberhaupt in bestimmten Fällen Verordnungen ohne Reichstag erlassen und dabei Grundrechte zeitweise außer Kraft setzen.
Im übrigen war die erste deutsche Republik ein Bundesstaat mit 16 Ländern, die in etwa dieselbe Gebietsverteilung und Größe besaßen wie im Kaiserreich. Die Reichszentrale hatte aber große Macht: Reichsrecht brach Landesrecht; eine zentralistische Steuerverwaltung machte die Länder zu "Kostgängern" des Reiches; die Sonderrechte der süddeutschen Staaten gab es nicht mehr. Insgesamt gesehen handelte es sich, nach der Ansicht bedeutender Staatsrechtler aus aller Welt, um die **freiheitlichste Verfassung der damaligen Zeit.** Sie trat am 11. August 1919 in Kraft.

GESCHICHTE	NAME: ____________	KLASSE: ____	DATUM: ________	NR.: ___

Die Weimarer Verfassung von 1919

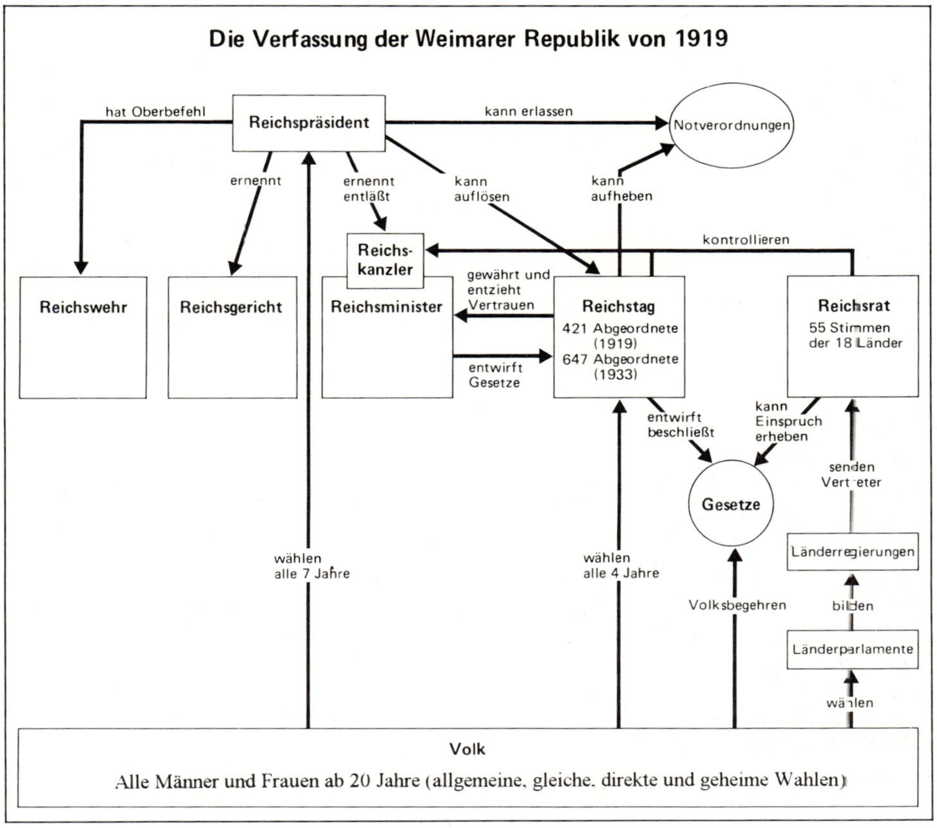

Im Januar 1919 fanden die Wahlen zur ______________________________ statt. Erstmals durften neben den Männern auch alle Frauen ab 20 Jahren zur Wahlurne gehen. Mit der Wahl zur Nationalversammlung hatte sich der weitaus größte Teil der Deutschen zum parlamentarischen System bekannt.
In Berlin konnten die neugewählten Abgeordneten nicht ungestört tagen. Darum trat die Nationalversammlung am ______________ in _________________ zusammen. Dies war die Stadt, in der ______________ und ______________ gelebt hatten. Man wollte damit die Abkehr vom ______________________ des Kaiserreichs und die Hinwendung zu den Werten des deutschen Geisteslebens demonstrieren.

Nach sechs Monaten zähen Ringens konnte die Verfassung der Weimarer Republik am ________________ in Kraft treten. Dabei handelte es sich um die freiheitlichste Verfassung der damaligen Zeit.
Die Schöpfer der Verfassung waren bemüht, die Verfassung so zu gestalten, daß das Volk in vielfältiger Weise an der Macht im Staat beteiligt war. Allerdings erwies sich die große Machtfülle des ______________________________ als Gefahr für die Republik. Mit Hilfe von Art. 48 der Weimarer Verfassung konnte das Staatsoberhaupt in bestimmten Fällen Verordnungen ohne die Mitwirkung des ____________________ erlassen und dabei ___________________________ zeitweise außer Kraft setzen.

GESCHICHTE	NAME: ____________	KLASSE: ____	DATUM: ________	NR.: ___

Die Weimarer Verfassung von 1919

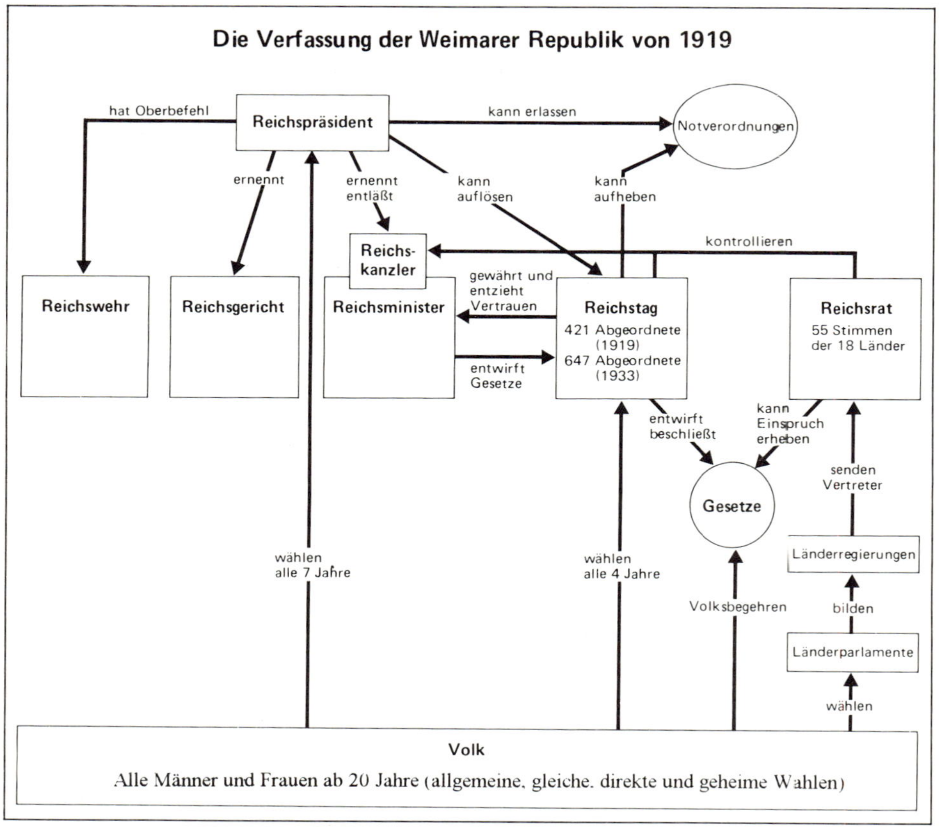

Im Januar 1919 fanden die Wahlen zur ***Nationalversammlung*** statt.
Erstmals durften neben den Männern auch alle Frauen ab 20 Jahren zur Wahlurne gehen. Mit der Wahl zur Nationalversammlung hatte sich der weitaus größte Teil der Deutschen zum parlamentarischen System bekannt.
In Berlin konnten die neugewählten Abgeordneten nicht ungestört tagen. Darum trat die Nationalversammlung am ***6. Febr. 1919*** in ***Weimar*** zusammen.
Dies war die Stadt, in der ***Goethe*** und ***Schiller*** gelebt hatten.
Man wollte damit die Abkehr vom ***Militarismus*** des Kaiserreiches und die Hinwendung zu den Werten des deutschen Geisteslebens demonstrieren.

Nach sechs Monaten zähen Ringens konnte die Verfassung der Weimarer Republik am ***11. Aug. 1919*** in Kraft treten. Dabei handelte es sich um die freiheitlichste Verfassung der damaligen Zeit.
Die Schöpfer der Verfassung waren bemüht, die Verfassung so zu gestalten, daß das Volk in vielfältiger Weise an der Macht im Staat beteiligt war. Allerdings erwies sich die große Machtfülle des ***Reichspräsidenten*** als Gefahr für die Republik. Mit Hilfe von Art. 48 der Weimarer Verfassung konnte das Staatsoberhaupt in bestimmten Fällen Verordnungen ohne die Mitwirkung des ***Reichstags*** erlassen und dabei ***Grundrechte*** zeitweise außer Kraft setzen.

THEMA

Der Versailler Vertrag

LERNZIELE

Die Bestimmungen des Versailler Vertrags kennenlernen.
Reaktionen auf den Versailler Vertrag begreifen können.
Verstehen, warum das deutsche Volk den Versailler Vertrag als "Schmachfrieden" empfinden mußte.
Bewußtmachen, daß mit dem Versailler Vertrag der Grundstein für spätere Konflikte gelegt wurde.

ARBEITSMITTEL / MEDIEN / LITERATURHINWEISE

Folie 1 (Versailler Vertrag), 2 Informationsblätter, 1 Arbeitsblatt

Zusatz: 32 00669 "Die Weimarer Republik von 1918 - 1925" (18 min)

TAFELBILD / FOLIEN

Bayerische Rundschau

Bezugspreis: Die „Bayerische Rundschau" ersch ...nt täglich mit Ausnahme der Sonn- und Feiertage, und kostet mit allen Beilagen frei ins Haus monatlich 3,80 Mark. Die Einze ...ummer 80 Pfennig.

Tageszeitung für nationale Politik und Volkswirtschaft
Amtsblatt staatlicher und städtischer Behörden

Anzeigenpreis: Die 8gespaltene Petitzeile 80 Pfennig. Lokalinserate nach besonderem Tarif. — Fernsprecher Nr. 20. Telegramm-Adresse: Rundschau Kulmbach. Postscheck-Konto Nürnberg 3719.

Nummer 25 — 19. Jahrgang

Wahnsinnige Forderungen.

226 Milliarden Goldmark in 42 Jahren.

Die Hoffnung, daß England den wahnsinni- Wiedergutmachungsforderungen der entschiedenen Widerstand leisten ...chen erträglich...

Die Zufriedenheit der Franzosen.

Amsterdam, 30. Januar
Die französischen Vertreter sind von ... der Konferenz natürlich ...

Folie 1

I. Hinführung:

Folie 1 (Versailler Vertrag)

Zielangabe — TA: ***Der Versailler Vertrag***

II. Erarbeitung:

Informationsblatt 1/AA/EA/PA

Auswertung LSG

TA:
* Wilsons 14-Punkte-Programm wurde nicht berücksichtigt.
* Ziel war, Deutschland schwer zu bestrafen.
* Einzelne Bestimmungen:
  - Deutschland muß Gebiete abtreten.
  - D. verzichtet auf alle Kolonien.
  - Das Saargebiet kommt unter Verwaltung des Völkerbundes.
  - D. gilt als der Alleinschuldige am Krieg.
  - Die Handelsflotte muß ausgeliefert werden.
  - D.s Ströme werden "internationalisiert".
  - Das linksrheinische Gebiet wird besetzt.
  - D. Heer: auf 100.000 Mann begrenzt.

III. Vertiefung:

Folie 2 (AB) — SS: erläutern die Bestimmungen an der Karte

IV. Ausweitung:

Impuls

L: Der Versailler Vertrag legt den Grundstein für spätere Konflikte in Europa.

SS: Viele Deutsche fühlen sich gedemütigt. Die Bedingungen sind zu hart.

Informationsblatt 2/Diskussion

V. Sicherung:

Eintrag AB

Der Friedensvertrag von Versailles

Während in Weimar die Nationalversammlung um die Form des künftigen Staates rang, wurde in Versailles über den Friedensvertrag verhandelt.
Der amerikanische Präsident Wilson hatte schon im Januar 1918 in 14 Punkten ein Friedensprogramm für die Nachkriegszeit entworfen. Es war darin von Gleichberechtigung und Selbstbestimmung der Völker als Grundlagen für einen dauerhaften Frieden die Rede. In einem Völkerbund sollte dieser Friede für immer gesichert werden. Auf diesen Aussagen ruhten viele Hoffnungen der Deutschen.
Doch die Wirklichkeit sah anders aus: Die Siegermächte wollten das Deutsche Reich für immer als Machtfaktor ausschalten.
Rasch setzte sich vor allem die vom französischen Ministerpräsidenten Clemenceau vertretene Ansicht durch, **das deutsche Reich als Urheber des Krieges schwer zu bestrafen.** Zu den Verhandlungen wurden deutsche Vertreter nicht eingeladen. Bis zum Mai 1919 erarbeiteten die Siegermächte einen Vertrag, der sehr harte Bedingungen enthielt. **Die wichtigsten Bestimmungen** lassen sich in folgenden Punkten zusammenfassen:

- Deutschland verliert ein Siebtel seiner Fläche und ein Zehntel seiner Bevölkerung (z.B. Elsaß-Lothringen an Frankreich; Posen, Westpreußen, Oberschlesien an Polen; das Hultschiner Ländchen an die Tschechoslowakei).
- Deutschland verzichtet auf alle Kolonien.
- Das Saargebiet bleibt 15 Jahre unter Kontrolle des Völkerbundes. Bis zur Ableistung der Reparationen wird die Kohleproduktion an Frankreich geliefert. Nach 15 Jahren entscheidet die Bevölkerung über ihre Zugehörigkeit (weitere Abstimmungsgebiete s. Karte).
- Deutschland übernimmt die alleinige Kriegsschuld. Deshalb muß es für alle Schäden an Personen und Sachen aufkommen, Wiedergutmachungen müssen geleistet werden in Form von Geldzahlungen, Sachlieferungen an Maschinen, Fabrikanlagen, Chemikalien, Nutzvieh, Kohle usw.
- Die gesamte Handelsflotte muß ausgeliefert werden.
- Deutschlands Ströme werden "internationalisiert".
- Das linksrheinische Gebiet wird entmilitarisiert und die Zonen um Köln, Koblenz, Mainz und Kehl bleiben vorläufig als Faustpfand für die Vertragserfüllung besetzt.
- Deutschlands Heer wird auf 100.000 Mann begrenzt. Alle schweren Waffen sind verboten.

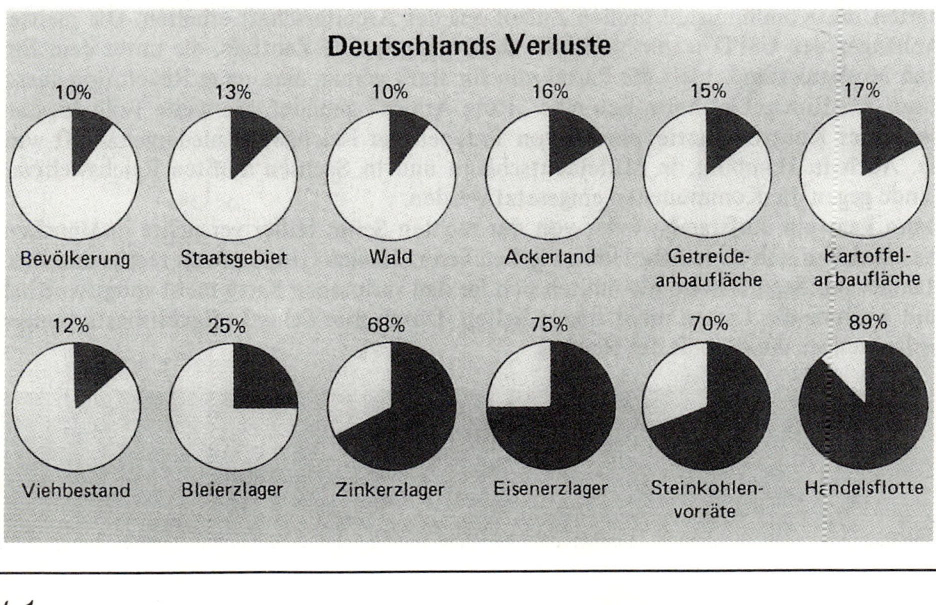

Der Versailler Frieden: Grundstein für neue Konflikte

Die erste deutsche Reaktion auf diese Bedingungen war ein einhelliges "Unannehmbar". Vor allem die moralische Verurteilung als Alleinschuldiger am Krieg (Artikel 231) erregte die Gemüter aller Deutschen. Eine solche Behauptung und die damit begründeten Entschädigungszahlungen auf unabsehbare Zeit wollte zunächst niemand mit seiner Unterschrift besiegeln. Die Alliierten drohten jedoch mit der Besetzung des Reiches. Da setzte sich nach langem Ringen im Reichstag die Auffassung durch, daß angesichts dieser Folgen eine Unterzeichnung noch das kleinere Übel sei.
Die deutsche Regierung war also gezwungen, am **28. Juni 1919** im **Spiegelsaal von Versailles,** den Vertrag zu unterzeichnen. Von vielen Deutschen wurde der Versailler Vertrag als **"Schandfrieden"** bezeichnet; Grundstein für nationalsozialistische Propaganda, die offen dem Faschismus in die Hände arbeitete.

Der "Kriegsschuld-Paragraph" Art. 231:

Die alliierten und assoziierten Regierungen erklären, und Deutschland erkennt an, daß Deutschland und seine Verbündeten als Urheber für alle Verluste und Schäden verantwortlich sind, die die a. und a. Regierungen und ihre Staatsangehörigen infolge des Krieges, der ihnen durch den Angriff Deutschlands und seiner Verbündeten aufgezwungen wurde, erlitten haben.

Siegerstimmen zum Friedensvertrag: Lloyd George, englischer Ministerpräsident, einige Jahre nach Kriegsende:

Je mehr man von den Büchern liest, die in den verschiedenen Ländern über den Kriegsausbruch geschrieben worden sind, desto deutlicher erkennt man, daß keiner von den führenden Männern den Krieg wirklich gewollt hat. Sie glitten sozusagen hinein oder vielmehr sie taumelten und stolperten hinein, aus Torheit!

Als die Bedingungen des Friedensvertrages von Versailles im Frühjahr 1919 bekannt werden, kommt es zu einer Welle von Protesten, besonders im Rheinland, das für Jahre von den Alliierten besetzt werden soll. Hier eine Massenkundgebung gegen die Annahme des Vertrages vor dem Kölner Dom.

Der Versailler Vertrag

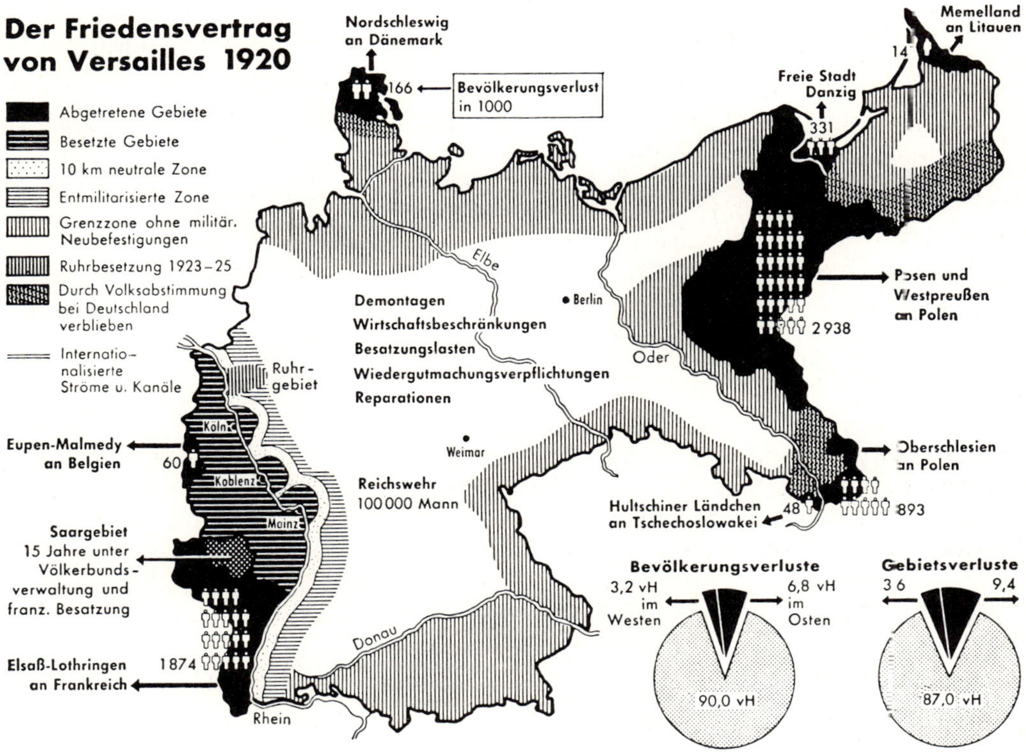

Die wichtigsten Punkte lassen sich wie folgt zusammenfassen:

1. Deutschland verliert _______% seiner Fläche und _______% seiner Bevölkerung.
2. Deutschland verliert alle ______________________________.
3. Das Saargebiet bleibt ______ Jahre unter der Kontrolle des ______________________-______________. Die Produktionserträge fallen an ______________________________.
4. Deutschland übernimmt ____.
   Deshalb muß es für alle Schäden an Personen und Sachen aufkommen.
5. Die gesamte ____________________________________ muß ausgeliefert werden.
6. Deutschlands Ströme werden "____".
7. Das linksrheinische Gebiet wird entmilitarisiert und Zonen um Köln, Koblenz, Mainz und Kehl bleiben vorläufig als Pfand für die Vertragserfüllung ____________________.
8. Deutschlands Heer wird ____.
   Alle schweren Waffen sind verboten.

Dieser Friedensvertrag war demütigend für Deutschland. Deshalb legte der als "______________________________" von Versailles bezeichnete Vertrag bereits den Grundstein für spätere Konflikte in Europa.

GESCHICHTE | NAME: ________ | KLASSE: ____ | DATUM: ________ | NR.: ____

Der Versailler Vertrag

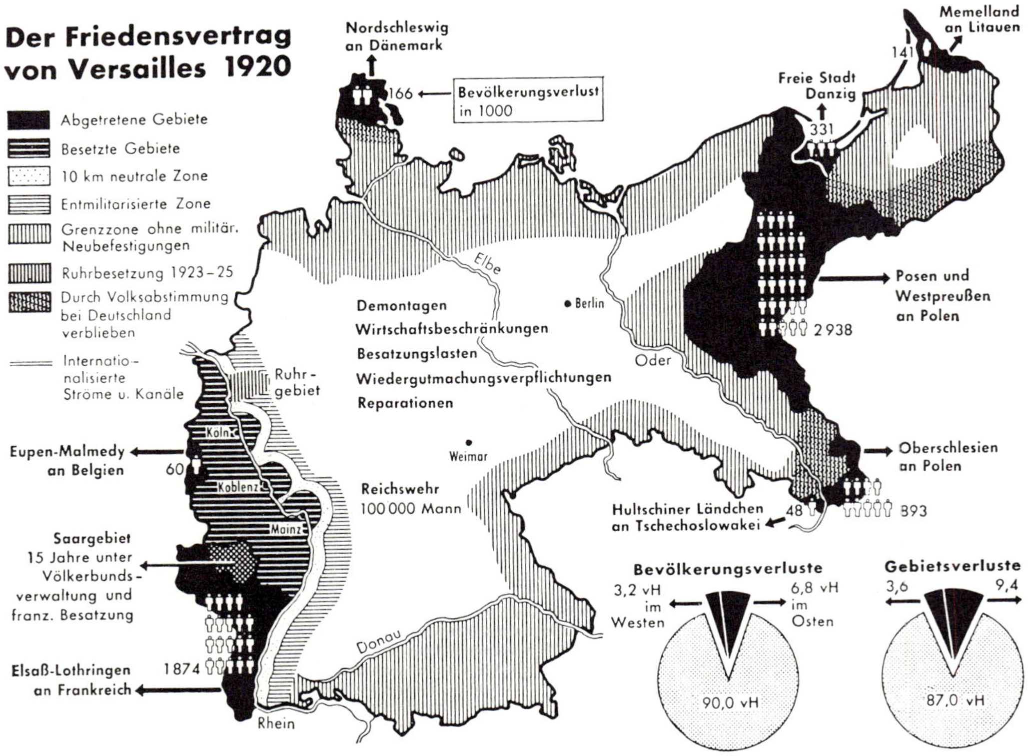

Die wichtigsten Punkte lassen sich wie folgt zusammenfassen:

1. Deutschland verliert ***13*** % seiner Fläche und ***10*** % seiner Bevölkerung.
2. Deutschland verliert alle ***Kolonien.***
3. Das Saargebiet bleibt ***15*** Jahre unter der Kontrolle des ***Völkerbundes.*** Die Produktionserträge fallen an ***Frankreich.***
4. Deutschland übernimmt ***die alleinige Kriegsschuld.*** Deshalb muß es für alle Schäden an Personen und Sachen aufkommen.
5. Die gesamte ***Handelsflotte*** muß ausgeliefert werden.
6. Deutschlands Ströme werden ***"internationalisiert".***
7. Das linksrheinische Gebiet wird entmilitarisiert und Zonen um Köln, Koblenz, Mainz und Kehl bleiben vorläufig als Pfand für die Vertragserfüllung ***besetzt.***
8. Deutschlands Heer wird ***auf 100.000 Mann begrenzt.*** Alle schweren Waffen sind verboten.

Dieser Friedensvertrag war demütigend für Deutschland. Deshalb legte der als " ***Schmachfrieden*** " von Versailles bezeichnete Vertrag bereits den Grundstein für spätere Konflikte in Europa.

THEMA

Gefahren durch antidemokratische Kräfte

LERNZIELE

Bewußtmachen, daß die Weimarer Republik durch antidemokratische Kräfte gefährdet wurde.
Die "Dolchstoßlegende" und den Hitler-Putsch als besondere Gefahren für die Weimarer Republik kennenlernen.
Weitere Gefahren für die Demokratie (Kapp-Putsch, politische Morde, Verleumdungen führender Politker) einschätzen können.

ARBEITSMITTEL / MEDIEN / LITERATURHINWEISE

Folie 1 ("Dolchstoß"-Motiv), Folie 2 (Proklamation), Folie 3 (Die Weimarer Republik zwischen Krise und Stabilisierung), 2 Informationsblätter, 1 Arbeitsblatt

Zusatz: 32 00669 "Die Weimarer Republik von 1918 - 1925" (18 min)

TAFELBILD / FOLIEN

Folie 1

I. Hinführung:

Folie 1 ("Dolchstoß"-Motiv)

Zielangabe

TA: ***Gefahren durch antidemokratische Kräfte***

II. Erarbeitung:

Informationsblätter 1 und 2/
arbeitsteilige PA/AA

L: Berichte über die sog. "Dolchstoß-legende und über den Hitler-Putsch!

Auswertung/LSG

TA: Dolchstoßlegende:
Das deutsche Heer blieb unbesiegt und wurde durch Politiker in der Heimat quasi von hinten "erdolcht".

Hitler-Putsch:
Hitler rief in München eine neue Regierung aus. Der Aufstand wurde jedoch niedergeschlagen, Hitler erhielt eine Haftstrafe.

III. Vertiefung:

Ergänzung durch Informationsblatt 2
* Kapp-Putsch
* Politische Morde an Matthias Erzberger und Walter Rathenau
* Verleumdungen gegenüber Philipp Scheidemann und Friedrich Ebert

IV. Sicherung:

Eintrag AB

V. Ausweitung:

Folie 3 (Die Weimarer Republik zwischen Krise und Stabilisierung)

SS: kommentieren den bisherigen Eintrag auf der Folie

Gefahren durch antidemokratische Kräfte

Die "Dolchstoßlegende"

Viele Anhänger der gestürzten Monarchie und nationalistisch gesonnene Gruppen im deutschen Volk fanden sich mit den Veränderungen, die 1918/19 vor sich gegangen waren, nicht ab. Sie wollten es nicht wahrhaben, daß das einst mächtige Deutschland besiegt worden war. Deshalb kam die sog. "Dolchstoßlegende" in Umlauf. Auch der ehemalige Generalfeldmarschall von Hindenburg macht sie sich zu eigen. **Sie besagt folgendes:**
Das deutsche Heer ist nicht an der Front besiegt worden. Vielmehr haben alle Parteien, die für mehr Demokratie und einen raschen Frieden ohne Eroberungen eingetreten waren, das Kaiserreich geschwächt. Die Politiker dieser Parteien und vor allem die Meuterer und Revolutionäre vom November 1918 haben also dem tapfer kämpfenden Heer einen "Dolchstoß" in den Rücken versetzt und Deutschlands Niederlage besiegelt. Deshalb seien alle Parteien und Politiker, die den neuen Staat gewollt hatten, die "Novemberverbrecher" und schuld an der Not des Vaterlandes.

Der Hitler-Putsch

Von München aus planten mehrere Personen und Gruppen den Sturz der Regierung in Berlin: der monarchisch gesonnene Generalstaatskommissar **von Kahr**, der ihm ergebene General **von Lossow** und der Polizeichef Oberst **von Seisser**.
Dasselbe Ziel, wenn auch aus anderen Gründen, verfolgte die **Nationalsozialistische Deutsche Arbeiterpartei (NSDAP) unter der Führung von Adolf Hitler**. Hitler hatte viele Anhänger um sich geschart, die von seiner geschickten Propaganda gegen die Republik, den Versailler Vertrag und die Juden, denen er die Schuld an der Lage Deutschlands zuschrieb, begeistert waren. Er bemächtigte sich am 8. November 1923 mit einer bewaffneten Truppe seiner "Sturm-Abteilung" (SA) einer Versammlung, auf der von Kahr sprach. Nach einer Unterredung in einem Nebenzimmer riefen er, von Kahr, von Lossow, von Seisser und General von Ludendorff eine "Regierung der nationalen Revolution" aus und fanden Zustimmung im Saal.
Als Hitler und Ludendorff am nächsten Morgen einen Demonstrationszug anführten, endete dieser im Kugelhagel der Polizei. Von Kahr, von Lossow und von Seisser erklärten, dem Putsch nur unter Zwang zugestimmt zu haben. Im darauf folgenden Hitler-**Prozeß** ließen es parteiische Richter zu, daß Hitler den Gerichtssaal in seiner Verteidigungsrede als Propagandabühne für seine Politik benutzte. Hitler wurde zu fünf Jahren Festungshaft verurteilt, General von Ludendorff ging straffrei aus.
Während seiner Haft genoß Hitler viele Annehmlichkeiten, konnte zahlreiche Besuche empfangen und politische Verbindungen knüpfen. In dieser Zeit schrieb er sein Buch "Mein Kampf". Bereits nach neun Monaten wurde Hitler begnadigt. Er und seine Bewegung blieben weiterhin eine große Gefahr für die Republik.

Unter der kaiserlichen Reichskriegsflagge setzt sich hier eine der ersten SA-Abteilungen in Marsch, um sich an Hitlers Putschversuch vom 9. November 1923 zu beteiligen.

Kapp-Putsch, Attentate und politischer Rufmord

Rechtsgerichtete Gruppierungen taten sich schwer, die Niederlage des Ersten Weltkriegs zu verkraften. Schon gar nicht wollten sie sich damit abfinden, daß das Deutsche Reich nun von Sozialdemokraten geführt wurde.
Am 13. März 1920 vertrieben Truppenteile, die nach dem Versailler Vertrag entlassen werden sollten, die Regierung in Berlin. Sie setzten den deutschnationalen Politiker **Kapp** zum Diktator ein. Die reguläre Reichswehr weigerte sich, diesen **Putsch** zu verhindern. Die Sozialdemokraten riefen jedoch am gleichen Tag zum Generalstreik auf, und so brach das Unternehmen nach vier Tagen erfolglos zusammen.

Mochten die Bedingungen des Versailler Friedens noch so hart sein, man mußte damit leben, und man mußte sie erfüllen. Aber gerade wegen dieser "Erfüllungspolitik" wurde die Regierung immer wieder von allen Seiten scharf angegriffen.
Man schreckte dabei auch nicht vor **Mord** zurück. **Matthias Erzberger**, der als Finanzminister die Grundlagen für eine einheitliche Finanzverwaltung geschaffen hatte, wurde von rechtsradikalen Gegnern ermordet.
Walter Rathenau, dem Außenminister, warf man vor, er habe Deutschland "verraten und verkauft". Auch er wurde ermordet.

Mit **Hetzkampagnen und Verleumdungen** wurden führende Politiker unter Druck gesetzt. Vor allem über den ehemaligen Ministerpräsidenten **Philipp Scheidemann** und den Reichstagspräsidenten **Friedrich Ebert** ergoß sich eine Flut von Verleumdungen mit dem Ziel, diese Männer innerlich zu zermürben und politisch unmöglich zu machen.

Alfred Rosenberg über Hitlers Handstreich

... Schließlich kam am 8. November um 11.30 Uhr Adolf Hitler zu mir in mein Zimmer und sagte zu mir: "Rosenberg, heute abend geht`s los! Kahr hält seine Regierungsrede, und da fangen wir alle zusammen im ´Bürgerbräu´ ein. Wollen Sie mitkommen?" Ich antwortete ihm: "Selbstverständlich!" Es wurde abgemacht, daß der Führer mich in seinem Wagen am Abend abholen würde...
Ungefähr gegen 7.45 Uhr erschien Adolf Hitler in meinem Zimmer. Er war durchaus ernst und ruhig, wir setzten uns wortlos in seinen Wagen und fuhren zum ´Bürgerbräukeller´ hinaus. Der ganze Saal war dichtgefüllt, der Generalstaatskommissar sprach in monotoner Weise von seinen Plänen und Absichten. Hitler und ich standen am Eingang neben der Säule. Dort hatten wir Dr. Max von Scheubner-Richter bereits vorgefunden. Wir verharrten weitere zehn Minuten beim Anhören der Kahrschen Rede, als plötzlich die Tür mit einem großen Krach aufgerissen und ein Maschinengewehr von Schwerbewaffneten in den Saal gerollt wurde. Geschoben wurde dieses MG von dem aktiven Kriminalkommissar der bayerischen Polizei, Pg. Gerum ... Das war das Zeichen zum Losschlagen.
Adolf Hitler und sein Begleiter Graf, Dr. von Scheubner-Richter und ich zogen unsere Pistolen aus der Tasche entsicherten sie und gingen zu viert, Adolf Hitler voran, unter lautloser Stille zum Podium, auf dem der Generalstaatskommissar verstummt herumstand. Als Adolf Hitler das Podium bestieg, brandeten erregte Worte zu ihm empor, auch Angstrufe von denen, die das Maschinengewehr in ihrer Nähe erblickt hatten, so daß der Führer, um sich Ruhe zu verschaffen, einen Schuß in die Saaldecke abgab. Dann trat Ruhe ein.
Adolf Hitler sprach in leidenschaftlicher Weise von der Mission der Bewegung, voller Hoffnung, daß das, was ihn als erblindeten Soldaten in die Politik getrieben habe, nunmehr verwirklicht werden könne; er forderte alle Gutwilligen auf, mit der neuen Regierung zu arbeiten, um ein neues Deutschland der Freiheit aufrichten zu können. Es trat dann eine kurze Pause ein, in deren Verlauf Adolf Hitler mit von Kahr, General von Lossow und Oberst Seisser unterhandelte. Ministerpräsident von Knilling geleiteten wir beide bis zur Tür. Adolf Hitler sagte ihm: "Herr Ministerpräsident, es tut mir leid, Ihnen dies angetan zu haben, aber das Schicksal Deutschlands hat das notwendig gemacht."

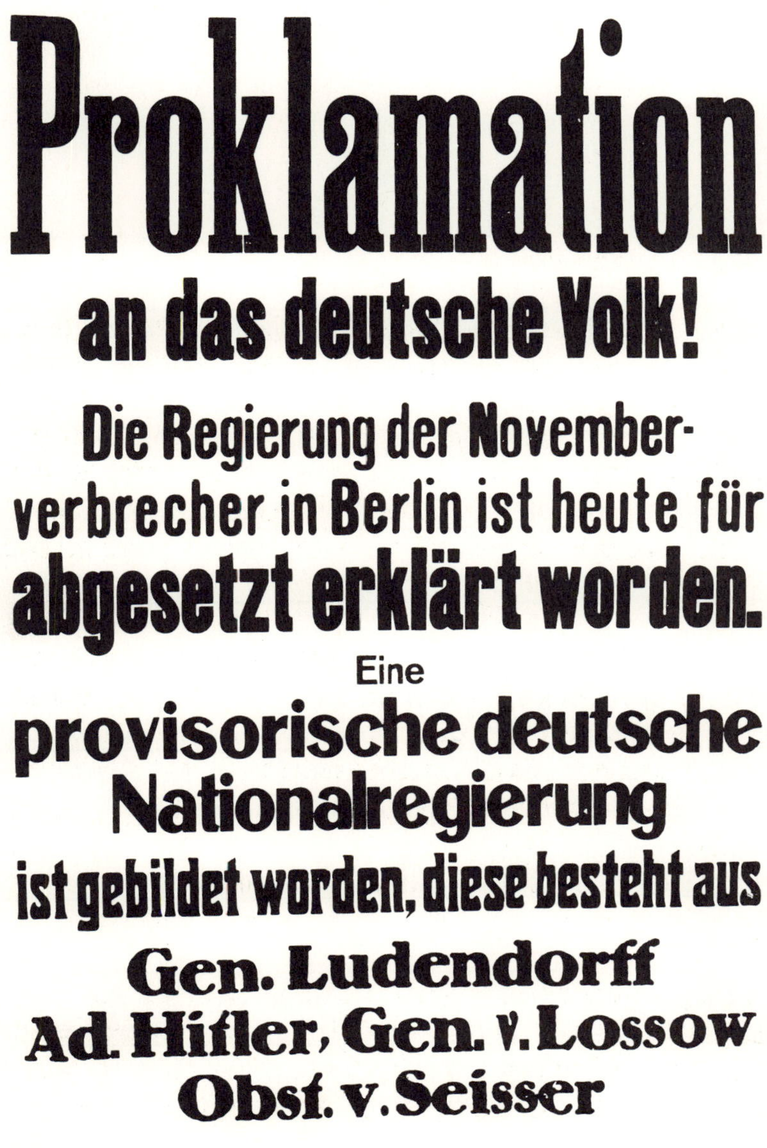

Plakat der Hitler-Putschisten vom 9. November 1923.

Die Weimarer Republik zwischen Krise und Stabilisierung

Schwierigkeiten	Fortschritte
---	+++
* *Auswirkungen des Versailler Vertrages* * *Verleumdungen führender Politiker* * *Politische Morde* * *Kapp-Putsch* * *Dolchstoßlegende* * *Hitler-Putsch*	* *Frieden* * *Die Weimarer Verfassung ist eine der freiheitlichsten Verfassungen der damaligen Zeit*

Gefahren durch antidemokratische Kräfte

Dolchstoßlegende:

Viele Anhänger des ehemaligen Kaiserreiches wollten nicht wahrhaben, daß das einst mächtige Deutschland besiegt worden war. Deshalb kam die sog. "Dolchstoßlegende" in Umlauf:

Das deutsche Heer ist nicht an der Front besiegt worden. Die Parteien, die für einen raschen Frieden eingetreten waren und die Revolutionäre vom November 1918 haben also dem tapfer kämpfenden Heer einen "Dolchstoß" in den Rücken versetzt. Deshalb seien alle Parteien und Politiker, die den neuen Staat gewollt hatten, die "______________-______________________".

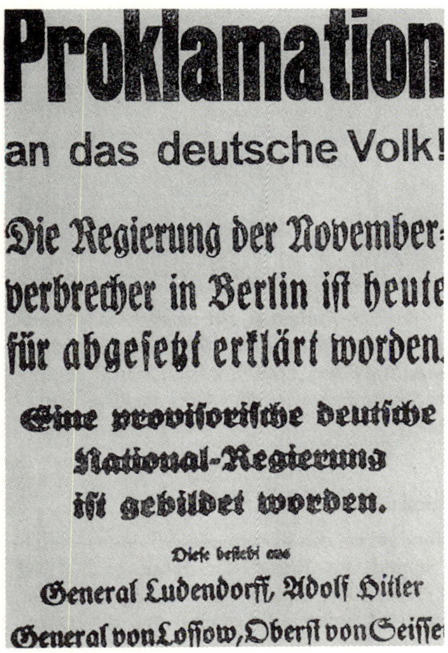

Hitler-Putsch:

Am ____________________ versuchte Adolf ________________, der Führer der Nationalsozialistischen Deutschen Arbeiter-Partei (__________), in München die Macht an sich zu reißen.
Der Putsch wurde jedoch niedergeschlagen, zwei Tage später wurde Hitler verhaftet und zu fünf Jahren Festungshaft verurteilt. Bereits nach neun Monaten wurde er begnadigt. Er und seine Bewegung blieben weiterhin eine große Gefahr für die Weimarer Republik.

Weitere Gefahren für die Demokratie:

* ____
* ____
* ____

GESCHICHTE

NAME: ______________ KLASSE: ______ DATUM: ________ NR.: ____

Gefahren durch antidemokratische Kräfte

Dolchstoßlegende:

Viele Anhänger des ehemaligen Kaiserreiches wollten nicht wahrhaben, daß das einst mächtige Deutschland besiegt worden war. Deshalb kam die sog. "Dolchstoßlegende" in Umlauf:

Das deutsche Heer ist nicht an der Front besiegt worden. Die Parteien, die für einen raschen Frieden eingetreten waren und die Revolutionäre vom November 1918 haben also dem tapfer kämpfenden Heer einen "Dolchstoß" in den Rücken versetzt. Deshalb seien alle Parteien und Politiker, die den neuen Staat gewollt hatten, die " ***November-verbrecher*** "

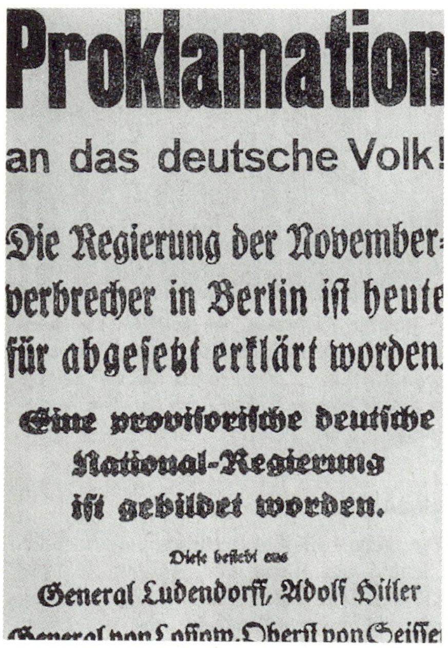

Hitler-Putsch:

Am ***9. November 1923*** versuchte Adolf ***Hitler,*** der Führer der Nationalsozialistischen Deutschen Arbeiter-Partei (***NSDAP***), in München die Macht an sich zu reißen.
Der Putsch wurde jedoch niedergeschlagen, zwei Tage später wurde Hitler verhaftet und zu fünf Jahren Festungshaft verurteilt. Bereits nach neun Monaten wurde er begnadigt. Er und seine Bewegung blieben weiterhin eine große Gefahr für die Weimarer Republik.

Weitere Gefahren für die Demokratie:

**** 13. März 1920: Kapp-Putsch in Berlin***
**** Politische Morde an Erzberger und Rathenau***
**** Verleumdungen gegen Scheidemann und Ebert***

Die Weimarer Republik ist von vielen Seiten bedroht.

THEMA

Wirtschaftsprobleme in der Weimarer Republik

LERNZIELE

Die Wirtschaftsprobleme der Weimarer Republik kennenlernen (Reparationsforderungen, Ruhrkampf, Inflation).
Die Bedeutung des Verfalls der deutschen Währung für den einzelnen Sparer nachvollziehen.
Bewußtmachen, daß die Menschen die Regierung für die wirtschaftlichen Probleme verantwortlich machten.

ARBEITSMITTEL / MEDIEN / LITERATURHINWEISE

Folie 1 (Inflationsgeld), 2 Informationsblätter, 1 Arbeitsblatt

Zusatz: 32 00669 "Die Weimarer Republik von 1918 - 1925" (18 min)

TAFELBILD / FOLIEN

Folie 1

I. Hinführung:

Folie 1 (Inflationsgeld)

Zielangabe

TA: ***Wirtschaftsprobleme in der Weimarer Republik***

II. Erarbeitung:

Informationsblätter 1 und 2/ arbeitsteilige PA

L: Mit welchen wirtschaftlichen Schwierigkeiten hatte die Weimarer Republik zu kämpfen?

Auswertung LSG

TA: Reparationsleistungen:
Die Forderungen der Siegermächte waren zu hoch und erstickten den wirtschaftlichen Wiederaufbau Deutschlands.

Ruhrkampf:
Franzosen und Belgier besetzten das Ruhrgebiet. Der "passive Widerstand" hatte keinen Erfolg.

Inflation:
Die Geldentwertung enteignete weite Bevölkerungsschichten.

III. Vertiefung:

Impuls

L: Die Regierung der Weimarer Republik geriet immer mehr unter Druck.

SS: Viele Menschen schimpften auf die Regierung, wenngleich sie nicht an den wirtschaftlichen Schwierigkeiten schuld war.

IV. Sicherung:

Eintrag AB

V. Ausweitung:

AB: Weimarer Republik ergänzen (s. vorige UE!)

Schwierigkeiten: Reparationsforderungen, Ruhrkampf, Inflation.
Fortschritte: Reduzierung der Reparationszahlungen.

Wirtschaftsprobleme in der Weimarer Republik

Die Reparationsforderungen der Siegermächte erschöpfen die Staatskasse

Die antidemokratischen Kräfte waren nicht die einzigen Gefahren, die Deutschland im Jahr 1923 drohten. Gerade in diesem Jahr wurde es überdeutlich, wie sehr die hohen Entschädigungsforderungen der Siegermächte den Wiederaufbau und die wirtschaftliche Gesundung Deutschlands erstickten. Im Januar 1921 hatte eine Konferenz der Alliierten 226 Milliarden Goldmark, zahlbar in 42 Jahresraten, gefordert.
Deutsche Proteste und der Rat eigener Fachleute gegen die wirklichkeitsfremde Summe veranlaßten die Sieger, den Betrag bereits Anfang Mai auf 123 Milliarden zu senken. Er war in Geld und Sachlieferungen aufzubringen. Es stellte sich jedoch schnell heraus, daß auch dies zu hoch war. Deutsche Bitten um eine Verringerung scheiterten vor allem an der starren Haltung des französischen Ministerpräsidenten Poincaré. Hauptziel seiner Politik war es, eine Wiedererstarkung des Nachbarlandes zu verhindern, die "deutsche Gefahr" für immer zu bannen.

Der Ruhrkampf bringt das Deutsche Reich in höchste Not

Im Dezember 1922 stellte die Kommission für die Überwachung der Reparationen einen Rückstand der deutschen Leistungen an Kohlen, Telegrafenstangen und Grubenholz im Wert von 24 Millionen Mark fest. Im Januar 1923 nahmen Franzosen und Belgier dies als Vorwand, um die deutschen Zechen an der Ruhr zu besetzen. Bewaffneter Widerstand gegen diese Verletzung des Völkerrechts war der deutschen Regierung unmöglich. So rief sie zum "passiven Widerstand" auf. Gruben, Fabriken und Bahnen wurden weitgehend stillgelegt und die Beamten weigerten sich, den französischen Anordnungen zu folgen. Französische Gegenhandlungen lösten Straßenkämpfe und Schießereien aus. Aber die Deutschen verloren Arbeit und Brot. Zwar zahlte ihnen die Regierung Unterstützung, doch woher sollte der Staat auf Dauer das Geld nehmen? Der passive Widerstand an der Ruhr kostete die Regierung täglich rund 40 Millionen Goldmark und führte an den wirtschaftlichen Ruin. So mußte er nach acht Monaten abgebrochen werden.

Französische Truppen besetzen am 11. Januar 1923 die Städte des Ruhrgebietes.

Eine Geldentwertung enteignet weite Bevölkerungsschichten

Die hohen Reparationsleistungen fraßen fast alle Einkünfte auf. Um daneben noch die Kriegsopfer versorgen zu können und die Wirtschaft anzukurbeln, gab die Regierung immer mehr Papiergeld aus. Einer großen Geldmenge stand bald kein entsprechender Gegenwert an Leistungen, Waren und Goldvorräten gegenüber. Dieser Vorgang der **Inflation** steigerte sich ins Unermeßliche.
Im November 1923 waren eine Billion Mark ungefähr soviel wert wie 1913 eine einzige Mark. Die meisten deutschen Bürger, vor allem Arbeiter, Angestellte, Beamte, Rentner und kleine Gewerbetreibende hatten ihr Vermögen auf Sparkonten angelegt. Sie wurden jetzt praktisch enteignet. Daß sich viele gegen die Politiker der Republik wandten, die ihnen diese Ungerechtigkeit offenbar zumuteten, ist menschlich verständlich.

Der Verfall der deutschen Währung

Preis für 1 kg Brot:

Dezember 1913	0,26 DM
Dezember 1916	0,34 DM
Dezember 1918	0,53 DM
Dezember 1920	2,37 DM
Dezember 1922	163,15 DM
Januar 1923	250,-- DM
Februar 1923	389,-- DM
Mai 1923	482,-- DM
Juni 1923	1.428,-- DM
Juli 1923	3.465,-- DM
August 1923	69.000,-- DM
September 1923	1.512.000,--DM
Oktober 1923	1.743.000.000,-- DM
November 1923	201.000.000.000,-- DM
Dezember 1923	399.000.000.000,-- DM

GESCHICHTE | NAME: ____________ | KLASSE: ____ | DATUM ________ | NR.: ___

Wirtschaftsprobleme in der Weimarer Republik

1. ______________________________________:
Zu hohe Entschädigungsforderungen der Siegermächte erstickten den Wiederaufbau und die wirtschaftliche Gesundung Deutschlands. Im Januar 1921 hatte eine Konferenz der Alliierten ____________________ Goldmark, zahlbar in _____ Jahresraten (also bis zum Jahr __________) gefordert. Die Sieger reduzierten diese Forderung zwar im Mai 1932 auf ____________________. Es stellte sich jedoch schnell heraus, daß ____,
um Deutschland einen vernünftigen Aufbau der Wirtschaft zu ermöglichen.

2. ____________________________:
Die Deutschen versuchten unter größten Anstrengungen, die Bedingungen des Versailler Vertrags zu erfüllen. Doch die Forderungen der Siegermächte waren zu hoch. So konnten die geforderten Kohlemengen nicht geliefert werden. Im ____________ ____________ nahmen die ________________________ und ______________ dies als Vorwand, um die deutschen Zechen an der Ruhr zu besetzen. Die deutsche Regierung rief zum "________________________ ____________ auf. Dieser Widerstand führte jedoch an den wirtschaftlichen Ruin. So mußte er nach acht Monaten abgebrochen werden.

3. ____________________:
Das Geld verlor ständig seinen Wert und die Preise ____________________.
Den letzten Anstoß gaben die ungeheueren Kosten des Ruhrkampfes. Das Geld verlor immer schneller seinen Wert. Die Leidtragenden waren die Bürger, die jahrelang gespart hatten. Sie wurden auf diese Weise praktisch enteignet. Ihr Zorn richtete sich natürlich gegen ____.

GESCHICHTE	NAME: ____________	KLASSE: ____	DATUM: ________	NR.: ___

Wirtschaftsprobleme in der Weimarer Republik

1. ***Reparationsleistungen:***
   Zu hohe Entschädigungsforderungen der Siegermächte erstickten den Wiederaufbau und die wirtschaftliche Gesundung Deutschlands. Im Januar 1921 hatte eine Konferenz der Alliierten ***226 Milliarden*** Goldmark, zahlbar in ***42*** Jahresraten (also bis zum Jahr ***1962***) gefordert. Die Sieger reduzierten diese Forderung zwar im Mai 1932 auf ***123 Milliarden.*** Es stellte sich jedoch schnell heraus, daß ***auch dies zu hoch war,*** um Deutschland einen vernünftigen Aufbau der Wirtschaft zu ermöglichen.

2. ***Ruhrkampf:***
   Die Deutschen versuchten unter größten Anstrengungen, die Bedingungen des Versailler Vertrags zu erfüllen. Doch die Forderungen der Siegermächte waren zu hoch. So konnten die geforderten Kohlemengen nicht geliefert werden. Im ***Januar 1923*** nahmen die ***Franzosen*** und ***Belgier*** dies als Vorwand, um die deutschen Zechen an der Ruhr zu besetzen. Die deutsche Regierung rief zum ***"passiven Widerstand"*** auf. Dieser Widerstand führte jedoch an den wirtschaftlichen Ruin. So mußte er nach acht Monaten abgebrochen werden.

3. ***Inflation:***
   Das Geld verlor ständig seinen Wert und die Preise ***stiegen weiter an.***
   Den letzten Anstoß gaben die ungeheueren Kosten des Ruhrkampfes. Das Geld verlor immer schneller seinen Wert. Die Leidtragenden waren die Bürger, die jahrelang gespart hatten. Sie wurden auf diese Weise praktisch enteignet. Ihr Zorn richtete sich natürlich gegen ***die Politiker der Weimarer Republik.***

THEMA

Wirtschaftsaufschwung und außenpolitische Erfolge

LERNZIELE

Die "goldenen zwanziger Jahre" als Jahre des Wirtschaftsaufschwungs, der außenpolitischen Erfolge, neuer Lebensfreude und vielseitiger kultureller Blüte kennenlernen.
Gründe für den wirtschaftlichen Aufschwung nachvollziehen können.
Außenpolitische Erfolge nennen können.
Bewußtmachen, daß die radikalen Feinde der Demokratie in dieser Zeit an Bedeutung verlieren.

ARBEITSMITTEL / MEDIEN / LITERATURHINWEISE

Folie 1 ("Errungenschaften" der "goldenen zwanziger Jahre"), 2 Informationsblätter, 1 Arbeitsblatt

Zusatz: 32 00670 "Die Weimarer Republik 1925 - 1930" (14 min)

TAFELBILD / FOLIEN

Tonstudio 1927: Auf dem Wege zur Massenkommunikation.

Folie 1

I. Hinführung:

Folie 1 ("Errungenschaften" der "goldenen zwanziger Jahre")

Zielangabe

TA: ***Wirtschaftsaufschwung und außenpolitische Erfolge***

II. Erarbeitung:

Informationsblätter 1 und 2/ AA/EA/PA

TA: Innenpolitische Erfolge:

* Währungsreform 1923
* Dawes-Plan bringt Erleichterungen
* Auslandskredite ermöglichen Aufstieg der deutschen Wirtschaft.
* Fortschritte in der Sozialpolitik
* Aufschwung des kulturellen Lebens.

Außenpolitische Erfolge:

* Vertrag von Locarno bringt die Aussöhnung mit Frankreich.
* 1926 wird Deutschland in den Völkerbund aufgenommen.
* Außenminister Stresemann erhält den Friedensnobelpreis.

III. Vertiefung:

Folie (Die Weimarer Republik zwischen Krise und Stabilisierung)

Eintrag: Fortschritte

SS: tragen die einzelnen Fortschritte ein

IV. Sicherung:

Eintrag AB

V. Ausweitung:

Impuls

L: Der wirtschaftliche Aufschwung wirkt sich auf den Zustand der Weimarer Republik aus.

SS: Die politische Lage wird stabil, die Feinde der Republik verlieren an Bedeutung.

Die "goldenen zwanziger Jahre"

Eine Währungsreform bringt die Wende

Nachdem der passive Widerstand an der Ruhr eingestellt worden war, bereitete die Regierung eine Währungsreform vor. Am 15. November 1923 wurden neue Geldscheine ausgegeben. Von nun an galt: **1 Billion Papiermark = 1 Goldmark (Rentenmark).** Das neue Geld behielt seinen Wert, da der Staat die Ausgaben radikal begrenzte. Gehälter und Renten wurden gekürzt. Da der kleiner gewordenen Geldmenge ein ausreichendes Warenangebot gegenüberstand, behielt das Geld vorerst seine Kaufkraft. So konnte der Niedergang der Wirtschaft kurzfristig aufgehalten werden.

Auslandskredite und wirtschaftliche Erholung

Im August 1924 wurden auch die Reparationszahlungen neu geregelt. Der amerikanische Finanzfachmann Dawes hatte einen Zahlungsplan ausgearbeitet **(Dawes-Plan)**, der einige Erleichterungen brachte. Er ermöglichte die Neugestaltung der deutschen Finanzen durch internationale, vor allem amerikanische Anleihen. Mit diesen Geldern, die später wieder zurückgezahlt werden sollten, erholte sich die deutsche Wirtschaft zumindest vorübergehend. Neue Fabriken mit modernen Maschinen entstanden. Technische Glanzleistungen, wie z.B. das Riesenflugboot DO X, begeisterten alle Welt. Deutsche Produkte waren wieder gefragt. Unternehmer und Kaufleute verdienten gut.

Fortschritte in der Sozialpolitik und neues Lebensgefühl

Infolge der allmählichen wirtschaftlichen Aufwärtsentwicklung wurde es möglich, einige Forderungen der Revolutionszeit schrittweise zu verwirklichen. Die **Gewerkschaften** wurden ein wichtiger Partner bei Verhandlungen um Löhne und Arbeitszeit, um sog. Tarifverträge. 1927 wurde die **Arbeitslosenversicherung** gesetzlich geregelt. Die Kosten wurden von Arbeitgebern und Arbeitnehmern je zur Hälfte getragen. Dieses Gesetz war vorbildlich für die damalige Zeit. Auch für die zahlreichen Kriegsverletzten und -hinterbliebenen, für Alte und Kranke, standen **mehr Mittel für soziale Leistungen** zur Verfügung.

Aber auch das **kulturelle Leben** nahm einen ungeahnten Aufschwung. Deutsche Schriftsteller wie Erich Kästner und Bert Brecht, Maler wie Wassily Kandinsky und Otto Dix erlangten Weltruhm. Deutsche Komponisten gaben mit ihrer Zwölf-Ton-Musik neue Impulse. Eine neue Stilrichtung in der Musik erlebte eine erste Blüte: der Jazz. In moderner Architektur dominierten neue Elemente: Eisen, Beton und Glas, richtungsweisend wird vor allem Walter Gropius.

Die politische Beruhigung, die wirtschaftliche Erholung und der kulturelle Aufschwung haben sich gegenseitig beeinflußt und dazu beigetragen, daß die Jahre nach 1924 oft als die "Goldenen Zwanziger" bezeichnet werden. Mit dieser gesellschaftlichen Stabilisierung **verloren die radikalen Feinde der Demokratie vorübergehend an Bedeutung**. Die Republik schien sich bewährt zu haben.

Außenpolitische Erfolge

In diesen Jahren zeichneten sich auch die ersten außenpolitischen Erfolge für die junge Republik ab. Schon 1922 hatte Außenminister Walther Rathenau in Rapallo einen Vertrag mit Rußland geschlossen. Die Sowjetunion hatte darin auf jegliche Kriegsentschädigung verzichtet, erhielt dafür aber deutsche Wirtschafts- und Militärhilfe.
Sein Nachfolger, **Dr. Gustav Stresemann**, war der führende Staatsmann Deutschlands in diesen Jahren. Er war von 1924 bis 1929 Außenminister. Sein Ziel war, Deutschland wieder in den Kreis der europäischen Völkerfamilie zurückzuführen. Dazu versuchte er, mit Frankreich einen Ausgleich herbeizuführen.
Ein erster großer Erfolg seiner Politik war der **Vertrag von Locarno**. Darin erkannte Deutschland seine Westgrenze als endgültig an und verzichtete damit auf eine Revanche gegen Frankreich. England und Italien garantierten die Grenze gegen jeden Angreifer. Frankreich mußte daraufhin das Rheinland räumen.
Deutschland war durch diesen Vertrag wieder in den Kreis der europäischen Mächte aufgenommen. Ein Jahr später **(1926) wurde Deutschland Mitglied im Völkerbund.**
Stresemann fand in dem französischen Außenminister **Briand** einen Mann, der mit ihm zusammen ein neues Europa des Friedens und der Gleichberechtigung aufbauen wollte. Beide Staatsmänner erhielten gemeinsam den **Friedensnobelpreis**. Das zeigt, daß ihr Werk auch außerhalb ihrer Vaterländer gewürdigt wurde.

Der deutsche Chefdolmetscher Paul Schmid berichtet über die Aufnahme Deutschlands in den Völkerbund:

"Ich sah noch, wie Stresemann sich plötzlich aufrichtete und dann als erster Deutscher im wahrsten Sinn des Wortes über die Schwelle der kleinen Tür hinweg in den Völkerbund eintrat. Bei seinem Erscheinen setzte im ganzen Saal ein wahrer Beifallssturm nach der vorher herrschenden erwartungsvollen Stille ein. Der Beifall hatte eine wahre Orkanstärke erreicht. Von allen Seiten wurde geklatscht und Bravo gerufen. Nur mit Mühe konnten sich die drei deutschen Delegierten durch die herandrängende Masse der ausländischen Völkerbundsvertreter den Weg zu ihren Plätzen bahnen. Alle wollten ihnen die Hände schütteln und ihnen persönlich zu diesem großen Ereignis Glück wünschen. Inzwischen tobte das Publikum auf den Tribünen, Tücherwinken, Hüteschwenken, ´bravo Stresemann´, Zurufe mit fremdländischen Akzentuierungen.

Gustav Stresemann,
1878—1929

Aristide Briand,
1862—1932

NAME: ____________ KLASSE: ____ DATUM: ________ NR.: ___

Jahre der inneren und äußeren Entspannung 1924 - 1929

Wirtschaftliche Erholung:	Außenpolitische Erfolge:

Die Ära Streseman:
Wirtschaftliche Erholung und außenpolitische Anerkennung Deutschlands

Die goldenen Zwanziger:
Neue Lebensfreude und vielseitige kulturelle Blüte

Kunst:	Wissenschaft und Technik:

Jahre der inneren und äußeren Entspannung 1924 - 1929

Wirtschaftliche Erholung:

* ***Währungsreform:** 1 Billion Papiermark = 1 Reichsmark*
* ***Neuregelung der Reparationen (Dawes-Plan 1924)***
* ***Gewerkschaften und Tarifverträge***
* ***Arbeitslosenversicherung***
* ***vermehrte soziale Leistungen***

Außenpolitische Erfolge:

* ***Beendigung des Ruhrkampfes***
* ***Pakt von Locarno 1925: Bekräftigung der europäischen Entspannung***
* ***Friedensnobelpreis für Stresemann und Briand***
* ***Aufnahme in der Völkerbund 1926***

⇧ ⇧

Die Ära Streseman:
Wirtschaftliche Erholung und außenpolitische Anerkennung Deutschlands

Die "Goldenen Zwanziger":
Neue Lebensfreude und vielseitige kulturelle Blüte

⇩ ⇩

Kunst:

* ***Literatur: Erich Kästner, Bert Brecht***
* ***Musik: 12-Ton-Musik, Jazz***
* ***Baukunst: Eisen, Beton, Glas***
* ***Malerei: Wassily Kandinsky, Otto Dix***

Wissenschaft und Technik:

* ***Nobelpreise für Deutsche: Albert Einstein, Thomas Mann***
* ***Luftschiff "Graf Zeppelin"***
* ***Rundfunk als neues Massenmedium***
* ***Pkw als neues Verkehrsmittel***

⬇

Die radikalen Feinde der Demokratie verlieren vorübergehend an Bedeutung.

THEMA

Die Frauen in der Weimarer Republik

LERNZIELE

Bewußtmachen, daß sich die Situation der Frau in Haushalt, Familie, Öffentlichkeit und Beruf in der Zeit der Weimarer Republik wandelt.
Wandlungsprozesse in der Weimarer Zeit beschreiben können.
Am Beispiel des Frauenwahlrechts die Emanzipationsfortschritte beschreiben können.
Bewußtmachen, daß noch viele Hindernisse den Weg zur Gleichberechtigung zwischen Mann und Frau erschweren.

ARBEITSMITTEL / MEDIEN / LITERATURHINWEISE

Folie 1 (Aufruf zur Wahl), Folie 2 (Frauenwahlrecht), 3 Informationsblätter, 1 Arbeitsblatt

Zusatz: Weiland, Daniela: "Geschichte der Frauenemanzipation" ECON, Düsseldorf

TAFELBILD / FOLIEN

Folie 1

I. Hinführung:

Folie 1 (Aufruf zur Wahl)

Zielangabe — TA: **Die Frauen in der Weimarer Republik**

II. Erarbeitung:

1. TZ: Die Rolle der Frau vor der Weimarer Zeit

Informationsblatt 1/gemeinsames Erlesen/Aussprache/LSG

TA: *Arbeit im Familienbetrieb - Mittelpunkt der Familie.
* Wandlung durch das Aufkommen der Fabrikarbeit.
* Einsatz in der Kriegsproduktion.

2. TZ: Die Frauen in der Weimarer Republik

Informationsblatt 2/ Stillarbeit

Auswertung/LSG

TA: * Änderung der Rolle der Frau.
* Art. 109 der Reichsverfassung verankert die Gleichstellung von Mann und Frau.
* Hohe Wahlbeteiligung der Frauen bei der Wahl zur Nationalversammlung.
* Weitere Maßnahmen:
1920: ... *(s. Info-Blatt 2)*

III. Vertiefung:

3. TZ: Frauen in der Weimarer Republik - nicht nur eine "Erfolgsstory"

Informationsblatt 3/ gemeinsames Erlesen/Aussprache/LSG

TA: * Mangel an gemeinsamer Frauenpolitik.
* Nicht immer konnte von einer Gleichbehandlung von Mann und Frau die Rede sein.

IV. Sicherung:

Eintrag AB

V. Ausweitung:

Folie 2 (Frauenwahlrecht)

Frauen in der Weimarer Republik

Art. 109 der Weimarer Verfassung:

Alle Deutschen sind vor dem Gesetz gleich.
Männer und Frauen haben grundsätzlich dieselben staatsbürgerlichen Rechte und Pflichten.

Wenn heute die Frauen die gleichen Rechte haben wie die Männer, so war dieser Artikel der Weimarer Verfassung sicher **ein Meilenstein auf dem Weg zur Gleichberechtigung der Frauen in Deutschland.**

Die Rolle der Frau vor der Weimarer Zeit

Um das Jahr 1800 lebten noch etwa 80% aller Menschen Deutschlands auf dem Land. Da war es selbstverständlich, daß die Frauen neben ihren Pflichten im Haushalt bei der Bestellung der Felder, der Ernte und den Vorsorgearbeiten für den Winter mithalfen. In den Jahrhunderten der bäuerlich bestimmten Lebensweise der Völker arbeiteten sie vornehmlich im Familienbetrieb. Im Hause war die Frau der Mittelpunkt, die sorgende Mutter. Neben ihrer **häuslichen Arbeit** und der Mithilfe bei der Feldarbeit verdienten manche Frauen im Winter noch etwas Geld durch Heimarbeit.
Mit dem Aufkommen der Fabrikarbeit vollzog sich eine Wandlung. Die industrielle Revolution schuf Tausende neuer Arbeitsplätze. Da die Männer oft nur wenig verdienten, waren viele Frauen gezwungen, neben ihrer Hausarbeit stundenweise Arbeit in einer Fabrik anzunehmen. Die Frau arbeitete nun auch außerhalb des Hauses. Das war im 19. Jahrhundert etwas völlig Neues. Für viele stellte sich die Frage: Wie kann ich meine Pflichten als Mutter mit meiner notwendigen Mithilfe beim Verdienen vereinbaren?

Während des Ersten Weltkrieges (1914 - 1918) wurden **Hunderttausende von Frauen in der Kriegsproduktion eingesetzt.** Ohne die Mobilisierung von weiblichen Arbeitskräften hätte keiner der am Krieg beteiligten Staaten Aussichten auf Erfolg gehabt.

Die Frauen in der Weimarer Republik

Die sich **ändernde Rolle der Frau in der Gesellschaft** wurde im Rahmen einer neuen Gesellschafts- und Sozialpolitik der Weimarer Republik im Art. 109 der Verfassung dokumentiert. Dieses Gesetz verankerte die Gleichstellung von Mann und Frau und brachte den Frauen das **Wahlrecht.** Am 19. Januar 1919 drängten sich Frauen vor den Wahllokalen - sie waren zum ersten Mal stimmberechtigt.
Dieses Frauenstimmrecht kam für die Mehrheit der Frauen allerdings so überraschend, daß viele nicht wußten, welche Partei sie überhaupt wählen sollten. Trotzdem fanden die Wahlen für die Nationalversammlung unter **hoher Wahlbeteiligung der Frauen** statt. Von 310 kandidierenden Frauen wurden 37 gewählt - weltweit die größte Anzahl weiblicher Abgeordneter bei der erstmaligen Ausübung des aktiven und passiven Wahlrechts.
Bei den Reichtagsneuwahlen 1920 erreichte der Frauenanteil mit insgesamt 9,6% aller Abgeordneten den Höchststand gegenüber allen folgenden Reichstagen.

Weibliche SPD-Abgeordnete in der Weimarer Nationalversammlung 1919. Stehend von links: Clara Bohm-Schuch, Anna Blos, Johanne Reitze, Elfriede Ryneck, Frieda Haucke, Antonie Pfülf, Minna Schilling. Sitzend von links: Wilhelmine Eichler, Johanna Tesch, Elisabeth Röhl, Ernestine Lutze, Anna Simon, Frieda Lührs, Marie Juchacz.

Die **veränderte Situation der Frau** in Haushalt, Familie, Öffentlichkeit und Beruf wird auch durch folgende weitere Maßnahmen deutlich:

1920: Die evangelische Kirchenverfassung gewährt den Frauen aktives kirchliches Wahlrecht.
1921: Frauen werden an der Börse zugelassen.
1922: Juristinnen werden zum Richteramt zugelassen.
1923: Der Muttertag bürgert sich auch in Deutschland ein.
1924: Einführung des aktiven Wahlrechts für Frauen in den katholischen Gemeindevertretungen.
1926: Gründung des "Deutschen Akademikerinnenbundes" in Berlin.

Frauen in der Weimarer Republik - nicht nur eine "Erfolgsstory"

Die Erwartungen der Frauenbewegung in der Weimarer Zeit, auf parlamentarischem Wege weiblichen Einfluß geltend zu machen und Fraueninteressen besser vertreten zu können, erfüllten sich nicht. Die Frauen waren parteipolitisch zu stark zersplittert, um gemeinsame Interessen durchzusetzen. Der **Mangel an gemeinsamer Frauenpolitik** zeigte sich besonders in der Diskussion um Artikel 109 der Reichsverfassung. Er gestand den Frauen grundsätzlich dieselben staatsbürgerlichen Rechte und Pflichten wie den Männern zu. Der Zusatz "grundsätzlich" aber machte Sonderregelungen für Frauen möglich, von denen in der Folge reichlich Gebrauch gemacht wurde.

So verrichteten Frauen **traditionell ihre Arbeit in Familie und Haushalt, verbunden mit einem stärker werdenden Vordringen in die Berufswelt.** Dabei mußten allerdings viele Frauen Überstunden machen, um die schlechtere Bezahlung, die sie im Vergleich zu den Männern für die gleiche Arbeit bekamen, wieder auszugleichen. Im Ruhrgebiet erhielten Frauen um 1930 nur etwa 50 - 80% des Lohnes der Männer. Das begründete man damit, daß die meisten Frauen ohne Berufsausbildung waren und sie nicht das Haupt der Familie seien. Da die Frauen gewerkschaftlich kaum vertreten wurden und zudem ein Überangebot an weiblicher Arbeitskraft vorhanden war, bestand kaum Aussicht auf eine Lösung, für gleiche Arbeit den gleichen Lohn zu erhalten. Die Arbeitslosigkeit in der Zeit der Weltwirtschaftskrise machte auch vor den Frauen nicht halt: 1931 waren mehr als eine Million Frauen arbeitslos.

Mit der Zeit des beginnenden Nationalsozialismus ab 1933 hatte die Entwicklung einer eigenständigen Rolle der Frau ihr Ende. Alle Frauenverbände, die sich nicht der NS-Frauenschaft gleichschalten wollten, wurden aufgelöst. **Die Geschichte der Frauenemanzipation war vorläufig abgeschlossen.**

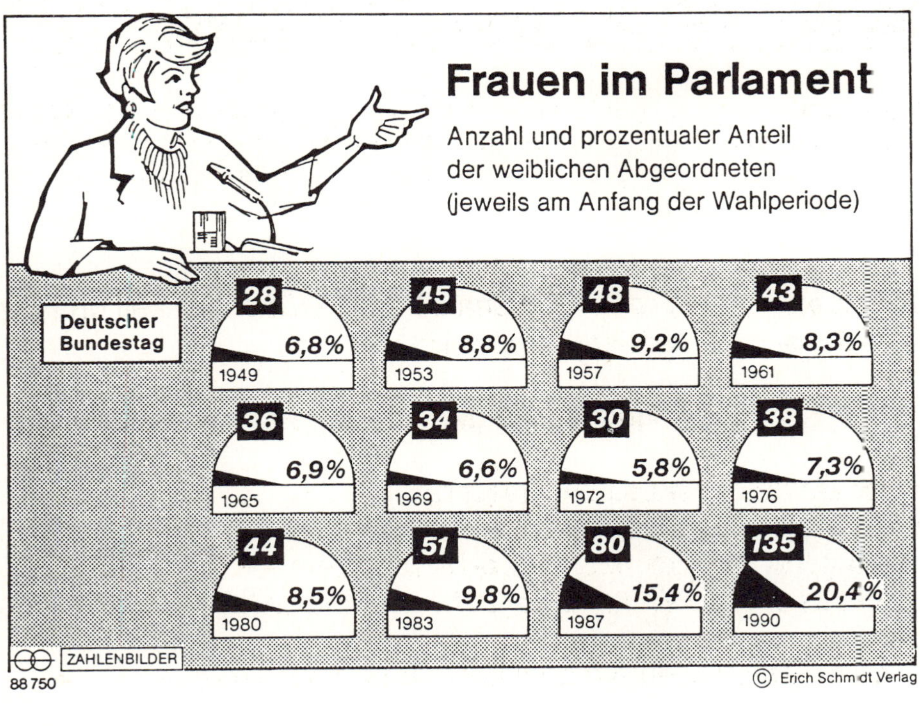

Ohne Frauen ist kein Staat zu machen

„Frauen bewegen das Land." Das ist das Motto des Deutschen Frauenrates 1994 – 75 Jahre, nachdem Frauen zum ersten Mal das Wahlrecht ausüben konnten.

Obwohl 53,3 Prozent aller Wahlberechtigten derzeit Frauen sind und sie damit als Wählergruppe den entscheidenden Ausschlag bei einer Wahl geben könnten, ist das Motto wohl eher als Zielvorgabe zu verstehen. Denn noch immer sind Frauen in Parteien, Parlament und Regierung in der Minderheit. Es gilt nach wie vor die Regel: Je höher das Amt, desto geringer der Anteil der Frauen. Von derzeit 662 Abgeordneten sind 142 Frauen - das sind 21,4 Prozent.

Das politische Interesse bei jungen Frauen stagniert, der Anteil der Nichtwählerinnen steigt. Dies ist unter anderem Ergebnis einer Allensbach-Umfrage, die im Rahmen der vierten Gleichberechtigungskonferenz des Frauenministeriums am 18. November in Bonn vorgestellt wurde.

Mehr Mitarbeit

Nach wie vor gebe es einen Niveau-Unterschied beim politischen Interesse von etwa 25 Prozent zwischen jungen Männern und Frauen, obwohl das Interesse bei Frauen in den letzten vierzig Jahren von elf auf 40 Prozent gestiegen sei, sagte Frauenministerin Angela Merkel. Die Mitwirkung junger Frauen in politischen Parteien und Organisationen sei nicht zufriedenstellend. Frauen lehnten die von den Parteien und Verbänden praktizierten Formen der Politik ab, bevorzugten Sacharbeit, kümmerten sich eher um konkrete Probleme in ihrem Umfeld. Häufig zeigten sich junge Frauen überzeugt, daß ihr Engagement oder ihre Stimme bei Wahlen ohne Bedeutung blieben. Darunter leide auch die Bereitschaft, sich für Ziele über den eigenen Lebensbereich hinaus zu engagieren.

Als Grund für diese Fehlentwicklung nannte Angela Merkel vor allem die doppelte Beanspruchung von jungen Frauen durch Familie und Arbeit. Deshalb sei der Ausbau von Teilzeitarbeitsplätzen und ein sicherer Kindergartenplatz von großer Bedeutung. Mit einer Quotierung könne man dem Dilemma nicht beikommen, meint die Ministerin.

19. Januar 1919: Frauen drängen sich vor den Wahllokalen – sie sind zum ersten Mal stimmberechtigt.

GESCHICHTE | NAME: __________ | KLASSE: ____ | DATUM: ________ | NR.: ____

Die Frauen in der Weimarer Republik

Die Rolle der Frau vor der Weimarer Zeit:

Art. 109 der Weimarer Verfasssung:

Die Rolle der Frau in der Weimarer Zeit:

Haushalt/Familie:

Öffentlichkeit:

Beruf:

Die Frauen in der Weimarer Republik

Die Rolle der Frau vor der Weimarer Zeit:

Arbeit im Familienbetrieb - Mittelpunkt der Familie - Wandlung durch das Aufkommen der Fabrikarbeit - Einsatz in der Kriegsproduktion

Art. 109 der Weimarer Verfasssung:

Alle Deutschen sind vor dem Gesetz gleich. Männer und Frauen haben grundsätzlich die gleichen Rechte und Pflichten.

Die Rolle der Frau in der Weimarer Zeit:

Änderung der Rolle der Frau in der Gesellschaft im Rahmen der neuen Gesellschafts- und Sozialpolitik der Weimarer Regierung

↓ ↓ ↓

Haushalt/Familie:

Traditionelle Arbeit verbunden mit einem stärker werdenden Vordringen in die Berufswelt.

Öffentlichkeit:

Wahlrecht für Frauen als Ausdruck der angestrebten Gleichstellung von Mann und Frau.

Beruf:

Frauen drängen in die Berufswelt und werden zu Berufen zugelassen, die ihnen bisher versperrt waren.

Mit der Zeit des Nationalsozialismus nimmt die Entwicklung einer eigenständigen Rolle der Frau ein vorläufiges Ende. Alle Frauenverbände werden in der NS-Frauenschaft gleichgeschaltet.

THEMA

Die Weltwirtschaftskrise

LERNZIELE

Gründe für die Entstehung der Weltwirtschaftskrise nennen können.
Bewußtmachen, daß diese Wirtschaftskrise in Deutschland und Europa schlimme Auswirkungen hat.
Erkennen, daß diese Wirtschaftskrise in Deutschland zu hoher Arbeitslosigkeit führt.
Nachvollziehen, daß viele Menschen die Regierung für die schlechte wirtschaftliche Lage verantwortlich machen und ihr Heil bei radikalen Parteien suchen.

ARBEITSMITTEL / MEDIEN / LITERATURHINWEISE

Folie 1 (Jugendliche an der Leine), Folie 2 (Volkseinkommen), Folie 3 (Obdachlose), 1 Informationsblatt, 1 Arbeitsblatt

Zusatz: 32 00670 "Die Weimarer Republik 1925 - 1930" (14 min)
32 00671 "Die Weimarer Republik 1930 - 1933" (15 min)

TAFELBILD / FOLIEN

Folie 1

I. Hinführung:

Folie 1/Lehrervortrag

Zielangabe

TA: ***Die Weltwirtschaftskrise***

II. Erarbeitung:

Informationsblatt 1/AA/EA/PA

1. Wie kam es zur Weltwirtschaftskrise?
2. Wie wirkte sich diese Krise in Deutschland aus?

Auswertung/LSG

zu 1.: Die Entwicklung begann in den USA - am sog. "Schwarzen Freitag" (29. 10. 1929) brach die amerikanische Wirtschaft zusammen - Weltwirtschaftskrise.

zu 2.: Amerikanische Firmen fordern ihre Kredite von deutschen Firmen zurück - viele Firmen gehen bankrott - viele Arbeitslose - immer mehr Menschen sympathisieren mit radikalen Parteien.

III. Vertiefung:

Folie 2 (Volkseinkommen)

SS: Das deutsche Volkseinkommen sinkt ab dem Jahr 1929 auf den tiefsten Stand seit 1891.

Folie 3 (Obdachlose)

IV. Ausweitung:

Impuls

L: Viele Arbeitslose waren von der Regierung enttäuscht.

SS: Sie hoffen auf andere - radikale - Parteien, die behaupten, die Probleme lösen zu können.

V. Sicherung:

Eintrag AB

Die Weltwirtschaftskrise

Von den USA nimmt die Wirtschaftskrise ihren Ausgang

Die sog. "Goldenen Zwanziger" waren nur scheinbar "golden". Die meisten Arbeiter verdienten nur wenig. Viele waren immer noch arbeitslos. Der Erfolg in einigen Wirtschaftsbereichen war überwiegend auf amerikanischen Krediten aufgebaut. 1929 fand die wirtschaftliche Scheinblüte ein jähes Ende durch eine **Entwicklung, die von den USA ihren Ausgang nahm.**
Dort hatte die Produktion vor allem von Automobilen und Massengütern zunächst einen großen Aufschwung genommen. Auch viele kleine Leute erwarben Aktien d.h. Anteile der großen Unternehmen, weil sie sich davon großen Gewinn versprachen. Tatsächlich kletterten die Kurse dieser Wertpapiere innerhalb weniger Jahre so hoch, daß viele Anleger große Gewinne erzielten.
Ab 1928 konnten viele Erzeugnisse nicht mehr abgesetzt werden. Kurzarbeit, Arbeitslosigkeit und Produktionseinstellungen waren nicht zu umgehen. Ab Sommer 1929 fielen die Aktienkurse, zunächst langsam, dann immer schneller. Viele kleine und große Aktienspekulanten erfaßte eine Panik. Sie versuchten, ihre Wertpapiere loszuwerden und nahmen hohe Verluste in Kauf. Der Taumel erreichte am **25. Oktober 1929** seinen Höhepunkt. An diesem **"Schwarzen Freitag"** fielen die Kurse an der Aktienbörse in New York ins Bodenlose. Die Aktienbesitzer büßten all ihr Geld ein. Auch Banken, die Geld in die Betriebe gesteckt hatten, brachen zusammen. Dieser Vorgang gilt als das auslösende Moment einer großen Krise, die die gesamte Weltwirtschaft erfaßte.

Schlimme Auswirkungen in Deutschland und Europa

Insbesondere Deutschland war hart betroffen. **Viele der Kredite für deutsche Betriebe wurden jetzt von den amerikanischen Gläubigern zurückgerufen.** Angesteckt durch die Zuversicht der Jahre vorher, hatten manche Unternehmer viel Geld in die Modernisierung ihrer Fabriken gesteckt und dies über Schulden finanziert. Viele beglichen sogar ihre laufenden Kosten mit geliehenem Geld. Nachdem nun der Absatz ihrer Waren, vor allem ins Ausland, stockte, mußten sie die Produktion einschränken. Entlassungen waren auch hier die Folge. Im Winter 1929/30 gab es in Deutschland über 3 Millionen Arbeitslose und zahlreiche Kurzarbeiter. Die deutsche Wirtschaft geriet immer weiter in den Teufelskreis der Weltwirtschaftskrise. **Viele Arbeitslose machten die Regierung für die schlechte Lage verantwortlich.** Die **politischen Folgen** zeigten sich darin, daß immer mehr **Menschen bereit waren, radikalen Parteien zu folgen**, die den Haß auf die Weimarer Republik verbreiteten.

Das Ansteigen der Arbeitslosenzahlen spiegelt die wirtschaftlichen Sorgen der Weimarer Republik wider:

Januar 1924:	2 Millionen	Januar 1929:	3 Millionen
Januar 1925:	0,8 Millionen	Januar 1930:	3,1 Millionen
Januar 1926:	2,6 Millionen	Januar 1931:	5 Millionen
Januar 1927:	2,7 Millionen	Januar 1932:	6 Millionen
Januar 1928:	2 Millionen		

Entwicklung des deutschen Volkseinkommens von 1891 - 1932:

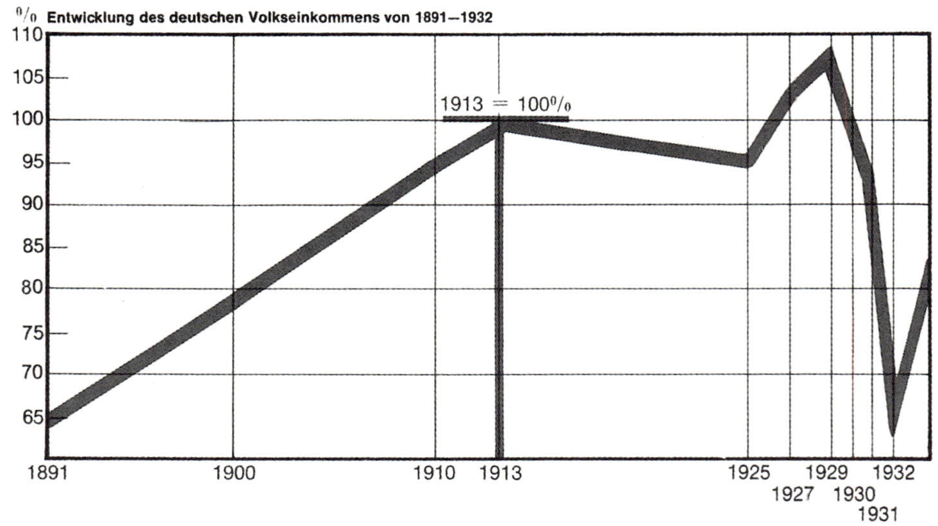

Essenausgabe an arbeitslose Obdachlose im Jahre 1931. Dieses Bild veranschaulicht in besonderer Weise, daß vor allem die ganz Jungen und ganz Alten in der Weltwirtschaftskrise auf die Straße gesetzt wurden.

Die Weltwirtschaftskrise

Der 25. Oktober 1929 ging als der sog. "______________________________" in die Geschichte ein. Der Zusammenbruch der amerikanischen Wirtschaft wirkte sich auch auf Deutschland aus und brachte eine Massenarbeitslosigkeit mit sich. Wie ist das zu erklären?
Deutsche Firmen hatten nach dem Ersten Weltkrieg __________________ aus dem Ausland erhalten (hauptsächlich aus den USA), um die Wirtschaft wieder anzukurbeln und somit auch die fälligen ________________________________ leisten zu können. Da nun die amerikanische Wirtschaft zusammenbrach, forderten die Amerikaner ihre Kredite zurück. Eine große Zahl von deutschen Firmen mußte daraufhin den ____________________ anmelden. Maschinen standen zum Verkauf, Arbeiter wurden zu Tausenden _____________________.

Überblick über die Entwicklung der Arbeitslosenzahlen in der Weimarer Republik:

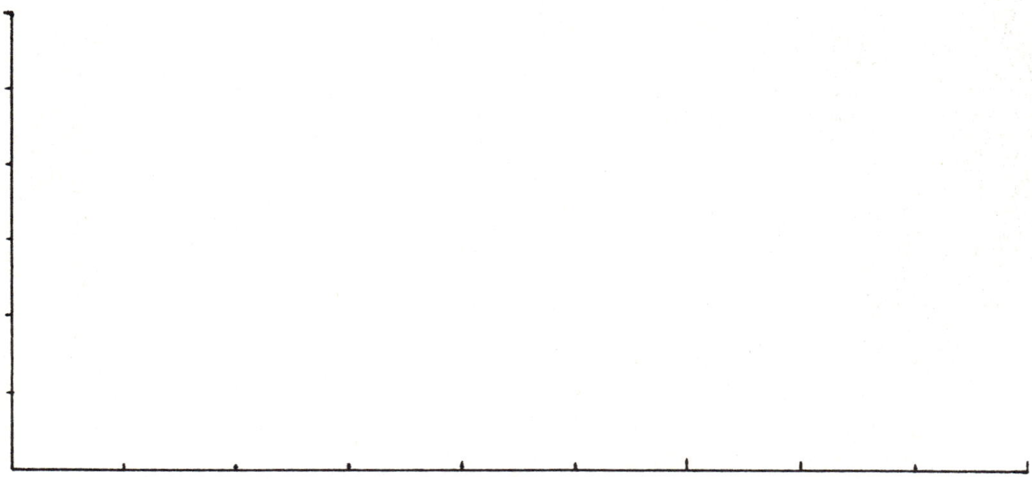

Die langen Schlangen von Arbeitslosen, die jede Woche um eine magere Arbeitslosenunterstützung vor den Arbeitsämtern anstanden, machten die Regierung für die wirtschaftliche Lage verantwortlich. Das Vertrauen in die Weimarer Republik war schwer erschüttert. Die politischen Folgen zeigten sich in dem Stärkerwerden __________________ Parteien. Viele Menschen, die, wie auf diesem Bild, vor einer Armenküche in Berlin Schlange stehen, versprachen sich von diesen Parteien Hilfe und das Ende der allgemeinen Not.

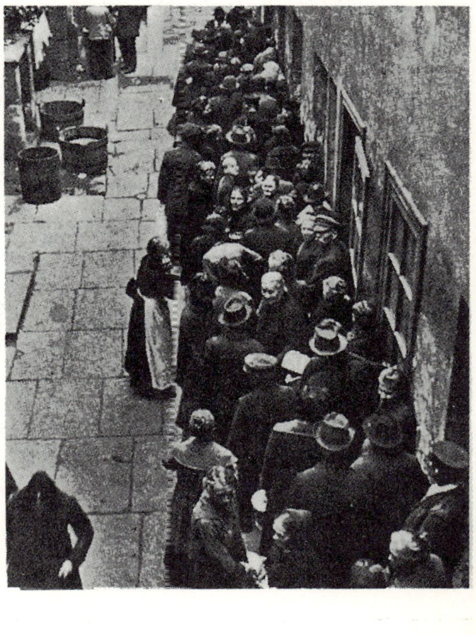

Die Weltwirtschaftskrise

Der 25. Oktober 1929 ging als der sog. "***Schwarze Freitag***" in die Geschichte ein. Der Zusammenbruch der amerikanischen Wirtschaft wirkte sich auch auf Deutschland aus und brachte eine Massenarbeitslosigkeit mit sich. Wie ist das zu erklären?
Deutsche Firmen hatten nach dem Ersten Weltkrieg ***Kredite*** aus dem Ausland erhalten (hauptsächlich aus den USA), um die Wirtschaft wieder anzukurbeln und somit auch die fälligen ***Reparationszahlungen*** leisten zu können. Da nun die amerikanische Wirtschaft zusammenbrach, forderten die Amerikaner ihre Kredite zurück. Eine große Zahl von deutschen Firmen mußte daraufhin den ***Bankrott*** anmelden. Maschinen standen zum Verkauf, Arbeiter wurden zu Tausenden ***entlassen.***

Überblick über die Entwicklung der Arbeitslosenzahlen in der Weimarer Republik:

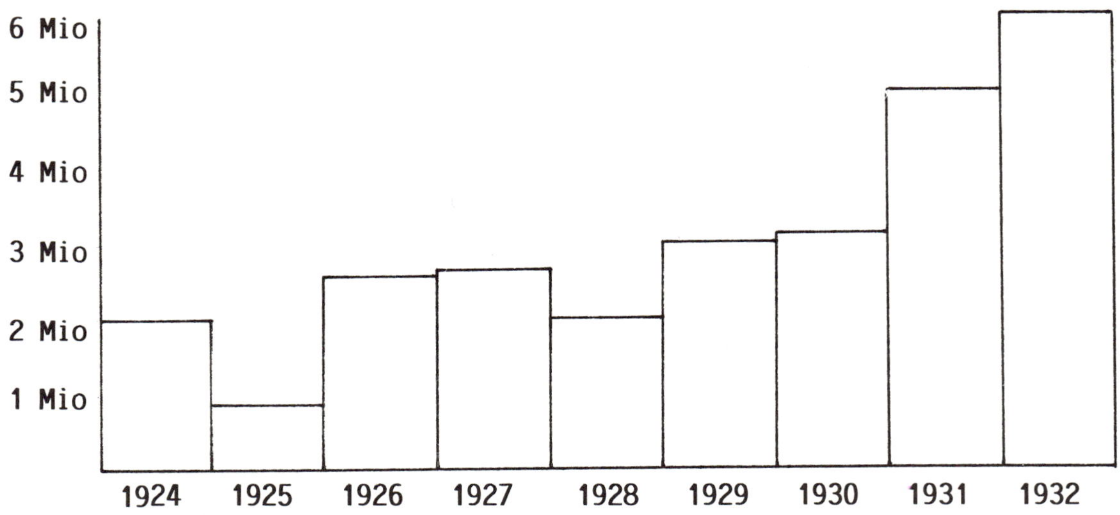

Die langen Schlangen von Arbeitslosen, die jede Woche um eine magere Arbeitslosenunterstützung vor den Arbeitsämtern anstanden, machten die Regierung für die wirtschaftliche Lage verantwortlich. Das Vertrauen in die Weimarer Republik war schwer erschüttert. Die politischen Folgen zeigten sich in dem Stärkerwerden ***radikaler*** Parteien. Viele Menschen, die, wie auf diesem Bild, vor einer Armenküche in Berlin Schlange stehen, versprachen sich von diesen Parteien Hilfe und das Ende der allgemeinen Not.

THEMA

Warum wurden die radikalen Parteien so stark?

LERNZIELE

Erkennen, daß die Parteien zur Zeit der Weimarer Republik unfähig waren, vernünftige Kompromisse zu schließen, um die Folgen der Wirtschaftskrise in den Griff zu bekommen.
Verstehen, daß Präsidialregierungen und Notverordnungen die Demokratie unterhöhlten.
Bewußtmachen, daß die radikalen Parteien sich die Angst der Menschen zunutze machten und auf diese Weise immer mehr Stimmen bekamen.

ARBEITSMITTEL / MEDIEN / LITERATURHINWEISE

Folie 1 (Wahlergebnisse), 2 Informationsblätter, 1 Arbeitsblatt

Zusatz: 32 00671 "Die Weimarer Republik 1930 - 1933" (15 min)

TAFELBILD / FOLIEN

Partei	1924	1928	1930	1932 Juli	1932 Nov
SPD	131	153	143	121	120
KPD	45	54	77	89	100
Zentrum	69	62	68	75	70
DNVP	103	73	41	37	52
NSDAP	14	12	107	230	196

Folie 1

I. Hinführung:

Folie 1 (Wahlergebnisse der Wahlen von 1924 bis 1933)

SS: KPD und NSDAP verzeichnen enorme Gewinne.

Zielangabe

TA: **Warum wurden die radikalen Parteien so stark?**

II. Erarbeitung:

Informationsblatt 1/gemeinsames Erlesen/Aussprache/LSG

TA: Die Unfähigkeit der Parteien, einen sinnvollen Kompromiß zu schließen, macht es unmöglich, die Folgen der Wirtschaftskrise in den Griff zu bekommen.

Präsidialregierungen und Notverordnungen schaden dem Ansehen der Demokratie. Es kommt zu einem Machtverlust des Weimarer Reichstags.

III. Vertiefung:

Informationsblatt 2/Impuls

L: Das Stärkerwerden der radikalen Parteien war nicht nur eine Folge rationaler Gründe, sondern hatte sehr viel mit dem Gefühl der Menschen zu dieser Zeit zu tun.

EA/stilles Erlesen/Aussprache

SS: Das Elend der Gegenwart und die Angst vor der Zukunft führte zu einer Abneigung gegenüber der Regierung. Diese Abneigung machten sich die radikalen Parteien zunutze und versprachen Patentrezepte für die Lösung aller Probleme. Sie fanden zunehmend Gehör und erhielten von Wahl zu Wahl mehr Stimmen.

IV. Sicherung:

Eintrag AB

V. Ausweitung:

Informationsblatt 2

SS: KPD und NSDAP lieferten sich Straßenschlachten. Es herrschten bürgerkriegsähnliche Zustände.

Der Aufstieg der radikalen Parteien

▲
Die NSDAP nutzte die Gunst der Stunde für ihre Propaganda. Das Massenelend brachte ihr die Stimmen der Verzweifelten, denen Hitler Arbeit und Brot versprach.

Die Parteien sind unfähig, die Krise zu bewältigen

Für die demokratischen Parteien wäre es nun die erste Aufgabe gewesen, eine gemeinsame Linie zu finden, um die Folgen der Weltwirtschaftskrise zu bekämpfen. Das Bild, das die Parteien für die Bürger boten, war jedoch enttäuschend: 30 Parteien vertraten sehr unterschiedliche Interessen und waren nicht in der Lage, sich auf eine gemeinsame Politik zur Lösung der großen Probleme zu verständigen. Aufgrund dieser **Kompromißunfähigkeit** brach 1930 die letzte Regierung zusammen, die sich auf eine Mehrheit im Reichstag hatte stützen können.

Präsidialregierungen und Notverordnungen unterhöhlen die Demokratie

Nachdem im März 1930 die letzte parlamentarisch zusammengekommene Regierung auseinandergebrochen war, begann die Zeit der **Präsidialregierungen**. Sie waren nach der Verfassung rechtens. Diese Regierungen erließen **mit Unterschrift des Reichspräsidenten und ohne Beteiligung des Reichstags sog. Notverordnungen mit Gesetzeskraft**. Allerdings konnte eine Reichstagsmehrheit diese wieder aufheben. Dann mußten Neuwahlen ausgeschrieben werden. Dieser Teufelskreis wiederholte sich immer wieder: Notverordnungen, Ablehnung durch den Reichstag, Auflösung, Neuwahl, Notverordnungen usw. Die demokratische Regierungsweise war praktisch beseitigt. Die Demokratie bot ein trauriges Bild.

Machtverlust des Weimarer Reichstags:

	1930	*1931*	*1932*
Parlamentsgesetze	*98*	*34*	*3*
Notverordnungen nach Art. 48	*5*	*44*	*60*
Sitzungstage des Reichstags	*94*	*41*	*13*

Warum wurden die radikalen Parteien so stark?

Das Millionenheer der Arbeitslosen – eine gute Ausgangsbasis für Parteien, die scheinbar Patentrezepte für die Lösung aller Probleme besaßen.

Die radikalen Parteien nutzten die Situation aus: Weltwirtschaftskrise, Arbeitslosigkeit, eine schwache Demokratie - in Massenversammlungen, mit Lautsprecherwagen und von Plakatsäulen herab **schürten diese Parteien die Abneigung und den Haß gegenüber dem Staat**. Sie versuchten, die Menschen zu überzeugen, daß **an allem die Weimarer Republik schuld** sei. Sie verschwiegen allerdings, daß in den USA und England die Arbeitslosigkeit ein ebenso erschreckendes Maß erreicht hatte wie in Deutschland. Auch dort herrschten Not und Elend. Das Elend der Gegenwart und die Angst vor der Zukunft veranlaßten viele Menschen, den Parolen der radikalen Parteien Gehör zu schenken. Für die **Kommunisten** (KPD) war dieser Staat nur ein Instrument der Banken, Unternehmer und Großgrundbesitzer zur Ausbeutung der Massen. Ihr Patentrezept lautete, die Kapitalisten zu enteignen und ihren Besitz in gesellschaftliches Eigentum überzuführen.

Die **Nationalsozialisten (NSDAP)** unter ihrem Führer Adolf Hitler versprachen allen alles: den Arbeitern einen Arbeitsplatz, den Handwerkern Unterstützung gegen die Großunternehmer, den Wirtschaftsführern die Abschaffung der Gewerkschaften. Außerdem behaupteten sie, Deutschland werde durch die Demokratie ins Unglück gestürzt und die eigentliche Ursache aller Not aber seien die reichen Juden.

Immer mehr Menschen wollten glauben, daß die Ursache für ihr Elend allein im demokratischen "System" liegen würde. Sie wünschten, es solle etwas geschehen, gleichgültig was. Die radikalen Reden fanden zunehmend Gehör. KPD und NSDAP erhielten von Wahl zu Wahl mehr Stimmen.

Straßenschlachten zwischen Kommunisten und der NSDAP mit zahlreichen Toten und Verletzten waren während der Weltwirtschaftskrise ein gewohntes Bild. Oben die Verhaftung eines Demonstranten durch Schutzpolizei und einen Kriminalbeamten im Jahre 1929.

GESCHICHTE NAME: KLASSE: DATUM: NR.:

Warum wurden die radikalen Parteien so stark?

Kommunistischer „Rotfront-Kämpferbund"

Eine Sturmabteilung Hitlers

Warum wurden die radikalen Parteien so stark?

Weltwirtschaftskrise

↙ ↘

Elend in der Gegenwart | *Angst vor der Zukunft*

↘ ↙

Abneigung gegenüber dem Staat

↓ ↓

KPD

Der Staat ist nur ein Instrument zur Ausbeutung der Massen. Die Kapitalisten müssen enteignet werden!

NSDAP

Deutschland wird durch die Demokratie ins Unglück gestürzt! Die Ursache aller Not sind die reichen Juden!

KPD und NSDAP erhielten von Wahl zu Wahl mehr Stimmen.

THEMA

Der Aufstieg der NSDAP zur Massenbewegung

LERNZIELE

Gründe nennen können, die für den Aufstieg der NSDAP zur Massenbewegung verantwortlich waren.
Bewußtmachen, daß die NSDAP von seiten der Industrie unterstützt wurde.
Erkennen, daß vor allem die Folgen der Weltwirtschaftskrise den Aufstieg Hitlers begünstigten.
Zu den 25 Punkten des Programms der NSDAP Stellung nehmen können.

ARBEITSMITTEL / MEDIEN / LITERATURHINWEISE

Folie 1 (Begeisterung der Massen), Folie 2 (Die 25 Punkte des NSDAP-Programms),
Folie 3 (Zusammenhang zwischen Massenarbeitslosigkeit und Zulauf zur NSDAP),
2 Informationsblätter, 1 Arbeitsblatt

TAFELBILD / FOLIEN

Folie 1

I. Hinführung:

Folie 1 (Begeisterung der Massen)

Zielangabe

TA: **Der Aufstieg der NSDAP zur Massenbewegung**

II. Erarbeitung:

Informationsblätter 1 und 2/ gemeinsames Erlesen

TA: Gründe für den Aufstieg zur Massenbewegung:

* Hitler verspricht Arbeit für das ganze Volk.
* Hitler lehnt den Versailler Vertrag ab.
* Hitler weckt den Stolz der Massen auf ihr Vaterland.

Die NSDAP wird unterstützt:

* Alfred Hugenberg unterstützte ab 1929 die NSDAP.
* Die Wahlkämpfe 1930 - 1933 hätten ohne Unterstützung von Großindustriellen nicht so großzügig geführt werden können.

III. Vertiefung:

Folie 3 (Zusammenhang zwischen Massenarbeitslosigkeit und Zulauf zur NSDAP)

SS: Die Massenarbeitslosigkeit begünstigte den Aufstieg Hitlers.

IV. Ausweitung:

Impuls

L: Es gab auch Menschen, die vor der Begeisterung für die NSDAP und Hitler warnten.

SS: Der Karikaturist A.P.Weber sah voraus, daß der Weg des deutschen Volkes ins Massengrab führt.

V. Sicherung:

Eintrag AB

Der Aufstieg der NSDAP zur Massenbewegung

Von **1919 bis 1933** gab es **in Deutschland zum ersten Mal eine Demokratie** - die Weimarer Republik. Freie Wahlen, die Grundrechte, unabhängige Gerichte wurden damals schon in der Verfassung garantiert - wie in unserem Staat heute. Allerdings hatte es dieser Staat anfangs sehr schwer. Deutschland hatte den Ersten Weltkrieg verloren, die Inflation hatte die Ersparnisse vieler Menschen zerstört, die Weltwirtschaftskrise verschärfte die sozialen Spannungen. Aber es gab auch gute Jahre und große Leistungen der Weimarer Republik.
1933 kam es zum Zusammenbruch dieser Demokratie. In kurzer Zeit wurde das Deutsche Reich zu einer totalen Diktatur, in der nur noch galt, was der "Führer" befohlen hatte. Die Grundrechte wurden außer Kraft gesetzt, eine freie Wahl zwischen mehreren Parteien gab es für die Bürger nicht mehr.
Gegner der Regierung wurden oft in Lagern mißhandelt. Im Namen des Staates wurden grausame Verbrechen begangen. Schließlich führte Hitler das deutsche Volk in einen Krieg gegen fast alle Nachbarstaaten, der 1945 mit der völligen Niederlage endete. Daß das Deutsche Reich aufgeteilt wurde und viele Menschen ihre Heimat verlassen mußten, ist eine Folge dieses Krieges.

Lange Zeit versuchten Geschichtsforscher die Frage zu klären, wie es dazu kommen konnte. Es gibt keinen **einzelnen** Grund, der diese Entwicklung einfach erklären könnte. Der **Ausgangspunkt war sicher der Aufstieg der NSDAP zur Massenbewegung.** Und dabei spielen die verschiedensten Gründe eine Rolle, die - alle zusammen - diese verhängnisvolle Entwicklung ermöglichten.
Hitler und mit ihm die gesamte NSDAP **mobilisierten die Massen**, indem sie eine Änderung der bestehenden Lage und Arbeit für das ganze Volk versprachen. Hitler gewann u.a. viele Anhänger, indem er den Versailler Vertrag offen ablehnte. Seine großen rhetorischen Fähigkeiten kamen ihm zu Hilfe, wenn er davon sprach, die Demokratie abzuschaffen und den Massen den verlorenen Nationalstolz wieder vermittelte.

Die NSDAP wird unterstützt

Aus eigener Kraft wären die Nationalsozialisten jedoch nicht so schnell bekannt geworden. Im Herbst 1929 erhielten sie **Unterstützung durch Alfred Hugenberg**, den Parteichef der Deutschnationalen. Dieser besaß eine Reihe bedeutender Zeitungen und ein eigenes Nachrichtenbüro. Bei einem Volksbegehren gegen die Regierung sollte Hitler der "Trommler" sein, der die Massen mobilisierte. Zwar scheiterte das Volksbegehren, aber Hitler und seine Partei wurden zu einer bekannten politischen Größe.
Einige Industrielle, die Hitler lange als "Spinner" nicht beachtet hatten, unterstützten jetzt die Partei mit Spenden.

Als Hugenberg im Oktober 1931 eine Einheitsfront der Rechten gegen die Republik organisierte, war Hitler wieder beteiligt. Er galt damit vielen Bürgern als gesellschaftsfähig.
Es ist oft behauptet worden, Hitler sei als Agent des großen Kapitals an die Macht gekommen und hätte der Industrie treu gedient. So einfach läßt sich das sicher nicht sagen, denn Hitler verfolgte, unbeirrt von Wirtschaftsinteressen, seine eigenen politischen Ziele. Aber die Wahlkämpfe 1930 - 1933 wären nicht so modern und großzügig ausgefallen, wenn nicht **Großindustrielle** wie Kirdorf, Thyssen, Flick und Vögler die Parteikassen gefüllt hätten. Sie hofften, mit Hitler in der Regierung besser über die Schwierigkeiten der Wirtschaftskrise hinwegzukommen.

DER SINN DES HITLERGRUSSES

John Heartfield deutet in seiner Propagandamontage die Hitleraussage "Millionen stehen hinter mir" neu. Er nennt sein Bild "Der Sinn des Hitlergrußes".

In der Zeit der großen Weltwirtschaftskrise bestanden für Studenten schlechte Berufsaussichten. Die Wut über die Unfähigkeit des Staates, der Arbeitslosigkeit Herr zu werden, wuchs an den Universitäten von Monat zu Monat. Kein Wunder, daß die deutschen Universitäten, vom Rektor bis zum Erstsemester, nach dem 30. Januar 1933 mit fliegenden Fahnen an die Seite Hitlers eilten. Das Bild aus dem Jahr 1932 zeigt eine Gruppe von Studenten, die sich in Berlin ein paar Groschen als Straßenmusikanten verdienen.

Die 25 Punkte des Programms der NSDAP

Das Programm der Deutschen Arbeiterpartei ist ein Zeit-Programm. Die Führer lehnen es ab, nach Erreichung der im Programm aufgestellten Ziele neue aufzustellen, nur zu dem Zwecke, um durch künstlich gesteigerte Unzufriedenheit der Massen das Fortbestehen der Partei zu ermöglichen.

1. Wir fordern den Zusammenschluß aller Deutschen auf Grund des Selbstbestimmungsrechtes der Völker zu einem Groß-Deutschland.

2. Wir fordern die Gleichberechtigung des deutschen Volkes gegenüber den anderen Nationen, Aufhebung der Friedensverträge von Versailles und St. Germain.

3. Wir fordern Land und Boden (Kolonien) zur Ernährung unseres Volkes und Ansiedlung unseres Bevölkerungsüberschusses.

4. Staatsbürger kann nur sein, wer Volksgenosse ist. Volksgenosse kann nur sein, wer deutschen Blutes ist, ohne Rücksichtnahme auf Konfession. Kein Jude kann daher Volksgenosse sein.

5. Wer nicht Staatsbürger ist, soll nur als Gast in Deutschland leben können und muß unter Fremdengesetzgebung stehen.

6. Das Recht, über Führung und Gesetze des Staates zu bestimmen, darf nur dem Staatsbürger zustehen. Daher fordern wir, daß jedes öffentliche Amt, gleichgültig welcher Art, gleich ob im Reich, Land oder Gemeinde, nur durch Staatsbürger bekleidet werden darf. Wir bekämpfen die korrumpierende Parlamentswirtschaft einer Stellenbesetzung nur nach Parteigesichtspunkten ohne Rücksicht auf Charakter und Fähigkeiten.

7. Wir fordern, daß sich der Staat verpflichtet, in erster Linie für die Erwerbs- und Lebensmöglichkeit der Staatsbürger zu sorgen. Wenn es nicht möglich ist, die Gesamtbevölkerung des Staates zu ernähren, so sind die Angehörigen fremder Nationen (Nicht-Staatsbürger) aus dem Reiche auszuweisen.

8. Jede weitere Einwanderung Nicht-Deutscher ist zu verhindern. Wir fordern, daß alle Nicht-Deutschen, die seit dem 2. August 1914 in Deutschland eingewandert sind, sofort zum Verlassen des Reiches gezwungen werden.

9. Alle Staatsbürger müssen gleiche Rechte und Pflichten besitzen.

10. Erste Pflicht jedes Staatsbürgers muß sein, geistig oder körperlich zu schaffen. Die Tätigkeit des Einzelnen darf nicht gegen die Interessen der Allgemeinheit verstoßen, sondern muß im Rahmen des Gesamten und zum Nutzen aller erfolgen. Daher fordern wir:

11. Abschaffung des arbeits- und mühelosen Einkommens, Brechung der Zinsknechtschaft.

12. Im Hinblick auf die ungeheueren Opfer an Gut und Blut, die jeder Krieg vom Volke fordert, muß die persönliche Bereicherung durch den Krieg als Verbrechen am Volke bezeichnet werden. Wir fordern daher restlose Einziehung aller Kriegsgewinne.

13. Wir fordern die Verstaatlichung aller (bisher) bereits vergesellschafteten (Trusts) Betriebe.

14. Wir fordern Gewinnbeteiligung an Großbetrieben.

15. Wir fordern einen großzügigen Ausbau der Altersversorgung.

16. Wir fordern die Schaffung eines gesunden Mittelstandes und seine Erhaltung, sofortige Kommunalisierung der Groß-Warenhäuser und ihre Vermietung zu billigen Preisen an kleine Gewerbetreibende, schärfste Berücksichtigung aller kleinen Gewerbetreibenden bei Lieferung an den Staat, die Länder oder Gemeinden.

17. Wir fordern eine unseren nationalen Bedürfnissen angepaßte Bodenreform, Schaffung eines Gesetzes zur unentgeltlichen Enteignung von Boden für gemeinnützige Zwecke, Abschaffung des Bodenzinses und Verhinderung jeder Bodenspekulation.

18. Wir fordern den rücksichtslosen Kampf gegen diejenigen, die durch ihre Tätigkeit das Gemeininteresse schädigen. Gemeine Volksverbrecher, Wucherer, Schieber usw. sind mit dem Tode zu bestrafen, ohne Rücksichtnahme auf Konfession und Rasse.

19. Wir fordern Ersatz für das der materialistischen Weltordnung dienende römische Recht durch ein deutsches Gemeinrecht.

20. Um jedem fähigen und fleißigen Deutschen das Erreichen höherer Bildung und damit das Einrücken in führende Stellung zu ermöglichen, hat der Staat für einen gründlichen Ausbau unseres gesamten Volks-

bildungswesens Sorge zu tragen. Die Lehrpläne aller Bildungsanstalten sind den Erfordernissen des praktischen Lebens anzupassen. Das Erfassen des Staatsgedankens muß bereits mit dem Beginn des Verständnisses durch die Schule (Staatsbürgerkunde) erzielt werden. Wir fordern die Ausbildung besonders veranlagter Kinder armer Eltern ohne Rücksicht auf deren Stand oder Beruf auf Staatskosten.

21. Der Staat hat für die Hebung der Volksgesundheit zu sorgen durch den Schutz der Mutter und des Kindes, durch Verbot der Jugendarbeit, durch Herbeiführung der körperlichen Ertüchtigung mittels gesetzlicher Festlegung einer Turn- und Sportpflicht, durch größte Unterstützung aller sich mit körperlicher Jugendausbildung beschäftigenden Vereine.

22. Wir fordern die Abschaffung der Söldnertruppe und die Bildung eines Volksheeres.

23. Wir fordern den gesetzlichen Kampf gegen die bewußte politische Lüge und ihre Verbreitung durch die Presse. Um die Schaffung einer deutschen Presse zu ermöglichen, fordern wir, daß:
a) sämtliche Schriftleiter und Mitarbeiter von Zeitungen, die in deutscher Sprache erscheinen, Volksgenossen sein müssen,
b) nichtdeutsche Zeitungen zu ihrem Erscheinen der ausdrücklichen Genehmigung des Staates bedürfen. Sie dürfen nicht in deutscher Sprache gedruckt werden.
c) jede finanzielle Beteiligung an deutschen Zeitungen oder deren Beeinflussung durch Nicht-Deutsche gesetzlich verboten wird und fordern als Strafe für Übertretungen die Schließung eines solchen Zeitungsbetriebes, sowie die sofortige Ausweisung der daran beteiligten Nicht-Deutschen aus dem Reich. Zeitungen, die gegen das Gemeinwohl verstoßen, sind zu verbieten. Wir fordern den gesetzlichen Kampf gegen ein Kunst- und Literaturrichtung, die einen zersetzenden Einfluß auf unser Volksleben ausübt und die Schließung von Veranstaltungen, die gegen vorstehende Forderungen verstößt.

24. Wir fordern die Freiheit aller religiösen Bekenntnisse im Staat, soweit sie nicht dessen Bestand gefährden oder gegen das Sittlichkeits- und Moralgefühl der germanischen Rasse verstoßen. Die Partei als solche vertritt den Standpunkt eines positiven Christentums, ohne sich konfessionell an ein bestimmtes Bekenntnis zu binden. Sie bekämpft den jüdisch-materialistischen Geist in und außer uns und ist überzeugt, daß eine dauernde Genesung unseres Volkes nur erfolgen kann von innen heraus auf der Grundlage:
Gemeinnutz geht vor Eigennutz.

25. Zur Durchführung alles dessen fordern wir: Die Schaffung einer starken Zentralgewalt des Reiches. Unbedingte Autorität des politischen Zentralparlaments über das gesamte Reich und seine Organisationen im allgemeinen.
Die Bildung von Stände- und Berufskammern zur Durchführung der vom Reich erlassenen Rahmengesetze in den einzelnen Bundesstaaten.
Die Führer der Partei versprechen, wenn nötig unter Einsatz des eigenen Lebens für die Durchführung der vorstehenden Punkte rücksichtslos einzutreten.

München, den 24. Februar 1920.

Massenarbeitslosigkeit und Zulauf zur NSDAP standen in engem Zusammenhang:

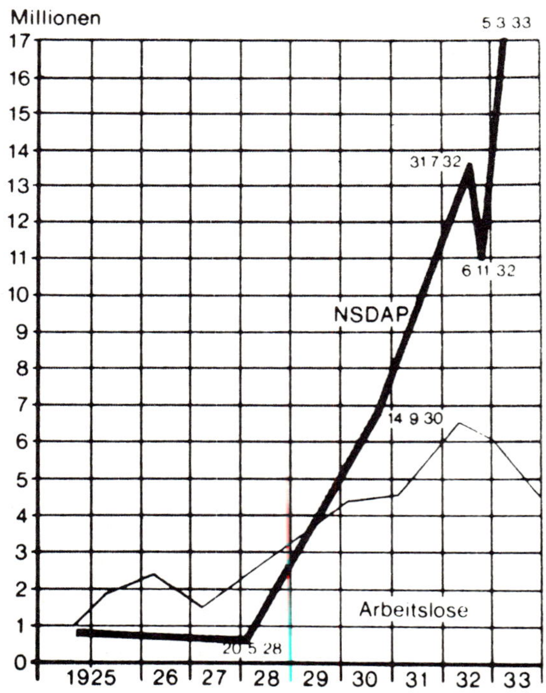

GESCHICHTE	NAME: ____________	KLASSE: ____	DATUM: ________	NR.: ___

Der Aufstieg der NSDAP zur Massenbewegung

So sah der Karikaturist A. P. Weber 1932 den weiteren Weg des deutschen Volkes.

GESCHICHTE NAME: ____________ KLASSE: ____ DATUM: ________ NR.: ___

Der Aufstieg der NSDAP zur Massenbewegung

Hitler gewinnt Anhänger durch seine Ablehnung des Versailler Vertrags.

Hitler verspricht eine Änderung der bestehenden Lage.

Hitler gibt den Massen den verlorenen Nationalstolz zurück.

Die NSDAP wird von Industriellen unterstützt.

Hitler verkündet, daß er die Demokratie abschaffen will.

Hitler verspricht Arbeit für das ganze Volk.

So sah der Karikaturist A. P. Weber 1932 den weiteren Weg des deutschen Volkes.

THEMA

30. Januar 1933: Machtergreifung durch Adolf Hitler

LERNZIELE

Schildern können, warum es zur Machtergreifung Adolf Hitlers kam.
Erläutern können, was unter Hitler als "eingerahmten" Reichskanzler zu verstehen ist.
Bewußtmachen, daß viele Hitlers Machtstreben unterschätzt hatten.
Reaktionen auf die Machtergreifung Hitlers kennenlernen und werten.
Überlegen, wie Hitler seine Macht in Zukunft sichern und ausbauen wird.

ARBEITSMITTEL / MEDIEN / LITERATURHINWEISE

Folie 1 (Machtergreifung: 30. Januar 1933), 2 Informationsblätter, 1 Arbeitsblatt

Zusatz: 32 00671 "Die Weimarer Republik 1930 - 1933" (15 min)

TAFELBILD / FOLIEN

Am 30. Januar 1933 ernennt Reichspräsident Hindenburg den Führer der NSDAP, Adolf Hitler, zum Reichskanzler des Deutschen Reiches. Seine Anhänger feiern dieses Ereignis mit einem großen Fackelzug durch Berlin.

Folie 1

I. <u>Hinführung:</u>

Folie 1 (30. Jan. 1933)

Zielangabe	TA: ***30. Januar 1933: Machtergreifung durch Adolf Hitler***

II. <u>Erarbeitung:</u>

Informationsblätter 1 und 2/
AA/EA/PA

1. Wie kam es zum 30. Januar 1933?
2. Hitler als "eingerahmter" Reichskanzler - wie ist das zu verstehen?

Auswertung	zu 1.: Regierung Müller - Regierung Brüning - Regierung von Papen - Regierung von Schleicher - keine konnte ohne Notverordnungen regieren. Die Reichstagswahlen im Jahr 1932 machten die NSDAP zur stärksten Partei. Deshalb ernannte Hindenburg Hitler zum Reichskanzler einer Koalitionsregierung mit der DNVP.
	zu 2.: In der neu gebildeten Regierung saßen nur drei Nationalsozialisten die von acht anderen Ministern "eingerahmt" werden sollten, um einen Machtmißbrauch Hitlers zu verhindern.

III. <u>Vertiefung:</u>

Informationsblatt 2 (Stimmen zur Machtergreifung)

IV. <u>Ausweitung:</u>

AB/Impuls	L: Erhalt der Macht in der Demokratie würde bedeuten ...
Eintrag AB	SS: ...
Impuls	L: Hitler will die Demokratie abschaffen. Wie wird er vorgehen?
Hausaufgabe	SS: ...

Der Weg zum 30. Januar 1933

Reichspräsident von Hindenburg, der Kaiser Wilhelm bis 1918 treu gedient hatte, blieben Parteien und Parlament fremd. So fiel es seinen Beratern nicht schwer, ihn zu überzeugen, daß das Reich eine starke Regierung über allen Parteien brauche. Als im März 1930 die Regierung **Müller** (SPD) auseinanderbrach, beauftragte von Hindenburg den Zentrumspolitiker Heinrich Brüning mit der Regierungsbildung.
Bereits im September 1930 war eine Reichtstagswahl nötig, weil eine Mehrheit Brünings Sparprogramm ablehnte. Bei dieser Wahl errangen die Kommunisten 77 Mandate (vorher 54) und die NSDAP 107 (vorher 12)! Aus Angst vor einer weiteren Zunahme der Radikalen ließ der Reichstag die zweite Regierung Brüning fast zwei Jahre lang mit Notverordnungen regieren.
1932 entzog der Reichspräsident dem Kanzler das Vertrauen und ernannte **Franz von Papen,** sechs Monate später **General von Schleicher**, zum Reichskanzler. Eine Mehrheit im Parlament hatten beide nicht. Die Weimarer Verfassung galt zwar noch, aber die demokratische Regierungsweise war praktisch beseitigt. Die Reichtstagswahlen im Juli und im November 1932 brachten Hitlers Partei 230 bzw. 196 Abgeordnete. Das war zwar nur etwa ein Drittel der Sitze, aber keine Fraktion war größer.

30. Januar 1933: Adolf Hitler - ein "eingerahmter" Reichskanzler?

Reichspräsident von Hindenburg, der 85jährige ehemalige Feldmarschall, mochte Hitler, den 43jährigen ehemaligen "böhmischen Gefreiten" nicht. Nachdem jedoch die NSDAP mit Hugenbergs Deutschnationaler Volkspartei eine Koalition eingegangen war, blieb von Hindenburg kaum eine andere Wahl und er berief am 30. Januar 1933 Hitler als den Führer der stärksten Partei im Deutschen Reichtstag zum Reichskanzler. Die NSDAP hatte 33% der Abgeordneten im Reichstag, die DNVP 8%. Das war eine breitere Basis, als sie vorherige Präsidialkabinette hatten.

Die erste Aufnahme des Kabinetts Hitler. Von links nach rechts, sitzend: Hermann Göring, NSDAP (Minister ohne Geschäftsbereich), Reichskanzler Adolf Hitler und Vizekanzler Franz von Papen (parteilos). Hinter Hitler stehend: Wilhelm Frick, NSDAP (Innenminister); ganz rechts Alfred Hugenberg, DNVP (Wirtschaftsminister). Von den Kabinettsmitgliedern gehören 3 der NSDAP, 3 der DNVP an, 5 sind parteilos.

Viele Zeitgenossen hielten diese Regierung keineswegs für eine Revolution. Sie wurde von nur drei Nationalsozialisten (Hitler, Göring, Frick) gebildet, acht andere Minister sollten Hitler "einrahmen", d.h. ihn lenken. Der Vizekanzler von Papen sollte den unerfahrenen Hitler jeweils zum Reichspräsidenten begleiten. Der starke Mann des Kabinetts würde Hugenberg sein, - dachten viele.
Von Papen, der Vizekanzler wurde, prahlte: "In zwei Monaten haben wir Hitler in die Ecke gedrückt, daß er quietscht." Hitler aber sagte beim Betreten der Reichskanzlei: "Keine Macht der Welt wird mich jemals lebend hier wieder herausbringen."
Viele hatten Hitlers Machtstreben unterschätzt.

Stimmen zur Machtergreifung:

Mit einem großen Fackelzug durch Berlin feierte die NSDAP den "Tag der Machtergreifung". **Joseph Goebbels, Propagandaleiter der NSDAP**, schrieb in sein Tagebuch:

"Endlos, endlos, von 7 Uhr abends bis 1 Uhr nachts marschieren unten an der Reichskanzlei die Menschen vorbei. SA-Männer, SS-Männer, Hitlerjugend, Zivilisten, Männer, Frauen, Väter, die ihre Kinder auf dem Arm tragen und zum Fenster des Führers emporheben. Es herrscht ein unbeschreiblicher Jubel. Hunderttausende und Hunderttausende ziehen im ewigen Gleichschritt an den Fenstern vorbei. Das ist der Aufbruch der Nation! Deutschland ist erwacht!"

An anderer Stelle schreibt er:

"Die große Entscheidung ist gefallen. Deutschland steht vor seiner historischen Wende... Wir gehen gleich wieder an die Arbeit. Der Reichstag wird aufgelöst... Nun liegt die Etappe des Kampfes um die Macht hinter uns; nun müssen wir weiterarbeiten, um die Macht zu behaupten..."

General a.D. von Ludendorff, der beim NS-Putsch im Jahre 1923 an der Seite Hitlers stand, an Reichspräsident von Hindenburg:

"Sie haben durch die Ernennung Hitlers zum Reichskanzler unser heiliges deutsches Vaterland einem der größten Demagogen aller Zeiten ausgeliefert. Ich prophezeie Ihnen feierlich, daß dieser unselige Mann unser Reich in unfaßbares Elend bringen wird. Kommende Geschlechter werden Sie wegen dieser Handlung in Ihrem Grabe verfluchen."

New York Times vom 31. Januar 1933:

"'Es wäre sinnlos, wollte man versuchen, das tiefe Unbehagen zu verbergen, das die Nachricht aus Berlin bei allen Freunden Deutschlands hervorrufen muß. An die Spitze der deutschen Republik ist ein Mann gestellt worden, der sie öffentlich verhöhnt und geschworen hat, sie zu vernichten, sobald er die persönliche Diktatur errichtet hätte, die sich zum Ziel gesetzt zu haben er sich gerühmt hat."

30. Januar 1933: Machtergreifung durch Adolf Hitler

Mit einem großen Fackelzug durch Berlin feierte die NSDAP den "Tag der Machtergreifung". Joseph Goebbels, Propagandaleiter der NSDAP, schrieb in sein Tagebuch:

"Nun liegt die Etappe des Kampfes um die Macht hinter uns; nun müssen wir weiterarbeiten, um die Macht zu behaupten."

In einer Demokratie würde der Kampf um den Erhalt der Macht bedeuten:

____

____

____

____

Hitler ließ jedoch von Anfang an keinen Zweifel daran, daß er die Demokratie zerstören wollte, um die Macht zu erhalten und weiter auszubauen.
Welche Mittel wird Hitler anwenden?

____

____

____

____

30. Januar 1933: Machtergreifung durch Adolf Hitler

Mit einem großen Fackelzug durch Berlin feierte die NSDAP den "Tag der Machtergreifung". Joseph Goebbels, Propagandaleiter der NSDAP, schrieb in sein Tagebuch:

"Nun liegt die Etappe des Kampfes um die Macht hinter uns; nun müssen wir weiterarbeiten, um die Macht zu behaupten."

In einer Demokratie würde der Kampf um den Erhalt der Macht bedeuten:

Im Zeitraum bis zu den nächsten Wahlen im Wettstreit mit den anderen Parteien eine Politik zu betreiben, die von den Bürgern anerkannt wird, um dann wieder eine parlamentarische Mehrheit zu bekommen.

Hitler ließ jedoch von Anfang an keinen Zweifel daran, daß er die Demokratie zerstören wollte, um die Macht zu erhalten und weiter auszubauen.
Welche Mittel wird Hitler anwenden?

____

____

____

____

THEMA

Aufhebung der Grundrechte und Verfolgung politischer Gegner

LERNZIELE

Bewußtmachen, daß Hitler versuchte, durch Aufhebung der Grundrechte und Verfolgung politischer Gegner an die Macht zu kommen.
Einzelne Schritte aufzeigen können, wie Hitler vorging, um im Vorfeld der Wahl vom 5. März 1933 seine Ziele durchzusetzen.
Begreifen, daß alle diese Maßnahmen nur dem Ziel dienen sollten, die absolute Mehrheit zu erreichen.
Erkennen, daß Hitler die angestrebte absolute Mehrheit bei der Wahl verfehlte.

ARBEITSMITTEL / MEDIEN / LITERATURHINWEISE

Folie 1 (Simplicissimus), 2 Informationsblätter, 1 Arbeitsblatt

TAFELBILD / FOLIEN

Antreten zum letzten freien und gleichen Bürgerrecht!
(Karl Arnold)

Die neueste Reichstagswahl findet gleich nach Aschermittwoch statt, jedoch ist ein kleines Maskenzeichen sehr erwünscht.

Folie 1

I. Hinführung:	
Anknüpfung an die vorige Stunde/Impuls	L: Ihr habt verschiedene Meinungen geäußert, was Hitler tun wird, um die alleinige Macht zu erhalten.
Auswertung der Hausaufgabe/ Diskussion	
Zielangabe	TA: ***Aufhebung der Grundrechte und Verfolgung politischer Gegner***
II. Erarbeitung:	
Informationsblatt 1 und 2/ A/EA/PA/GA/Auswertung/LSG	TA: * Hitler fordert Auflösung des Reichstags und Neuwahlen. * Hindenburg löst den Reichstag auf. * Hitler tritt seriös auf und wirbt um Vertrauen für seine Politik. * Joseph Goebbels startet einen gigantischen Propagandafeldzug. * Terrorakte gegen Mitglieder der SPD und KPD. * Notverordnung zum "Schutz des deutschen Volkes": Einschränkung der Presse- und Versammlungsfreiheit. * Göring erläßt Schießbefehl. * Der Reichstagsbrand dient Hitler als Vorwand für die Notverordnung "zum Schutz von Volk und Staat".
III. Vertiefung:	
Impuls	L: Alle diese Maßnahmen sollten nur einem Ziel dienen. SS: Hitler wollte die absolute Mehrheit.
Informationsblatt 2/ (Die Wahl...)/ stilles Erlesen	SS: Hitler erreicht nur 43,9 % der Stimmen und verfehlt die absolute Mehrheit.
IV. Ausweitung:	
Folie 1 (Antreten zum ...)	SS: Markenzeichen: Hitlers Bart ... Die letzte freie Wahl ...
V. Sicherung:	
Eintrag AB	

Aufhebung der Grundrechte und Verfolgung politischer Gegner

Demokraten werden schrittweise entrechtet

Sofort nach seiner Ernennung zum Reichskanzler **forderte Hitler die Auflösung des Reichstags und Neuwahlen.** Er hoffte darauf, daß bei diesen Wahlen die NSDAP die absolute Mehrheit im Reichstag gewinnen könne. Am 1. Februar 1933 löste Hindenburg durch eine Notverordnung den Reichstag auf und setzte Neuwahlen für den 5. März 1933 fest.
Sofort machte sich Hitler daran, den Wahlkampf in einem neuen Stil zu gestalten. Er trat seriös auf und warb in flammenden Reden um Vertrauen ("Deutsches Volk, gib uns vier Jahre Zeit, dann richte und urteile über uns!"), um alle Mißstände beseitigen zu können.
Joseph Goebbels - später Reichsminister für Propaganda und Volksaufklärung - startete einen gigantischen Propagandafeldzug für Hitler und die NSDAP. Im Verborgenen gab es jedoch gleichzeitig Terrorakte, vor allem gegen Mitglieder der SPD und KPD.
Um seine politischen Gegner auszuschalten, nutzte Hitler seine Macht als Regierungschef. Er schränkte bereits am 4. Februar 1933 die Presse- und Versammlungsfreiheit drastisch ein, indem er sich auf eine **Notverordnung zum "Schutze des deutschen Volkes"** stützte. Besonders davon betroffen waren Zeitungen und Versammlungen der KPD und SPD.
Am 6. Februar 1933 wurde der Nationalsozialist **Göring** preußischer Innenminister und erhielt auf diese Weise den Befehl über die preußische Polizei. Durch den sog. "Schießerlaß" verpflichtete er die Polizei, auf "staatsfeindliche Personen" rücksichtslos zu schießen.

Der Reichstag in Flammen

Im Reichstagsbrandprozeß wird der Hauptangeklagte van der Lubbe dem Berliner Polizeipräsidenten gegenübergestellt.

Goebbels hatte durch Presse und Rundfunk ständig Gerüchte über einen bevorstehenden kommunistischen Umsturzversuch verbreiten lassen. Davor hatten viele Menschen Angst.
Als am 27. Februar 1933 das **Reichstagsgebäude in Berlin in Flammen** stand, erklärte Hitler das als den Beginn des kommunistischen Umsturzes, der mit allen Mitteln bekämpft werden müsse. Die Brandstiftung wurde den Kommunisten untergeschoben.

Als Reaktion darauf ließ Hitler kommunistische und sozialistische Führer verhaften und internieren, ihre Parteilokale wurden untersucht und die gesamte "rote Presse" verboten.

Goebbels schreibt am 27. und 28. Februar 1933 in sein Tagebuch:

> *"Sofort verbietet Göring die gesamte kommunistische und sozialdemokratische Presse. Die kommunistischen Funktionäre werden in der Nacht dingfest gemacht. Die SA wird alarmiert...*
> *Es folgen Verhaftungen über Verhaftungen. Nun wird die rote Pest mit Stumpf und Stiel ausgerottet. ... Es ist wieder eine Lust zu leben."*

Der Zeitpunkt war bewußt gewählt. Die Zeitungen von SPD und KPD wurden eine Woche vor der Wahl verboten. Damit nahm man ihnen die Möglichkeit, ihre Meinungen in die Öffentlichkeit zu tragen.
Der Reichstagsbrand diente Hitler als Vorwand für die **Notverordnung "zum Schutz von Volk und Staat" (Reichstagsbrandverordnung),** in der der Ausnahmezustand verkündet wurde. Sie wurde gleich am nächsten Morgen veröffentlicht:

> *Aufgrund des Artikels 48, Abs. 2 der Reichsverfassung wird zur Abwehr kommunistischer staatsgefährdender Gewaltakte folgendes verordnet:*
> *§ 1 Die Artikel 114, 115, 117, 118, 123, 124 und 153 der Verfassung des Deutschen Reiches werden bis auf weiteres außer Kraft gesetzt. Es sind daher Beschränkungen der persönlichen Freiheit, des Rechtes der freien Meinungsäußerung, Eingriffe in das Brief-, Post-, Telegraphen- und Fernsprechgeheimnis, Anordnungen von Haussuchungen und von Beschlagnahme sowie Beschränkungen des Eigentums auch außerhalb der sonst hierfür bestimmten gesetzlichen Grenzen zulässig."*

Damit war die Rechtsgrundlage für den direkten Polizeiterror gegen die Bevölkerung geschaffen worden.

Die Wahl vom 5. März 1933

Würde Hitler sein Wahlziel, die absolute Mehrheit, erreichen? Goebbels Propaganda-apparat lief auf Hochtouren, alle KPD-Führer und viele SPD- und Gewerkschaftsmitglieder waren in Gefängnisse eingeliefert worden, die Zeitungen der Linksparteien wurden eine Woche vor der Wahl verboten.
Die Wahlbeteiligung war hoch, über 88 Prozent der Bevölkerung gingen zur Wahl. Dennoch stimmten **nur 43,9 % der Wähler für die NSDAP.** Hitler hatte die absolute Mehrheit nicht erreicht.
Trotz aller Propaganda brachten die Reichtstagswahlen Hitler nicht das von ihm erhoffte Ziel. Von 647 Sitzen gewann die NSDAP nur 288. Hitler hätte nun eine Koalitions-regierung bilden und zur parlamentarischen Regierungsweise zurückkehren können. Doch eben dies wollte Hitler nicht.

Aufhebung der Grundrechte und Verfolgung politischer Gegner

SA-Männer besetzten am 2. Mai 1933 den Zeitschriftenverlag der Gewerkschaften in Berlin.

Sofort nach seiner Ernennung zum Reichskanzler forderte Hitler ____________________ ____________________. Sein Ziel war, bei diesen Wahlen ____________________. Am 1. Februar 1933 löste Hindenburg durch eine Notverordnung den Reichstag auf und setzte Neuwahlen für den 5. März 1933 fest. Hitler blieb damit ca. ____________ Zeit. Mit allen Mitteln versuchte er, die absolute Mehrheit bei dieser Wahl zu erhalten. Dabei war ihm jedes Mittel recht:

____

____

____

____

____

Die Wahl vom 5. März 1933 war für Hitler jedoch eine Enttäuschung; nur ________% der Wähler stimmten für die NSDAP.

GESCHICHTE	NAME: ______	KLASSE: ____	DATUM: ______	NR.: ___

Aufhebung der Grundrechte und Verfolgung politischer Gegner

SA-Männer besetzten am 2. Mai 1933 den Zeitschriftenverlag der Gewerkschaften in Berlin.

Sofort nach seiner Ernennung zum Reichskanzler forderte Hitler ***die Auflösung des Reichstags und Neuwahlen***. Sein Ziel war, bei diesen Wahlen ***die absolute Mehrheit zu erreichen***. Am 1. Februar 1933 löste Hindenburg durch eine Notverordnung den Reichstag auf und setzte Neuwahlen für den 5. März 1933 fest. Hitler blieb damit ca. ***ein Monat*** Zeit. Mit allen Mitteln versuchte er, die absolute Mehrheit bei dieser Wahl zu erhalten. Dabei war ihm jedes Mittel recht:

* ***Er trat seriös auf und warb um Vertrauen für seine Politik.***
* ***Gleichzeitig gab es verborgene Terrorakte gegen die SPD und KPD.***
* ***Der Reichstagsbrand diente Hitler als Vorwand für die Notverordnung "zum Schutz von Volk und Staat".***
* ***Zeitungen der SPD und KPD wurden verboten.***

Die Wahl vom 5. März 1933 war für Hitler jedoch eine Enttäuschung; nur ***43,9*** % der Wähler stimmten für die NSDAP.

Hitler erreichte nicht die absolute Mehrheit.

THEMA

Das Ermächtigungsgesetz - Hitlers totale Herrschaft

LERNZIELE

Den Tag von Potsdam als Prestigeerfolg Hitlers einschätzen können.
Erkennen, was Hitler mit dem Ermächtigungsgesetz vom Reichstag verlangte.
Den Tag der Abstimmung nachempfinden können.
Otto Wels als mutigen Vertreter der Demokratie kennenlernen.
Erkennen, daß der Reichstag dem Ermächtigungsgesetz zustimmte.
Bewußtmachen, daß damit Hitler die absolute Macht bekam.

ARBEITSMITTEL / MEDIEN / LITERATURHINWEISE

Folie 1 (Hindenburg und Hitler), 2 Informationsblätter, 1 Arbeitsblatt

Zusatz: 32 00558 "Hitler an der Macht" (12 min)

TAFELBILD / FOLIEN

Der Tag von Potsdam wurde zu einem ausgesprochenen Prestigeerfolg für die neue NS-Regierung und Adolf Hitler. Das Foto zeigt die Begrüßung des eintreffenden Reichspräsidenten Paul von Hindenburg durch Adolf Hitler - die einzig bekannte Aufnahme, auf der Hitler vor einem Gegenüber den Kopf senkt und eine Verbeugung macht.

Folie 1

I. Hinführung:

Folie 1 (Hindenburg und Hitler)

Zielangabe

TA: ***Das Ermächtigungsgesetz - was will Hitler damit erreichen?***

II. Erarbeitung:

1. TZ: Der Tag von Potsdam

Informationsblatt 1/ gemeinsames Erlesen

SS: Der Reichstag tritt erstmals am 21. März 1933 zusammen. Hitler erringt eine Prestigeerfolg.

2. TZ: Das Ermächtigungsgesetz

Informationsblatt 1/ stilles Erlesen/Aussprache/LSG

TA: Für die Dauer von vier Jahren sollte der Reichstag auf seine Gesetzgebungsbefugnis verzichten und dieses Recht der Regierung übertragen.

3. TZ: Der Tag der Abstimmung

Informationsblatt 2/ gemeinsames Erlesen/Aussprache

TA: Das Ermächtigungsgesetz wird mit 444 zu 94 Stimmen angenommen. Nur die SPD stimmt dagegen, alle anderen Parteien stimmten zu.

III. Vertiefung:

Impuls

L: Mit diesem Gesetz ist Hitler am Ziel seiner Wünsche.

SS: Hitler bekommt die absolute Macht, das Parlament hat keinen Einfluß mehr auf seine Entscheidungen.

IV. Sicherung:

Eintrag AB

V. Ausweitung:

HA: Wie wird Hitler mit dieser ungeheueren Macht umgehen?

Hitler will und bekommt die absolute Herrschaft

Der Tag von Potsdam

Am 21. März 1933 wurde mit einem feierlichen Staatsakt in der Garnisonskirche zu Potsdam der neue Reichstag eröffnet.

In der fahnengeschmückten Kirche saß Hindenburg in der Uniform des kaiserlichen Generalfeldmarschalls dem Reichskanzler gegenüber. Dieser war im Frack erschienen - nicht im Braunhemd der NSDAP.
In seiner Eröffnungsrede gelobte Hitler, die preußischen Tugenden Gehorsam, Treue zum Vaterland und Disziplin zu bewahren.
Die Bevölkerung sah die Begegnung zwischen Hindenburg und Hitler als einen politischen Akt der Versöhnung zwischen konservativem Bürgertum und jungen Revolutionären in Deutschland. Hitler selbst und die NS-Propaganda taten alles, um diesen Eindruck zu festigen. Der "Tag von Potsdam" wurde zu einem ausgesprochenen Prestigeerfolg für die neue NS-Regierung und Adolf Hitler.

Das Ermächtigungsgesetz

Hitler wollte die absolute Macht - das bedeutete für ihn nicht nur eine Mehrheit der NSDAP im Reichstag. Hitler wollte den Reichstag selber ausschalten.
Zwei Tage nach der Eröffnungsfeier in Potsdam legte er dem Reichstag das sog. Ermächtigungsgesetz vor. Für die Dauer von vier Jahren sollte der Reichstag auf sein Recht, Gesetze zu beschließen, verzichten und dieses Recht der Regierung übertragen. Da dieses Gesetz eine Verfassungsänderung bedeutete, benötigte Hitler zu seiner Durchsetzung **eine Zweidrittelmehrheit im Reichstag.** Würde aber der Reichstag seiner eigenen Auflösung zustimmen?

Der Tag der Abstimmung

Berlin, 23. März 1933: Nach dem Reichstagsbrand ist die Krolloper provisorisch als Sitzungssaal des Reichstags hergerichtet worden. Überall vor der Oper, in den Gängen und im Sitzungssaal **wimmelt es von SA-Leuten** in ihren Braunhemden, den Hakenkreuzbinden und den langen, schwarzen Stiefeln. Sie sind von Hitler als "Ordnungsdienst" eingesetzt. Die Abgeordneten aller Parteien müssen in den Sitzungssaal durch ein Spalier von SA-Männern, die in Sprechchören das Ermächtigungsgesetz fordern.
Im Sitzungssaal herrscht ein ähnliches Bild. Die 288 nationalsozialistischen Abgeordneten sind in Uniform erschienen und grüßen mit "Heil Hitler". Überall Hakenkreuzfahnen. Die Stimmung ist gespannt.
Von draußen hört man das Knallen der Stiefel, das Strammstehen vieler NSDAP- Männer. Hitler kommt. Auf dem Weg zum Rednerpult wird er von den Abgeordneten seiner Partei gefeiert. "Heil Hitler" dröhnt es lautstark durch die Krolloper. Dann Stille - Hitler beginnt seine **Regierungserklärung zum Ermächtigungsgesetz.**
Beschwörend versichert er den Abgeordneten: "Die Regierung ... beabsichtigt ..., von diesem Gesetz nur insoweit Gebrauch zu machen, als es zur Durchführung der lebensnotwendigen Maßnahmen erforderlich ist. Weder die Existenz des Reichstags noch des Reichsrats soll dadurch bedroht sein. ... Der Bestand der Länder wird nicht beseitigt, die Rechte der Kirchen werden nicht geschmälert ..."
Zum Schluß jedoch deutlich drohende Töne: "Die Regierung ... ist aber ... bereit, die Bekundung der Ablehnung und damit die Ansage des Widerstands entgegenzunehmen. Mögen Sie, meine Herren, nunmehr selbst die Entscheidung treffen über Frieden oder Krieg!"

Der SPD-Abgeordnete **Otto Wels** warnt vor der Annahme des Ermächtigungsgesetzes:

Nach den Verfolgungen, die die Sozialdemokratische Partei in der letzten Zeit erfahren hat, wird billigerweise niemand von ihr verlangen oder erwarten können, daß sie für das hier eingebrachte Ermächtigungsgesetz stimmt. Die Wahlen vom 5. März haben den Regierungsparteien die Mehrheit gebracht und damit die Möglichkeit gegeben, nach dem Sinn der Verfassung zu regieren. Wo diese Möglichkeit besteht, besteht auch die Pflicht. Kritik ist heilsam und notwendig. Noch niemals, seit es den Deutschen Reichstag gibt, ist die Kontrolle der öffentlichen Angelegenheiten durch die gewählten Vertreter des Volkes in solchem Maße ausgeschaltet worden, wie es jetzt geschieht, und wie es durch das neue Ermächtigungsgesetz noch mehr geschehen soll. Eine solche Allmacht der Regierung muß sich umso schwerer auswirken, als auch die Presse jeder Bewegungsfreiheit entbehrt....
Wir deutschen Sozialdemokraten bekennen uns in dieser geschichtlichen Stunde feierlich zu den Grundsätzen der Menschlichkeit und der Gerechtigkeit, der Freiheit und des Sozialismus."

Die mutige Rede von **Otto Wels** war die **letzte freie Rede im deutschen Reichstag.** Geholfen hat sie jedoch nichts. Als es zur Abstimmung kam, stimmten nur die 94 Abgeordneten der SPD gegen das Ermächtigungsgesetz. Alle anderen Parteien stimmten dem Gesetz zu, teils, weil sie Hitlers Versprechungen glaubten, teils aber auch aus Angst. **Das Ermächtigungsgesetz wurde mit 444 Stimmen bei 94 Gegenstimmen angenommen.**

GESCHICHTE	NAME: ____________	KLASSE: ____	DATUM: ________	NR.: ___

Das Ermächtigungsgesetz - Hitlers totale Herrschaft

Am 21. März 1933 wurde der neue Reichstag eröffnet. Hitler warb in seiner Regierungserklärung um Vertrauen in seine Politik.
Bereits zwei Tage nach dieser Eröffnungsfeier legte er dem Reichstag das sog. Ermächtigungsgesetz vor:

____

____

____

Da dieses Gesetz eine Verfassungsänderung bedeutete, brauchte er ____________________

____.

Hitler setzte die Abgeordneten der anderen Parteien unter Druck. Mutig warnte der SPD-Abgeordnete ____________________ vor der Annahme des Ermächtigungsgesetzes - erfolglos.

Als es zur Abstimmung kam, stimmten nur die 94 Abgeordneten der __________ gegen das Ermächtigungsgesetz. Es wurde mit einer Mehrheit von ________ Ja- zu ________ Nein-Stimmen angenommen.

Das Ermächtigungsgesetz - Hitlers totale Herrschaft

Am 21. März 1933 wurde der neue Reichstag eröffnet. Hitler warb in seiner Regierungserklärung um Vertrauen in seine Politik.
Bereits zwei Tage nach dieser Eröffnungsfeier legte er dem Reichstag das sog. Ermächtigungsgesetz vor:

Für die Dauer von vier Jahren sollte der Reichstag auf sein Recht, Gesetze zu beschließen, verzichten und dieses Recht der Regierung übertragen.

Da dieses Gesetz eine Verfassungsänderung bedeutete, brauchte er ***eine Zweidrittelmehrheit im Reichstag.***

Hitler setzte die Abgeordneten der anderen Parteien unter Druck. Mutig warnte der SPD-Abgeordnete ***Otto Wels*** vor der Annahme des Ermächtigungsgesetzes - erfolglos.

Als es zur Abstimmung kam, stimmten nur die 94 Abgeordneten der ***SPD*** gegen das Ermächtigungsgesetz. Es wurde mit einer Mehrheit von ***444*** Ja- zu ***94*** Nein-Stimmen angenommen.

Hitler erhielt damit die absolute Macht.

THEMA

Gleichschaltung des öffentlichen Lebens

LERNZIELE

Den Begriff "Gleichschaltung" erklären können.
Beispiele für diesen Vorgang nennen können.
Bewußtmachen, daß Hitler mit SA-Stabschef Röhm einen früheren engen Vertrauten ermorden ließ.
Begreifen, daß Hitler das Ermächtigungsgesetz nutzte, um den totalitären Staat zu schaffen.

ARBEITSMITTEL / MEDIEN / LITERATURHINWEISE

Folie 1 (Vereidigung der Reichswehr), 4 Informationsblätter, 1 Arbeitsblatt

TAFELBILD / FOLIEN

Folie 1

I. Hinführung:

Anknüpfung an die vorige Stunde/ Impuls	L: Wir haben überlegt, wie Hitler das Ermächtigungsgesetz nutzen wird.
Zielangabe	TA: **Gleichschaltung des öffentlichen Lebens**

II. Erarbeitung:

1. TZ: Gleichschaltung des Staates

Informationsblätter 1 und 2/AA/EA/PA:

1. Was versteht man unter Gleichschaltung?
2. Wie sah diese Gleichschaltung des öffentlichen Lebens aus?

Auswertung/LSG	TA: Gleichschaltung = Ausschaltung aller demokratischen Einrichtungen. * Länderparlamente wurden aufgelöst. * Gewerkschaften wurden aufgelöst. * NSDAP = einzige Partei. * Private Verbände und Berufsverbände wurden durch NS-Verbände ersetzt. * Kontrolle über Rundfunk und Presse. * Volksgerichtshof.

2. TZ: "Röhm-Putsch"

gemeinsames Erlesen/LSG	SS: Hitler läßt den SA-Chef Röhm ermorden, weil er ihm in die Quere kommt.

III. Vertiefung:

3. TZ: Führer und Reichskanzler

gemeinsames Lesen/Folie 1/ Aussprache/LSG Besprechen der Karikatur (Info-Blatt 2)	SS: Hitler vereinigte nun alle Ämter in sich. Der totalitäre Staat war vollendet.

IV. Sicherung:

Eintrag AB

V. Ausweitung:

* Gleichschaltung in der Gemeinde?
* Exkurs: "Bücherverbrennung" (Info-Blatt 3) oder "Kirche unter Hitler" (Info-Blatt 4)

Die Gleichschaltung des Staates

Hitler benutzte die Vollmachten des Ermächtigungsgesetzes, um die wichtigen Stellungen im Staat mit seinen Leuten zu besetzen. **Unter dem Stichwort "Gleichschaltung" wurden alle demokratischen Einrichtungen und Kräfte, wie sie die Verfassung vorsah, ausgeschaltet.**

Die **deutschen Länder** wurden als erste von dieser diktatorischen Welle erfaßt. Hitler ließ "Reichskommissare" einsetzen, die die Durchführung der Befehle der Reichsregierung in den einzelnen Ländern überwachten. Die Länderparlamente wurden "gleichgeschaltet" und später aufgelöst. Aus einem Bundesstaat war so ein Einheitsstaat geworden.

Die **Gewerkschaften** wurden aufgelöst und ihr Vermögen beschlagnahmt. Funktionäre wurden verhaftet. An die Stelle der Gewerkschaften setzte Hitler die "Deutsche Arbeitsfront", in der Arbeitnehmer und Arbeitgeber gemeinsam organisiert und kontrolliert wurden.

Politische Parteien waren in Deutschland nicht mehr zugelassen. Soweit sie sich nicht unter dem Eindruck des Terrors selber auflösten, wurden sie verboten. Ein Gesetz erklärte die NSDAP zur einzigen Partei Deutschlands (Einparteienregime). Wer versuchte, eine neue Partei zu gründen, wurde mit Zuchthausstrafen bedroht.

Hitler legte besonderen Wert darauf, daß die Partei alle Funktionen übernahm, die bisher von **privaten Verbänden** ausgeübt wurden. An die Stelle der Wohlfahrtsverbände trat die "NS-Volkswohlfahrt", alle Bauern hatten dem "Reichsnährstand" beizutreten.

Richter und Anwälte bei einer Feier anläßlich des Anlegens des Hoheitszeichens an die Roben. — Ein bezeichnendes Dokument für die Unterwerfung der Justiz unter die Zielsetzungen der NS-Machthaber.

Alle bestehenden **Berufsverbände** wurden aufgelöst. Die Angehörigen der verschiedenen Berufsgruppen mußten Mitglieder in den Parteiorganisationen und in den NS-Bünden sein, wenn sie nicht erhebliche berufliche Benachteiligungen oder gar Arbeitsverbot hinnehmen wollten. So gab es z.B. den NS-Ärztebund, den NS-Lehrerbund, den NS-Bund Deutscher Techniker usw.
Die Lenkung und Überwachung von **Rundfunk und Presse** war von Goebbels schon lange organisiert. Ab September 1933 sollten die Künstler (Maler, Bildhauer, Schauspieler, Literaten, Musiker) nur noch Propaganda-Kunst zum Nutzen der Partei produzieren. Alle mußten der neu geschaffenen "Reichskulturkammer" beitreten. Wer sich weigerte, erhielt Berufsverbot oder wurde verhaftet.
Im April 1934 wurde der **"Volksgerichtshof"** gebildet. Dessen Aufgabe bestand darin, die Gegner der Nationalsozialisten auszuschalten. Wer hier als Kritiker oder Gegner der Nazis wegen Hoch- und Landesverrats angeklagt wurde, mußte unweigerlich mit einer Verurteilung rechnen, denn nur "zuverlässige" Richter (im Sinne des Nationalsozialismus`) saßen zu Gericht. Widerspruch gegen ein gefälltes Urteil einzulegen, war nicht möglich.

Säuberung in den eigenen Reihen

Hitler war nicht zuletzt mit Hilfe der SA an die Macht gelangt. Doch der ehrgeizige Stabschef der SA, Ernst Röhm, wollte die Verschmelzung der SA und der Reichswehr, um seine eigene Macht dadurch auszubauen. Hitler jedoch wollte die Reichswehr als Ganzes gewinnen. Er brauchte Offiziere und ausgebildete Berufssoldaten dringend als Kern einer neuen Wehrmacht, mit der er seine Kriegspläne verwirklichen konnte. Röhm war ihm dabei im Weg. Am 30. Juni 1934 wurden Röhm und seine engsten Mitarbeiter von der SS auf Hitlers Befehl hin in Bad Wiessee verhaftet, ohne Gerichtsverfahren wegen angeblicher Putschpläne verurteilt und hingerichtet.

Führer und Reichskanzler

Wohin? Englische Karikatur vom 29. 6. 1933

Am 2. August 1934 starb Reichspräsident von Hindenburg. Unmittelbar nach seinem Tod trat ein längst vorbereitetes Gesetz in Kraft, das im Widerspruch zum Ermächtigungsgesetz stand: Hitler vereinigte die Ämter Reichskanzler und Reichspräsident, war damit neues Staatsoberhaupt und führte von nun an den Titel "Führer und Reichskanzler". Gleichzeitig ließ er die Reichswehr auf seine Person vereidigen. Hitler besaß bereits die absolute Macht, doch vereinigte er nun auch noch alle Ämter in seiner Person: Staatsoberhaupt, Parteiführer, Oberster Gerichtsherr, Oberbefehlshaber der Wehrmacht, Reichskanzler. Der totalitäre Staat war vollendet.

Die Bücherverbrennung am 10. Mai 1933 in Berlin

Am 10. Mai 1933 ließ Goebbels vor der Berliner Staatsoper öffentlich Bücher von Schriftstellern, Philosophen und Dichtern verbrennen, die auf der "schwarzen Liste" standen. Damit wollten die Nationalsozialisten ein Zeichen für die "moralische Gesundung" des deutschen Volkes setzen. Humanistisches, demokratisches, pazifistisches oder liberales Gedankengut galt ihnen als ebenso verdammungswürdig wie jedes Wort eines jüdischen Gelehrten.
Bereits in den ersten Jahren der Hitler-Herrschaft wanderten Hunderte von Gelehrten und Künstlern aus Deutschland aus. Unter ihnen auch die Dichter Thomas Mann, Franz Werfel, Carl Zuckmayer und Bert Brecht. In Deutschland verbliebene Künstler erhielten Berufsverbot oder wurden in Konzentrationslager eingeliefert, wie z.B. der Nobelpreisträger Carl von Ossietzky.

Auszug aus der Rundfunkübertragung anläßlich der Bücherverbrennung am 10. Mai 1933:

Hier ist der Deutschlandsender, hier sind alle deutschen Sender mit Ausnahme der Süddeutschen Sendergruppe. Wir befinden uns auf dem Opernplatz Unter den Linden Berlins. Die deutsche Studentenschaft verbrennt zur Stunde auf einem riesigen Scheiterhaufen anläßlich der Aktion des Kampfausschusses wider den undeutschen Geist Schriften und Bücher der Unmoral und Zersetzung. Sie hören Feuersprüche der Studenten Berlins.
"Deutsche Studenten, wir haben unser Handeln gegen den undeutschen Geist gerichtet. Übergebt alles Undeutsche dem Feuer! Gegen Klassenkampf und Materialismus, für Volksgemeinschaft und idealistische Lebensauffassung. - Ich übergebe dem Feuer die Schriften von Karl Marx und Trotzki!"
"Gegen Dekadenz und moralischen Verfall, für Zucht und Sitte in Familie und Staat. - Ich übergebe dem Feuer die Schriften von Heinrich Mann, Ernst Gläser, Erich Kästner."...

Die Kirche unter Hitler

In Hitlers Regierungserklärung vom 23. März 1933 hieß es:

... Die nationale Kirche sieht in den beiden christlichen Konfessionen wichtigste Faktoren der Erhaltung unseres Volkstums.... Die nationale Regierung wird in Schule und Erziehung den christlichen Konfessionen den ihnen zukommenden Einfluß einräumen und sicherstellen. Ihre Sorge gilt dem aufrichtigen Zusammenleben zwischen Kirche und Staat ... Ebenso legt die Reichsregierung, die im Christentum die unerschütterlichen Fundamente des sittlichen und moralischen Lebens unseres Volkes sieht, den größten Wert darauf, die freundschaftlichen Beziehungen zum Heiligen Stuhl weiter zu pflegen und auszugestalten.

Die Bischöfe sahen in diesen Aussagen ein Angebot, das man ernst nehmen mußte. Sie glaubten an eine Chance für ein mögliches Miteinander von Kirche und NS-Staat und schienen mit ihrem Vertrauen auch recht zu behalten. Die Reichsregierung unterzeichnete am 20. Juli 1933 mit dem Vatikan einen Vertrag, das **Konkordat.** Viele glaubten, daß dieser Vertrag ein geregeltes Nebeneinander von katholischer Kirche und nationalsozialistischem Staat ermöglichen würde.

In privatem Rahmen stellte Hitler jedoch seine wirkliche Meinung dar:

Mit den Konfessionen, ob nun diese oder jene: das ist alles gleich. Das hat keine Zukunft mehr. Für die Deutschen jedenfalls nicht. Der Faschismus mag in Gottes Namen seinen Frieden mit der Kirche machen. Ich werde das auch tun. Warum nicht? Das wird mich nicht abhalten, mit Stumpf und Stiel, mit all seinen Wurzeln und Fasern das Christentum auszurotten ... Man ist entweder Christ oder Deutscher. Beides kann man nicht sein.

Das war Hitlers wahre Auffassung. Sie prägte immer deutlicher sein Handeln und das der Partei: Die Hitlerjugend wurde Staatsjugend mit Beitrittszwang, christliche Verbände und Jugendgruppen wurden unterdrückt und schikaniert. Die Bekenntnisschulen wurden bekämpft, der Religionsunterricht erschwert, klösterliche Schulen geschlossen, Priester und Ordensleute wurden verfolgt und angeklagt.

GESCHICHTE	NAME: ______________	KLASSE: ____	DATUM: ________	NR.: ___

Die Gleichschaltung des öffentlichen Lebens

Hitler benutzte die Vollmachten des Ermächtigungsgesetzes, um die wichtigen Stellungen im Staat mit seinen Leuten zu besetzen. Unter dem Stichwort "Gleichschaltung" wurden alle ____.

Einige Beispiele:
In den deutschen Bundesländern wurden sog. "______________________" eingesetzt. Die Länderparlamente wurden "gleichgeschaltet" und später aufgelöst.
Aus einem Bundesstaat wurde so ein ______________________________.

Als nächstes wurden die ______________________ aufgelöst und ihr Vermögen beschlagnahmt. An ihre Stelle setzte Hitler die "______________________ ______________________".

Politische Parteien waren nicht mehr zugelassen. Ein Gesetz erklärte die __________ zur einzigen Partei Deutschlands (Einparteienregime).

Die Arbeit der Dichter, Musiker und Maler wurde durch die "______________________ ______________" bestimmt.

Presse und Rundfunkanstalten wurden von NS-Parteileuten geleitet oder kontrolliert. So war es für Hitler leicht, durch einheitliche Auswahl der Meldungen nur das verbreiten zu lassen, ____.

↓

Hitler vereinigte nun alle Ämter in seiner Person:

____

____

____

____

____

Dieses Bild des "Führers" hing in unzähligen Ämtern, Büros, Schulräumen und Wohnzimmern.

GESCHICHTE	NAME: ______	KLASSE: ____	DATUM: ______	NR.: ___

Die Gleichschaltung des öffentlichen Lebens

Hitler benutzte die Vollmachten des Ermächtigungsgesetzes, um die wichtigen Stellungen im Staat mit seinen Leuten zu besetzen. Unter dem Stichwort "Gleichschaltung" wurden alle ***demokratischen Einrichtungen und Kräfte ausgeschaltet.***

Einige Beispiele:
In den deutschen Bundesländern wurden sog. ***"Reichskommissare"*** eingesetzt. Die Länderparlamente wurden "gleichgeschaltet" und später aufgelöst. Aus einem Bundesstaat wurde so ein ***Einheitsstaat.***

Als nächstes wurden die ***Gewerkschaften*** aufgelöst und ihr Vermögen beschlagnahmt. An ihre Stelle setzte Hitler die ***"Deutsche Arbeitsfront".***

Politische Parteien waren nicht mehr zugelassen. Ein Gesetz erklärte die ***NSDAP*** zur einzigen Partei Deutschlands (Einparteienregime).

Die Arbeit der Dichter, Musiker und Maler wurde durch die ***"Reichskultur-kammer"*** bestimmt.

Presse und Rundfunkanstalten wurden von NS-Parteileuten geleitet oder kontrolliert. So war es für Hitler leicht, durch einheitliche Auswahl der Meldungen nur das verbreiten zu lassen, ***was ihm und seiner Partei nützte.***

↓

Der totalitäre Staat war vollendet.

Hitler vereinigte nun alle Ämter in seiner Person:

Staatsoberhaupt (Reichspräsident)

Reichskanzler

Parteiführer

Oberster Gerichtsherr

Oberbefehlshaber der Wehrmacht

Dieses Bild des "Führers" hing in unzähligen Ämtern, Büros, Schulräumen und Wohnzimmern.

THEMA

Propaganda im Dritten Reich

LERNZIELE

In die Wirkung der Propaganda einfühlen können (deshalb: Schwerpunkt "Hören").
Hitlers Ansicht über eine wirkungsvolle Propaganda einsehen.
Den Propagandaminister Joseph Goebbels kennenlernen.
Legenden um Hitlers Erfolge versachlichen.
Demokratie und freie Presse als Absicherung gegen Volksverhetzung erkennen.

ARBEITSMITTEL / MEDIEN / LITERATURHINWEISE

Folie 1 (Beantwortung der Arbeitsaufgaben auf dem AB), Folie 2 (Reichspropagandaminister Joseph Goebbels), Folie 3 (Eine "Masse" heute), 2 Informationsblätter, 1 Arbeitsblatt

<u>Zusatz:</u> 22 00242 "Rede von Dr. Joseph Goebbels am 27. Juli 1932 in Berlin" (6 min)
32 02093 "Hitler spricht" (20 min)
Schallplatte: "Tondokumente unseres Jahrhunderts"

TAFELBILD / FOLIEN

1. Die Psyche der breiten Masse ist nicht empfänglich für alles Halbe und Schwache.
   Die Aufnahmefähigkeit ist nur sehr beschränkt, das Verständnis klein, dafür jedoch die Vergeßlichkeit groß.

2. Eine wirkungsvolle Propaganda soll sich auf nur sehr wenige Punkte beschränken und diese so lange wiederholen, bis es auch der Letzte versteht.

3. Der Einzelne in der Masse hat keine Bedeutung.

4. Hitler wird wie Gott verehrt.

Folien 1 und 2

I. <u>Hinführung:</u>

stummer Impuls/Folie 2	SS: Reichspropagandaminister unter Hitler, verantwortlich für alles, was zur Propaganda gehört.
Information zur Tonbandaufnahme	L: Hier ist ein Auszug aus einer Rede von ihm aus dem Jahr 1943 im Berliner Sportpalast, in der er die deutsche Bevölkerung zum "totalen Krieg" auffordert.
Abspielen der TB-Aufnahme	
Zielangabe	TA: **Propaganda im Dritten Reich**

II. <u>Erarbeitung:</u>

AB - Arbeitsaufgaben/EA/PA Auswertung/LSG	TA: *s. Folie 1*

III. <u>Vertiefung:</u>

Impuls	L: Hitler und Goebbels wenden sich nicht an die Vernunft der Menschen.
	SS: Sie arbeiten mit dem Gefühl der Menschen.

IV. <u>Sicherung:</u>

Eintrag (Folie 1)

V. <u>Ausweitung:</u>

* Rede Adolf Hitlers am 10. Febr. 1933 im Berliner Sportpalast (4 Jahre Zeit ...)

* Musik aus dieser Zeit /Impuls - Komm in meine Liebeslaube(1910) - Whispering (1920) - Badenweiler Marsch	L: Bestimmt findest du die Musik, die im Dritten Reich bevorzugt wurde, heraus.

* Legenden um Hitlers Erfolge (Informationsblätter 1 und 2)

* Heutige Situation/Impuls (Folie 3)	L: Die Gefahr einer Volksverhetzung besteht immer, auch heute.
	SS: Eine "Masse" ist immer anfällig für Verführer.

Legenden um Hitlers Erfolge

Ein Grund, sich mit der Wirtschafts- und Finanzpolitik Hitlers zu befassen, sind die zahlreichen Legenden, die sich um Hitlers Erfolge gebildet haben. Besonders in Zeiten wirtschaftlicher Schwächen wird auf Leistungen hingewiesen, die unter Hitler möglich gewesen seien, und an die man doch anknüpfen könne. Allzu schnell werden bei derartigen "Rechnungen" die Verbrechen verdrängt, deren das NS-Regime schuldig wurde.

Autobahnbau

Die zweite Legende, die über Deutschland hinaus verbreitet ist, lautet: Hitler ist der Schöpfer der Autobahnen. - In Wirklichkeit lag bereits 1927 ein Entwurf für ein deutsches Autobahnnetz vor und seit 1928 existierte eine Zeitschrift "Autobahn", in der für die Verwirklichung des gewaltigen Vorhabens geworben wurde. Hitler kam auch in dieser Frage in den Genuß der Leistungen anderer.
Die NS-Propaganda nannte die entstehenden Autobahnen "Straßen des Führers". Verschwiegen wurde, daß es in den USA längst autobahnähnliche Highways gab, die die großen Industriezentren verbanden; verschwiegen wurde vorerst auch noch, daß die Autobahnen von Anfang an in die Aufrüstungspläne Hitlers einbezogen wurden.
Ein Nebeneffekt der mit dem Autobahnbau eingeleiteten Baumaßnahmen bestand in der Senkung der Zahl der Arbeitslosen (1935 rund 115.000 Beschäftigte), eine andere Möglichkeit bot sich der NSDAP, die in Lagern wohnenden Arbeiter in ihrem Sinne weltanschaulich zu schulen.

Eröffnung der ersten Teilstrecke der Reichsautobahn München—Salzburg.

Beseitigung der Arbeitslosigkeit

Vielleicht die wichtigste Legende in diesem Zusammenhang lautet: Hitler hat die Arbeitslosigkeit beseitigt. - Tatsächlich ging die Arbeitslosigkeit in Deutschland, die beim Regierungsantritt Hitlers rund 6 Millionen betrug, bis Januar 1934 auf rund 4 Millionen, bis Januar 1935 auf 3 Millionen, bis Januar 1936 auf 2 Millionen und bis Herbst 1937 auf 0,5 Millionen zurück. Die Statistik ergibt scheinbar die volle Bestätigung jener Legende.
Die nähere Untersuchung ergibt, daß das Abflauen der Arbeitslosigkeit ab 1933 ein Vorgang war, der durch viele Faktoren beeinflußt wurde.
Als wichtigster Faktor ist die Überwindung der Weltwirtschaftskrise zu erwähnen. Die Arbeitslosenzahlen gingen in allen Industriestaaten zurück wie in Deutschland, in den USA sogar noch stärker. Propaganda und Berichterstattung rechneten diesen Erfolg allein Hitler an. Kein Wunder, daß Hitler von einem Großteil der Deutschen als Retter aus der Not der Arbeitslosigkeit angesehen wurde.
Dennoch gelang es der NSDAP nicht, ihren Namen als "Arbeiterpartei" zu rechtfertigen. 1935 waren in ihr von 100 Angehörigen der Berufsgruppe "Arbeiter" nur 5 als Mitglieder organisiert, bei den "Beamten und Lehrern" waren 21 von 100 Parteimitglieder. Ähnlich gering - 8 von 100 - war der Anteil der "Bauern".

"Kraft durch Freude"

Eine dritte "Legende" sei noch erwähnt: Hitler hat dem einfachen Arbeiter Weltreisen ermöglicht. - Zu reden ist hier von der Einrichtung "Kraft durch Freude" (KdF), die sich offenbar dem Gedächtnis der Deutschen besonders tief eingeprägt hat. Auch hier zeigt sich, daß es das NS-Regime sehr geschickt verstand, bestimmte Dinge zu übernehmen und als eigene Erfindung auszugeben. Bereits 1925 hatte der italienische Diktator Mussolini eine Einrichtung "Dopolavoro" (nach der Arbeit) geschaffen, um auch die Freizeit der Arbeiter unter den Einfluß des Faschismus zu bringen. Die von Robert Ley aufgebaute KdF verfolgte das gleiche Ziel.
In allen mittleren und größeren Betrieben wurden sog. Betriebsgemeinschaften der KdF eingerichtet, die sehr günstige Urlaube vermittelten, Unterhaltungen und Sportveranstaltungen organisierten, kurzum ein Freizeitangebot machten, durch das der Einfluß der "völkischen Weltanschauung" auch die letzten privaten Bereiche des Menschen erreichen sollte. In dem Buch "Soldaten der Arbeit" hat Robert Ley ganz offen ausgesprochen, welches Ziel er mit der "großartigen" Betreuung durch "KdF" verfolgte:

> *"In Deutschland gibt es keine Privatsache mehr! Wenn du schläfst, ist es deine Privatsache, sobald du aber wach bist und mit einem anderen Menschen in Berührung kommst, mußt du eingedenk sein, daß du ein Soldat Adolf Hitlers bist und nach einem Reglement zu leben hast und zu exerzieren ... Privatleute haben wir nicht mehr. Die Zeit, wo jeder tun und lassen konnte, was er wollte, ist vorbei."*

TSV 1860 MÜNCHEN
58
SECHZIG
1860
TSV 1860 MÜNCHEN
TSV 1860 MÜNCHEN
1. FC KAISERSLAUTERN
TSV 1860 MÜNCHEN
1.FC KAISERSLAUTERN
TSV 1860 MÜNCHEN
TSV 1860 MÜNCHEN
SECHZIG

Folie 3

Propaganda im Dritten Reich

"Ich habe die Masse fanatisiert, um sie zum Werkzeug meiner Politik machen zu können... Wenn ich zur Masse mit vernünftigen Erwägungen komme, so versteht sie mich nicht. Aber wenn ich in ihr die entsprechenden Empfindungen wecke, dann folgt sie den einfachen Parolen, die ich ihr gebe. In einer Massenversammlung ist das Denken ausgeschaltet. Und weil ich diesen Zustand brauche, weil er mir den größten Wirkungsgrad meiner Reden sichert, lasse ich alle in die Versammlungen schicken, wo sie mit mir zur Masse werden, ob sie wollen oder nicht."

"Die Psyche der breiten Masse ist nicht empfänglich für alles Halbe und Schwache ... Die Aufnahmefähigkeit der großen Masse ist nur sehr beschränkt, das Verständnis klein, dafür jedoch die Vergeßlichkeit groß. Aus diesen Tatsachen heraus hat sich jede wirkungsvolle Propaganda auf nur sehr wenige Punkte zu beschränken und diese schlagwortartig so lange zu verwerten, bis auch bestimmt der Letzte unter einem solchem Wort das Gewollte sich vorzustellen vermag."

Arbeitsaufgaben:

1. Schreibe heraus, was Hitler über die "Masse" denkt!
2. Wie soll seiner Meinung nach eine wirkungsvolle Propaganda aufgebaut sein?
3. Welche Bedeutung hat der Einzelne in dieser Masse (Bild oben: NS-Massenaufmarsch auf dem Reichsparteitagsgelände in Nürnberg)?
4. Das Bild links wurde von der nationalsozialistischen Propaganda weit verbreitet. Was soll es zum Ausdruck bringen?

THEMA

Die Jugend unter Hitler

LERNZIELE

Bewußtmachen, warum Hitler auf die Erziehung der Jugend besonderen Wert legte.
Ziele seiner Erziehung nennen können.
Erkennen, welche Mittel Hitler einsetzte, um die Jugend für sich zu gewinnen.
Hineinversetzen in die Gedanken eines Jugendlichen zur Zeit Hitlers.

ARBEITSMITTEL / MEDIEN / LITERATURHINWEISE

Folie 1 (Hitlerjugend), 2 Informationsblätter, 1 Arbeitsblatt

Zusatz: "Hitlerjugend - begeistert - gedrillt - betrogen" (30 min)

TAFELBILD / FOLIEN

Folie 1

I. Hinführung:

Folie 1 (Hitlerjugend)/
evtl. TB Hitler-Rede

Zielangabe

TA: **Die Jugend unter Hitler**

II. Erarbeitung:

Informationsblätter 1 und 2/AA/EA/PA

1. Wie soll die Jugend nach Hitlers Vorstellungen erzogen werden?
2. Welche Rolle spielt dabei die intellektuelle (geistige) Erziehung?
3. Welche Mittel setzt Hitler ein, um die Jugend für sich zu gewinnen?

Auswertung

zu 1.: Ziel ist das Heranzüchten einer gewalttätigen, herrischen, unerschrockenen, athletischen Jugend.

zu 2.: Vermittlung von Wissen lehnt Hitler ab; das könnte ihm gefährlich werden.

Zusätzliche Information durch den Lehrer

zu 3.: Reitlager, Zeltlager, Aufmärsche, Wettkämpfe, Fahnen, Mitgliedschaft in der Flieger-HJ, Motorrad-HJ, Marine-HJ.

III. Vertiefung:

Informationsblatt 2 (Junge oder Kind)/
Aussprache/LSG

SS: nehmen dazu Stellung

Impuls

L: Hitler verbindet mit der Erziehung der Jugend eine ganz bestimmte Absicht.

SS: Er will die Jugend auf den Krieg vorbereiten, Erziehung zur Wehrtüchtigkeit.

IV. Sicherung:

Eintrag AB

V. Ausweitung:

Hausaufgabe AB: Kannst du dir vorstellen, ...

"Du bist nichts, dein Volk ist alles"

Unter diesem Leitspruch wollte Hitler einen "neuen Menschen" heranzüchten. Diese besondere Aufgabe stellte er der Hitlerjugend, in der ab 1936 die gesamte deutsche Jugend erfaßt und erzogen wurde.
Vom Kindergarten an sollten die Menschen in den Willen Hitlers hineinwachsen. Der neue NS-Mensch sollte nicht mehr seinen Wert darin sehen, daß er als einzelner ein unverwechselbares Geschöpf Gottes ist, sondern wissen, daß nur das Volk als Ganzes zähle. Von Kindes Beinen an lernten Jungen und Mädchen, daß der Wille des Führers für das ganze deutsche Volk ein verbindlicher Befehl war.
Hitler setzte geschickt viele Mittel ein, um dieses Ziel zu erreichen. Zeltlager, Heimabende, Reitlager, Aufmärsche und Wettkämpfe begeisterten die Jugendlichen. Uniformen, Fahnen und Lieder waren jugendgemäße Möglichkeiten, eine eingeschworene Gemeinschaft zu formen. Mit all dem verfolgte er nur ein Ziel: eine bedingungslos gehorchende und körperlich gesunde Jugend heranzuziehen, die in jeder Hinsicht "wehrtüchtig" war. Sie sollte der Grundstock für eine geschlossene "Volksgemeinschaft" sein.

Hitlerjugend (HJ)

Bund deutscher Mädchen (BDM)

Hitler in einer Rede vor der Hitlerjugend am 4. Dezember 1938:

Diese Jugend lernt ja nichts anderes als deutsch denken, deutsch handeln. Und wenn nun dieser Knabe und dieses Mädchen mit ihren zehn Jahren in unsere Organisationen hineinkommen und dort oft zum ersten Mal überhaupt eine frische Luft bekommen und fühlen, dann kommen sie vier Jahre später vom Jungvolk in die Hitlerjugend, und dort behalten wir sie wieder vier Jahre, und dann geben wir sie erst recht nicht zurück in die Hände unserer alten Klassen- und Standeserzeuger, sondern dann nehmen wir sie sofort in die Partei oder in die Arbeitsfront, in die SA oder in die SS ... Und wenn sie dort zwei Jahre oder anderthalb Jahre sind und noch nicht ganze Nationalsozialisten geworden sein sollten, dann kommen sie in den Arbeitsdienst und werden dort wiederum sechs und sieben Monate geschliffen... Und was dann nach sechs oder sieben Monaten noch an Klassenbewußtsein oder Standesdünkel da oder da noch vorhanden sein sollte, das übernimmt dann die Wehrmacht zur weiteren Behandlung auf zwei Jahre. Und wenn sie dann nach zwei oder drei oder vier Jahren zurückkehren, dann nehmen wir sie, damit sie auf keinen Fall rückfällig werden, sofort wieder in die SA, SS und so weiter. Und sie werden nicht mehr frei ihr ganzes Leben und sie sind glücklich dabei.

Jugend unterm Hakenkreuz

Von Anfang an war es den Nationalsozialisten wichtig gewesen, die Jugend für sich zu gewinnen. **Hitler formulierte seine Erziehungsziele so:**

Meine Erziehung ist hart. Das Schwache muß weggehämmert werden. In meinen Ordensburgen wird eine Jugend heranwachsen, vor der sich die Welt erschrecken wird. Eine gewalttätige, herrische, unerschrockene, grausame Jugend will ich ... Schmerzen muß sie ertragen. Es darf nichts Schwaches und Zärtliches an ihr sein... Ich will eine athletische Jugend... Ich will keine intellektuelle Erziehung. Mit Wissen verderbe ich mir die Jugend... Beherrschung müssen sie lernen. Sie sollen mir in den schwierigsten Proben die Todesfurcht besiegen lernen.

Junge oder Kind?

"**Kinder** sind das Produkt einer guten Erziehung, an der die ganze Familie, einschließlich Tanten und Urgroßeltern, Anteil haben.

Jungen werden von ihren Eltern, ihren Fähnleinführern und der Natur erzogen.

Kinder werden sonntags von ihren Eltern spazieren- und der staunenden Mitwelt vorgeführt.

Jungen gehen sonntags auf Fahrt.

Kinder tragen einen Matrosenanzug und lange Hosen.

Jungen laufen in kurzen Hosen und offenem Hemd herum.

Kinder erregen das Wohlgefallen älterer Fräuleins.

Jungen sind nach deren vernichtendem Urteil ganz ungezogene Bengels, aus denen nie was werden wird.

Im Laufe der Jahre wird aus einem Jungen ein Kerl und aus den Kindern werden Spießer."

Welcher Junge möchte da noch zu den "Kindern" gehören? Bald wurde, wer samstags zum "Dienst" ging, vom Schulunterricht befreit. Wer ging da wohl lieber zur Schule? Im "Dienst" lernte man das Leben des Führers kennen oder erlernte Kleinkaliberschießen oder Ordnungsübungen. Man sang mitreißende Lieder, in denen viel von der Fahne die Rede war, vom Sieg und vom Tod. Und man erlebte häufig die "Volksgemeinschaft", von der in der Propaganda so viel die Rede war. Denn in der HJ kam es nicht darauf an, ob man reich oder arm geboren war. Viele Jugendliche glaubten, daß sich das Modell ihrer Gemeinschaft auch einmal auf das ganze Volk übertragen lassen würde. Viele waren begeistert vom Massenerlebnis der großen Aufmärsche und glaubten dem Führer bis zum Ende, bis 1945. Ein Lied der Hitlerjugend kennzeichnet diese Stimmung:

"Vorwärts, vorwärts, schmettern die hellen Fanfaren,
vorwärts, vorwärts, Jugend kennt keine Gefahren.
Deutschland, du wirst leuchtend steh`n, mögen wir auch untergeh`n.
Unsre Fahne flattert uns voran, in die Zukunft zieh`n wir Mann für Mann.
Wir marschieren für Hitler durch Nacht und durch Tod
mit der Fahne der Jugend für Freiheit und Brot.
Unsre Fahne flattert uns voran. Unsre Fahne ist die neue Zeit.
Und die Fahne führt uns in die Ewigkeit. Ja, die Fahne ist mehr als der Tod."

GESCHICHTE | NAME: ____________ | KLASSE: ____ | DATUM: ________ | NR.: ___

Die Jugend unter Hitler

Hitler wollte einen neuen Menschen heranzüchten. Diese Aufgabe stellte er der sog. "______________________". Hitlers neuer Mensch sollte folgenden Leitgedanken anerkennen:

Um die Jugend für sich zu gewinnen, setzte Hitler gezielt solche Mittel ein, die Jugendliche begeistern können:

So stellte sich Hitler "seine" Jugend vor:

In einer Rede formulierte Hitler seine Vorstellungen so:
"Die deutschen Jungen der Zukunft sollen ... zäh wie Leder, hart wie Krupp-Stahl und flink wie Windhunde ... sein."

Kannst du dir vorstellen, daß auch du zur damaligen Zeit von der "Hitlerjugend" (HJ) bzw. vom "Bund Deutscher Mädchen" (BDM) begeistert gewesen wärest?

GESCHICHTE	NAME: ______	KLASSE: ____	DATUM: ______	NR.: ___

Die Jugend unter Hitler

Hitler wollte einen neuen Menschen heranzüchten. Diese Aufgabe stellte er der sog. " ***Hitlerjugend*** ". Hitlers neuer Mensch sollte folgenden Leitgedanken anerkennen:

Du bist nichts, dein Volk ist alles.

Um die Jugend für sich zu gewinnen, setzte Hitler gezielt solche Mittel ein, die Jugendliche begeistern können:

Zeltlager, Reitlager, Heimabende, Aufmärsche, Wettkämpfe, Fahnen, Motorrad-HJ, Flieger-HJ, Marine-HJ, Lieder, Massenveranstaltungen

So stellte sich Hitler "seine" Jugend vor:

gewalttätig, herrisch, unerschrocken, grausam, athletisch, nicht schwach und zärtlich, ohne intellektuelle Erziehung

In einer Rede formulierte Hitler seine Vorstellungen so:
"Die deutschen Jungen der Zukunft sollen ... zäh wie Leder, hart wie Krupp-Stahl und flink wie Windhunde ... sein."

Kannst du dir vorstellen, daß auch du zur damaligen Zeit von der "Hitlerjugend" (HJ) bzw. vom "Bund Deutscher Mädchen" (BDM) begeistert gewesen wärest?

____

____

____

THEMA

Staatsterror: Gestapo, SS und KZ

LERNZIELE

Gestapo, SS und KZ als Terrormittel der NS-Herrschaft kennenlernen.
Bewußtmachen, daß das Ziel die systematische Einschüchterung der Gegner des NS-Regimes war.
Betroffenheit durch den Besuch eines Konzentrationslager hervorrufen.

ARBEITSMITTEL / MEDIEN / LITERATURHINWEISE

Folie 1 ("Lagerordnung"), 6 Informationsblätter, 1 Arbeitsblatt

TAFELBILD / FOLIEN

Das KZ als Ort der "Umerziehung"
Disziplin- und Strafordnung des Konzentrationslagers Esterwegen

Paragraph 1:
Mit 3 Tagen strengem Arrest wird bestraft:
1. Wer nach dem Weckruf nicht sofort die Schlafstätte verläßt oder das Bett oder die Stube in Ordnung bringt ...

Paragraph 2:
Mit 8 Tagen strengem Arrest wird bestraft:
1. Wer zum Zwecke der Beschwerde Unterschriften sammelt...
5. Wer sich in einer fremden Barackenstube, auch innerhalb der eigenen Kompanie, aufhält...

Paragraph 19:
Arrest wird in einer Zelle, bei hartem Lager, bei Wasser und Brot vollstreckt. Jeden 4. Tag erhält der Häftling warmes Essen.
Strafarbeiten umfaßt harte körperliche Arbeit, die unter besonderer Aufsicht durchgeführt wird.
Als Nebenstrafe kommen in Betracht:
Strafexerzieren, Prügelstrafe, Postsperre, Kostentzug, hartes Lager, Pfahlbinden...

Arrest und Strafarbeit verlängern die Schutzhaft um mindestens 8 Wochen...

Folie 1

I. Hinführung:

Folie 1 ("Lagerordnung")

Zielangabe

TA: ***Staatsterror: Gestapo, SS und KZ***

II. Erarbeitung:

Informationsblätter 1 und 1/
arbeitsteilige PA: - Gestapo
- SS
- KZ

Auswertung/LSG

SS: Gestapo:
"Geheime Staatspolizei". Aufgabe war die Unterdrückung jeglichen Widerstands gegen das nationalsozialistische Regime.

SS:
"Schutzstaffel", ursprünglich die Leibwache Hitlers, sah sich als die "Elite" der NSDAP. Berüchtigt wegen ihrer rücksichtslosen Härte.

KZ:
"Konzentrationslager". Systematischer Terror, Ermordung von Millionen Menschen.

III. Vertiefung:

Informationsblätter 3 - 5/
(Konzentrationslager Dachau)

IV. Sicherung:

Eintrag AB

V. Ausweitung:

Besuch eines Konzentrationslagers
(Fragenkatalog Informationsblatt 6)

Film

Staatsterror: Gestapo, SS und KZ

Gestapo

Die Aufgabe der Gestapo (Geheime Staatspolizei) bestand in der Unterdrückung jeglichen Widerstands gegen das nationalsozialistische Regime. Sie setzte sich sehr bald über alle rechtsstaatlichen Normen hinweg und überging ungestraft dabei sogar Gerichtsbeschlüsse.
Wer sich der totalen Einvernahme durch den Staat in irgendeiner Weise entzog oder gar Widerstand leistete, galt als staatsgefährdender "Volksschädling" und war damit rechtlos. Die Gestapo konnte zu jeder Tages- und Nachtzeit auftauchen und jeden Bürger ohne Angabe von Gründen auf unbestimmte Zeit mitnehmen. Solche willkürlichen Verhaftungen hießen "Schutzhaft". Die Menschen verschwanden in Sondergefängnissen und Kellern der Gestapo. Dort wurden sie mißhandelt, denn die Gestapo schreckte bei ihren Verhören weder vor Folter noch vor Mord zurück.
Das weitverzweigte Spitzelsystem der Gestapo sorgte einerseits dafür, daß die Polizei immer gut informiert war, andererseits wurde ein Zusammenschluß von Gegnern des Dritten Reiches damit erschwert.

Aus den Polizei-Richtlinien zum **"Einschreiten gegen Staatsfeindlichkeit und Unmoral":**

...Danach wende sich zum Beispiel gegen den Staat, wer beim Singen des Horst-Wessel-Liedes bei feierlichem Anlaß bewußt den Hitler-Gruß nicht erweist. In der Verweigerung der im Verkehr mit den Behörden allgemein üblichen Grußform des deutschen Grußes gegenüber einem Beamten einer Behörde liege eine Gefährdung der öffentlichen Sicherheit...

Miesmacher und Meckerer

stellen sich ablehnend gegen den nationalsozialistischen Staat ein und gefährden die öffentliche Sicherheit. Ein Hauswirt, der sich weigere, eine kinderreiche arische Familie aufzunehmen, verstoße gegen die Volksgemeinschaft und untergrabe die Erhaltung der Rasse. Selbstmörder ... verstoßen ... gegen staatliche Belange (Arbeitskraft und Wehrpflicht). Alle Handlungen und Bekundungen irgendwelcher Art gegen den Staat Adolf Hitlers, die seine Bestrebungen und Ziele auch nur gefährden,

gäben der Polizei das Recht zum Einschreiten.

Sämtliche ... moralischen Verfallserscheinungen und Verirrungen müßten verhindert werden. Wenn ein deutsches Mädchen in öffentlichen Lokalen mit einem Juden zusammensitze, liege ein Verstoß gegen das völkische Empfinden und somit gegen die öffentliche Ordnung vor. Unanständiges Tanzen sei als Verstoß gegen die Rassenehre polizeiwidrig.

SS (Schutzstaffel)

Die SS war ursprünglich Schutz- und Kampftruppe der Parteileitung. Unter ihrem Chef Heinrich Himmler war sie bereits 1933 zu einem Kampfverband von 50.000 Mann angewachsen. Sie verstand sich als "Elite" der NSDAP. Deshalb wurden nur rassisch besonders "wertvolle " Männer aufgenommen, die sich zu absolutem Gehorsam und bedingungsloser Treue gegenüber Hitler verpflichteten. Himmler erreichte so, daß die SS auch Aufgaben, vor denen andere zurückschreckten, mit rücksichtsloser Härte durchführte. Diese fanatische Einsatzbereitschaft für die Ziele des Nationalsozialismus machte die SS zum schrecklichsten und wirkungsvollsten Machtinstrument des Nationalsozialismus.

Konzentrationslager

Durch die Verhaftungswellen nach der Machtübernahme waren die staatlichen Gefängnisse bald überfüllt. Die SA errichtete deshalb ab 1933 überall in Deutschland sog. "Konzentrationslager" für Schutzhäftlinge. 1936 übernahm die SS die Lager. Die Nazis begründeten Einweisungen ins KZ als für die "Sicherheit" wichtig. Die Existenz der KZ wurde vor der Öffentlichkeit nicht verheimlicht; im Gegenteil, sie dienten zur Abschrekkung. Nur das Ausmaß der Grausamkeiten, die in den Lagern herrschte, sollte verborgen bleiben.

Zu Beginn wurden vor allem die politischen Gegner des Nationalsozialismus in die KZ gesperrt. Bald aber weitete sich der Kreis der Verhafteten aus:
- Menschen, die aus religiösen Gründen den Nationalsozialismus ablehnten.
- Künstler und Schriftsteller, deren Arbeit als "zersetzend" beurteilt wurde.
- Sog. "Asoziale" (Menschen, die nicht in das Bild des "ordentlichen Deutschen" paßten).
- Nach Kriegsbeginn auch viele Kriegsgefangene.

Vom Augenblick ihrer Einweisung an waren die Häftlinge einem systematischen Terror ausgesetzt, der sie körperlich und seelisch zermürben sollte. Statt ihres Namens trugen die Häftlinge Nummern. Jeder noch so kleine Verstoß gegen die Lagervorschriften wurde mit schwersten körperlichen Strafen bis hin zur Todesstrafe geahndet.

Am 22. März 1933 wurde in Dachau das erste Konzentrationslager auf deutschem Boden errichtet. Im Laufe des Zweiten Weltkrieges wurden in Polen die größten Vernichtungslager in Betrieb genommen: Auschwitz, Treblinka, Majdanek.

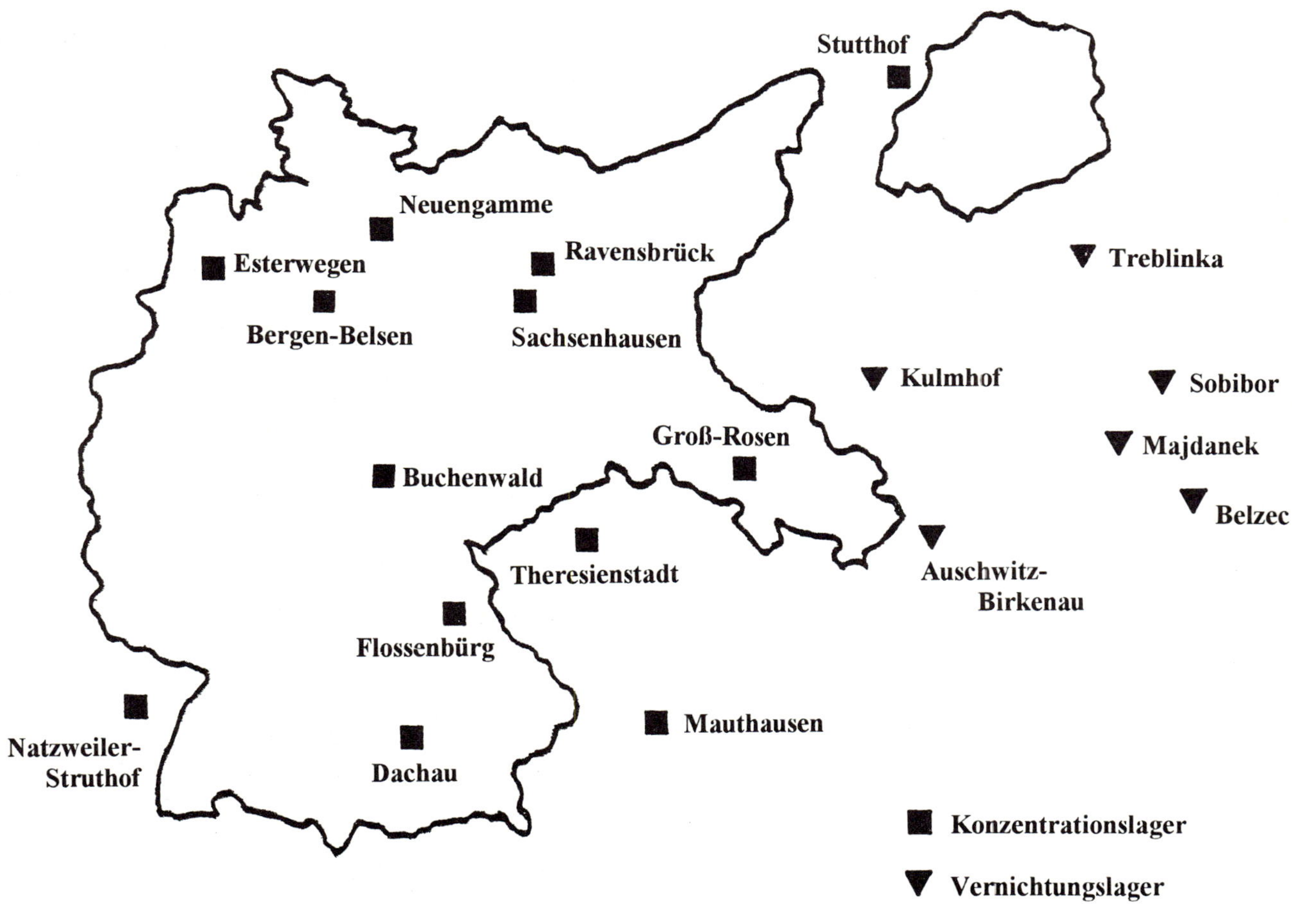

KZ-Gedenkstätte Dachau

Wegweiser

Am 22. März 1933 wurde das erste deutsche Konzentrationslager in einer stillgelegten Munitionsfabrik, unmittelbar bei Dachau, errichtet. Politische Gegner, Juden, Geistliche und sogenannte „unerwünschte“ Elemente sollten darin als Feinde des nationalsozialistischen Staates isoliert werden. 1937 erwies sich das für 5000 Menschen geplante Lager als zu klein. Die Häftlinge mußten ein größeres Lager bauen, das 1938 fertig wurde. Über 206 000 Häftlinge wurden nach den vorhandenen Unterlagen der Lagerschreibstube von 1933–1945 registriert. Dazu kommt eine unbekannte Zahl nicht eingetragener Häftlinge, die durch Dachau gingen.

① Es umfaßte zu beiden Seiten der **Lagerstraße** mit der von Häftlingen gepflanzten
② Pappelallee, je fünfzehn **Wohnbaracken** (Blöcke), zwei Revierbaracken (Krankenbau), eine Kantine und eine Arbeitsbaracke. Jede Wohnbaracke war in vier „Stuben“ unterteilt. Eine Stube enthielt einen Wohn- und einen Schlafraum. Für zwei Stuben gab es eine gemeinsame Wasch- und Klosettanlage. 52 Häftlinge sollten in einer Stube untergebracht werden, also 208 Häftlinge pro Baracke.

Nach der gewaltsamen Expansion des Dritten Reiches über ganz Europa liefen in Dachau pausenlos Häftlingstransporte aus den jeweils besetzten Ländern ein. Das Lager war überfüllt; bis zu 1600 Häftlinge mußten in einer Baracke unterkommen.

Die nummerierten Fundamente zu beiden Seiten der Lagerstraße kennzeichnen die früheren Häftlingsbaracken, die wegen Baufälligkeit abgerissen werden mußten.

③ Morgens und abends hatten sämtliche Häftlinge – bei jeder Witterung – auf dem **Appellplatz** anzutreten. Gelang es einem Häftling zu fliehen, so dauerte der darauf folgende „Strafappell“ für alle mindestens eine Nacht und einen halben Tag.

④ Das **Jourhaus** war der einzige Zugang zum Konzentrationslager. „Arbeit macht frei“ stand in der Mitte des Tores. Rechts und links lagen die Wachstuben der SS, darüber die Diensträume der Lagerverwaltung.

⑤ Im **Wirtschaftsgebäude** (jetzt Museum) befanden sich Küche, Wäscherei, Kleider- und Effektenkammer und das berüchtigte „Bad“, von der SS für unmenschliche Folterungen der Häftlinge (Pfahlhängen und Auspeitschungen) benutzt.

⑥ Gleich am Anfang, rechts der Lagerstraße, lagen die **Revierbaracken.** Nach 1939 machte eine erschreckende Zunahme von Krankheitsfällen und Seuchen die Erweiterung des Häftlingslazaretts von 2 auf 13 Baracken erforderlich.

Auf Block 5 betrieb Dr. Rascher seine Versuchsstation, wo Unterdruck- und Unterkühlexperimente an wehrlosen Häftlingen durchgeführt wurden. Auf der Malariastation ließ Prof. Schilling Malariafälle künstlich erzeugen.

Zu diesen – oft tödlich verlaufenden Experimenten gehörten auch biochemische Versuche.

⑦ Die **Totenkammer** war ständig mit Leichen überfüllt. Nach Unterlagen des Internationalen Suchdienstes starben 31 591 Häftlinge im KL Dachau. Außerdem wurden dort Tausende nicht registrierter Gefangener exekutiert.

⑧ In den **Strafblöcken** waren die „Strafkompanien“ von den angrenzenden Blöcken durch Stacheldraht isoliert. Es waren sogenannte „Zweitmalige“ (zum zweiten mal verhaftet und ins Lager zurückgebracht) und von der SS-Führung und Gestapo zu „verschärfter Haft“ bestimmte Häftlinge.

⑨ Auf Block 26, dem **Priesterblock,** waren die inhaftierten Geistlichen.

⑩ **Kantine**

⑪ **Desinfektionsbaracke**

⑫ **Lagergärtnerei**

⑬ **Graben** mit elektrisch geladenem **Stacheldrahthindernis** und **Lagermauer**, bei Nacht beleuchtet.

⑭ Schon beim Betreten des Rasenstreifens, 8 Meter vor dem Graben, wurde von den SS-Posten auf den **Wachtürmen** ohne Anruf geschossen.

⑮ **Lagerarrest** (Bunker) hinter dem Wirtschaftsgebäude. Im Hof dieses Gefängnisses wurden Lagerstrafen (Auspeitschen, Pfahlhängen) und Erschießungen durchgeführt.

⑯ Die Sterblichkeit unter den Häftlingen nahm rapid zu. Das 1940 errichtete Krematorium außerhalb des eigentlichen Häftlingslagers reichte nicht aus. Ein größeres **Krematorium** (Baracke X) mußte 1942 gebaut werden. Auf Anordnung des SS-Wirtschaftsverwaltungshauptamtes in Berlin wurde darin – wie auch in anderen Lagern – eine Gaskammer eingebaut, getarnt als Brausebad, die jedoch nicht wie vorgesehen benutzt wurde. Die zur Vergasung bestimmten Häftlinge transportierte man von Dachau nach Schloß Hartheim bei Linz (3166 Häftlinge zwischen Januar 1942 und November 1944) und in andere Lager.

⑰ Etwa 6000 russische Kriegsgefangene wurden auf dem **SS-Schießplatz** erschossen.

⑱ 7500 Angehörige aller europäischen Nationen, die noch kurz vor der Befreiung starben, sind auf dem **Leitenberg** beerdigt.

⑲ Die letzten 1230 Toten des Konzentrationslagers Dachau wurden im **Waldfriedhof** der Stadt Dachau begraben.

⑳ Katholische **Todesangst-Christi-Kapelle**, errichtet 1960.

㉑ **Israelitische Gedenkstätte**, errrichtet 1965.

㉒ **Evangelische Versöhnungskirche**, errichtet 1965.

㉓ **Internationales Mahnmal**, errichtet 1968.

㉔ **Karmelkloster**, errichtet 1964.

Die sich des Vergangenen nicht erinnern, sind dazu verurteilt, es noch einmal zu erleben.

Santayana

Museum

Das Museum wurde vom Comité International de Dachau mit Unterstützung des Bayerischen Staates eingerichtet.

Eingangshalle

Die schwarze Wandtafel zeigt die wichtigsten Konzentrationslager Mitteleuropas mit ihren größeren Aussenlagern.
In Dachau waren Angehörige fast aller Nationen inhaftiert. Die verschiedenen Länder werden durch hölzerne Stelen symbolisiert.

Vorraum

Die Dokumentation „Zur Vorgeschichte des Dritten Reiches" befaßt sich mit den Voraussetzungen, die zur nationalsozialistischen Gewaltherrschaft führten.

Mittelbau – erster Teil

Der Kernpunkt der Ausstellung beginnt mit Dokumenten zur sogenannten „Machtergreifung" am 30. Januar 1933 und den darauf folgenden Maßnahmen. Die Entstehung des Konzentrationslagers Dachau am 22. März 1933 wird gezeigt, anschließend die Einweisung der Häftlinge und die Häftlingskategorien, das Leben im Lager, die Strafen, Arbeit und Überstellung in andere Konzentrationslager.
Fotos und Dokumente über die SS führen zu der Aufstellung:
„Dachau – Hohe Schule der SS in den Konzentrationslagern".
Einen besonderen Raum nimmt die Judenverfolgung im 3. Reich ein.
Krankheit und medizinische Experimente im Häftlingskrankenbau beschließen den ersten Teil der Ausstellung.

Mittelbau – zweiter Teil

Erschießungen „Invalidentransporte" (die in der Gaskammer von Schloß Hartheim endeten), und das Krematorium (Baracke X) stehen am Anfang.
Es folgt die Darstellung der von den Nazis geplanten und mit der Deportation der Juden Europas in die Vernichtungslager im Osten durchgeführten „Endlösung der Judenfrage". Die Befreiung Dachaus und anderer Lager bilden den Schluß der Ausstellung.

Das Museum kann keinen Anspruch auf Vollständigkeit erheben. Es ist ein Versuch, mit Hilfe der vorhandenen Unterlagen eine objektive Darstellung der Geschehnisse im Lager Dachau und in anderen Konzentrationslagern zu geben.

Lageplan des Konzentrationslagers Dachau

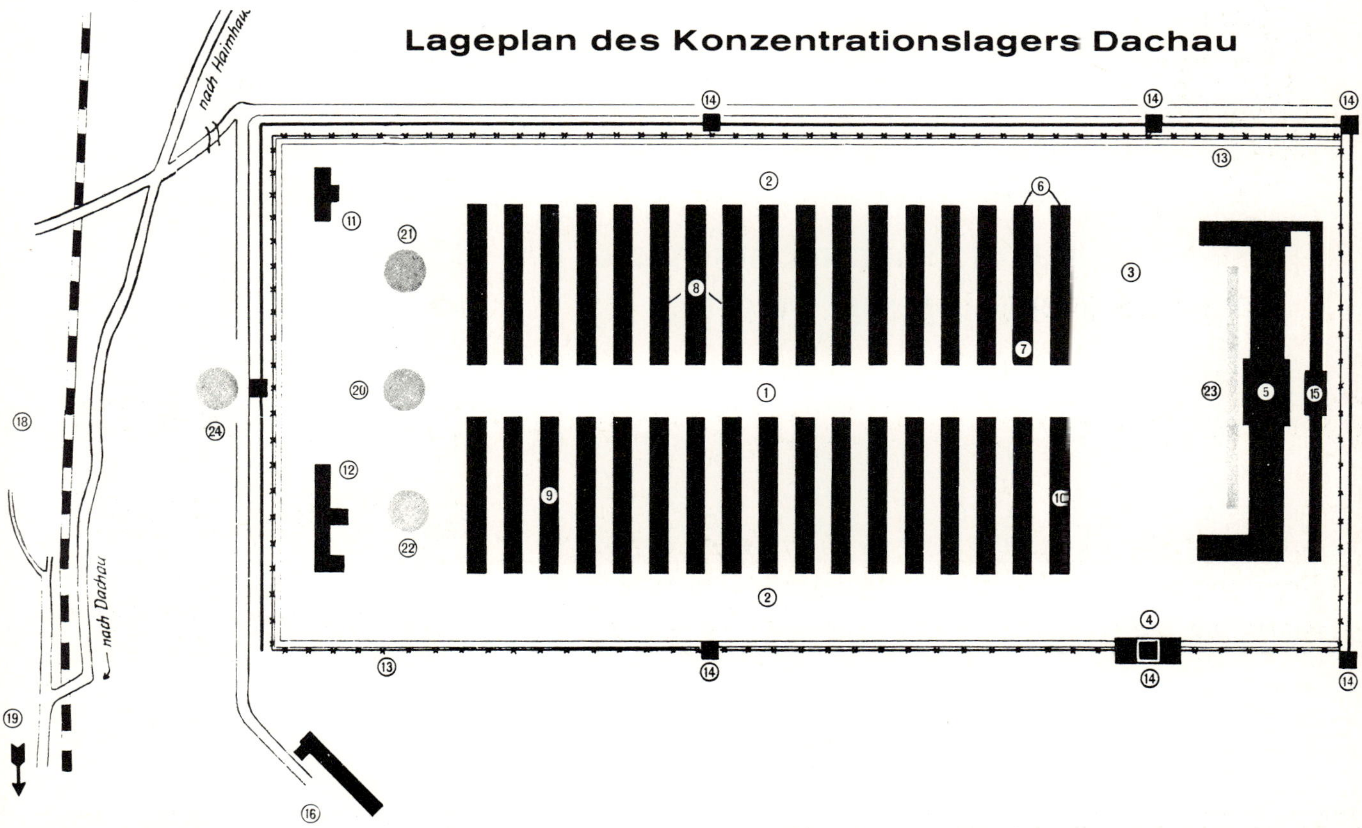

Fragenkatalog zum Besuch des Konzentrationslagers Dachau

Eingangshalle:

1. Schreibe drei große Konzentrationslager heraus und nenne das Land, in denen sie liegen!
2. Nenne einige Außenlager des KZ Dachau in unserem Raum!

Vorraum:

Mittelbau - Teil I:

3. Wann entstand das KZ Dachau?
4. Welche Menschengruppen wurden in das KZ Dachau gebracht?
5. Welche Strafen wurden im KZ Dachau verhängt?
6. Welche Arbeiten wurden den Häftlingen zugemutet?
7. Wie sah der Tagesablauf eines KZ-Häftlings aus?
8. Was bekamen die Häftlinge zu essen?
9. Beschreibe eines der medizinischen Experimente!

Filmvorführung:

Mittelbau - Teil II:

10. Beschreibe ein Bild über die Befreiung der KZ-Häftlinge!
11. Schreibe die Mahnung von Santayana auf, die die Ausstellung der Bild- und Schriftdokumente beschließt!
    Was soll damit ausgesagt werden?

Beachte bitte, wo Du Dich befindest! Verhalte Dich ruhig und angemessen, vermeide jede Störung anderer Besucher oder dieses besonderen Ortes!

Informationsblatt 6

NAME: ____________ KLASSE: ____ DATUM: ________ NR.: ___

Staatsterror - Gestapo, SS und KZ

Staatsterror - Gestapo, SS und KZ

Gestapo	*SS*	*KZ*
Aufgabe: Unterdrückung jeglichen Widerstands gegen das nationalsozialistische Regime.	*"Elite" der NSDAP. Wirkungsvollstes Machtinstrument des Nationalsozialismus.*	*Systematischer körperlicher und seelischer Terror. Ermordung von Millionen Menschen*

↓ ↓ ↓

Ziel: Systematische Einschüchterung der Bevölkerung.

THEMA

Die Judenverfolgung

LERNZIELE

Die Rassenlehre als Mittelpunkt von Hitlers Weltanschauung kennenlernen.
Einzelne Stationen der Judenverfolgung beschreiben können.
Betroffenheit auslösen.

ARBEITSMITTEL / MEDIEN / LITERATURHINWEISE

Folie 1 (Judenverfolgung), 2 Informationsblätter, 1 Arbeitsblatt

TAFELBILD / FOLIEN

Folie 1

I. Hinführung:

Folie 1 (Judenverfolgung)

Zielangabe — TA: ***Die Judenverfolgung***

II. Erarbeitung:

Informationsblätter 1 und 2/
AA/EA/PA

1. Was besagt Hitlers "Rassenlehre"?
2. Beschreibe die einzelnen Stationen der Judenverfolgung!

Auswertung/LSG

zu 1.: Hitler unterschied "hochstehende" und "minderwertige Rassen". Die "weiße Rasse" war seiner Meinung nach den anderen Rassen überlegen. Die "arische Rasse" hätte sich besonders rein erhalten. Dieser "Herrenrasse" (Deutsche) sollten die "minderwertigen Rassen" gehorchen. Die "Anführer der Untermenschen" (Juden) sollten ausgerottet werden.

zu 2.:
* 1921: "Mein Kampf"
* 1933: Bücherverbrennung
* 1935: Nürnberger Gesetze
* 1938: Reichskristallnacht
* 1941: Judenstern
* Ab 1942: "Endlösung der Judenfrage"

III. Vertiefung:

Info-Blatt 2 (Albert Einstein)/Impuls

L: Auch dieser Mann mußte vor der Judenverfolgung fliehen.

SS: Albert Einstein - Nobelpreisträger ...

IV. Sicherung:

Eintrag AB

V. Ausweitung:

Info-Blatt 2 (Massengrab)/Impuls
Bildbetrachtung

L: Viele konnten nicht fliehen.

Die Judenverfolgung

"Arier" und "Untermenschen"

Im Mittelpunkt von Hitlers Weltanschauung und seiner politischen Pläne stand seine Rassenlehre. Er behauptete, daß alle Leistungen in der Geschichte, die Entstehung der Kultur und mächtiger Staaten von der Zugehörigkeit zu einer bestimmten Rasse abhingen. Die Rasse prägte nach Auffassung Hitlers nicht nur die äußere Erscheinung des Menschen, sondern auch seine geistigen Fähigkeiten und seine charakterlichen Eigenschaften. So unterschied er zwischen "hochstehenden" und "minderwertigen Rassen".

Seiner Meinung nach war die "weiße Rasse" anderen Rassen überlegen. Innerhalb dieser "Rasse" hatten sich die "Arier" besonders rein erhalten. Zur "arischen" oder "nordischen Rasse" zählte er insbesondere die Deutschen, Engländer und die Skandinavier. Sie, aber vor allem die Deutschen, wären allein fähig, Kultur zu bilden.

Dieser "Herrenrasse" sollten die "minderwertigen Rassen" gehorchen. Darunter verstand er alle übrigen Völker, vor allem aber die Juden. In ihnen sah Hitler die Anführer der "Untermenschen", die nichts anderes wollten, als sich als "Parasiten" in das Blut der "arischen Rasse" einzunisten, um sie zu zerstören. Sie sollten aus dem "gesunden Volkskörper" entfernt werden; das bedeutete in letzter Konsequenz ihre Ausrottung.

Der Führer der SS, Heinrich Himmler, über "Nichtarier" (vor allem Juden):

"Der Untermensch - jene biologisch scheinbar völlig gleichgeartete Naturschöpfung mit Händen, Füßen und einer Art von Gehirn, mit Augen und Mund, ist doch eine ganz andere, eine furchtbare Kreatur mit menschenähnlichen Gesichtszügen - geistig, seelisch jedoch tiefer stehend als jedes Tier. Im Innern dieses Menschen herrscht ein grausames Chaos wilder, hemmungsloser Leidenschaften: namenloser Zerstörungswille, primitivste Begierde, unverhüllte Gemeinheit. Untermensch - sonst nichts...
Und diese Unterwelt der Untermenschen fand ihren Führer: den ewigen Juden."

Die Nürnberger Gesetze

Im Jahr 1932 lebten in Deutschland etwa 560.000 jüdische Mitbürger, die zum Teil große Leistungen für das deutsche Volk erbracht hatten. Schon bald nach der Machtergreifung begann Hitler einen erbarmungslosen Kampf gegen alle Juden, wie er ihn schon in seinem Buch "Mein Kampf" (1921) angekündigt hatte. Sie mußten ihre Beamtenstellen verlassen oder durften nicht mehr studieren. Jüdische Dichter und Komponisten erhielten Arbeitsverbot. Ihr Werke durften nicht mehr gelesen oder aufgeführt werden. Ihre Schriften wurden verbrannt (Bücherverbrennung am 10. Mai 1933 in Berlin). Im September 1935 wurden auf dem Nürnberger Reichsparteitag Gesetze erlassen, die die Juden zu Bürgern minderen Rechts erklärten. Ehen zwischen Juden und Nichtjuden wurden verboten bzw. für nichtig erklärt. Von nun an wurden die Juden zunehmend unter Ausnahmerecht gestellt. Ab 1941 mußten alle Juden ab sechs Jahren einen Judenstern tragen.

Die Hetze gegen die Juden und ihre Folgen

Von Monat zu Monat nahm die Hetze gegen die Juden zu. Bis zum Herbst 1938 verließen etwa 170.000 Juden ihre deutsche Heimat. Sie wanderten in freie Staaten aus. Unter ihnen waren Forscher und Wissenschaftler von Weltruf wie der Physiker Albert Einstein und berühmte Künstler wie der Dirigent Bruno Walter und der Schriftsteller Stefan Zweig. 1938 mußten alle Juden ihr Vermögen anmelden. Viele wurden verhaftet und in Konzentrationslager gebracht.

Albert Einstein

Unter den vielen Menschen, die Deutschland während des Dritten Reiches verlassen mußten, war auch Albert Einstein (1879 - 1955).
Einstein wollte zunächst Lehrer werden. Er gab auch einige Jahre Unterricht, wandte sich dann aber der Mathematik und der Pysik zu. 1914 wurde er Leiter des Kaiser-Wilhelm-Instituts in Berlin. Nach der Emigration 1933 ging Einstein zunächst nach England, später übersiedelte er in die USA. Einstein ist der Begründer der Relativitätstheorie in der Mathematik. Damit eröffnete er Wissenschaftlern in aller Welt neue Möglichkeiten, Zeit und Raum zu erforschen. Für diese Arbeit erhielt er 1921 den Physik-Nobelpreis. Einstein hat durch seine Forschungen das moderne Weltbild wesentlich mitgeprägt.

Als der deutsche Botschaftssekretär in Paris von dem Juden Herschel Grünspan erschossen wurde, nahm der Propagandaminister Goebbels dies zum Vorwand, um eine neue Verfolgungswelle zu inszenieren. SA-Leute steckten in der Nacht vom 9. zum 10. November 1938 die Synagogen in Brand. Jüdische Geschäfte wurden verwüstet und geplündert. Die Juden mußten für den Wiederaufbau ihrer Häuser selbst aufkommen und zusätzlich noch 1 Milliarde Reichsmark "Buße" zahlen. In dieser sog. "Reichskristallnacht" offenbarten die Nationalsozialisten, für alle Welt erkennbar, ihren grenzenlosen Haß gegen die Juden.
Nach Beginn des Krieges folgten besondere Kommandos der SS den Soldaten. Hinter der Front machten sie Jagd auf die Juden der eroberten Länder. Ab 1942 wurden sie im Rahmen der sog. "Endlösung der Judenfrage" in Konzentrationslager eingeliefert, wo sie meist gleich nach ihrer Ankunft in Gaskammern ermordet wurden. Auf grausamste Weise wurden in Europa mehr als 6.000.000 Juden ums Leben gebracht.

Massengrab in einem Vernichtungslager

GESCHICHTE	NAME: ____________	KLASSE: ____	DATUM: ________	NR.: ___

Die Judenverfolgung

Im Mittelpunkt von Hitlers Weltanschauung stand die ____________________________.

Er unterschied "____________________________" und "______________________-

______________________________". Die Herrenrasse war seiner Meinung nach die

weiße Rasse (____________), alle anderen Völker waren minderwertige Rassen, vor

allem aber das Volk der _________________. Sie sollten aus dem "gesunden

Volkskörper" entfernt werden.

Dieser Rassenwahn kostete in Europa _________________________ Juden das Leben.

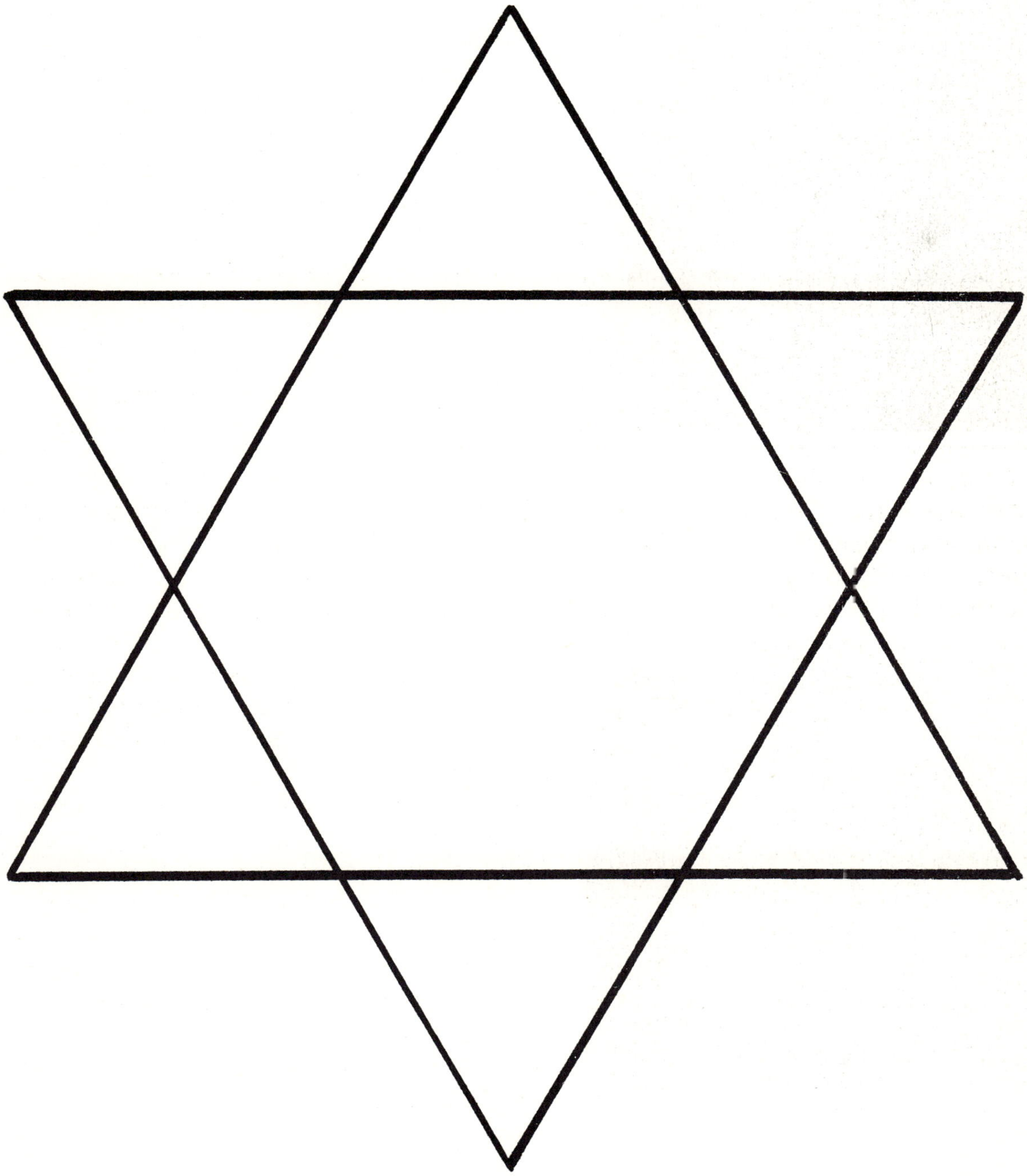

Die Judenverfolgung

Im Mittelpunkt von Hitlers Weltanschauung stand die ***Rassenlehre.***

Er unterschied " ***hochstehende*** " und " ***minderwertige Rassen.*** "

Die Herrenrasse war seiner Meinung nach die weiße Rasse (***Arier***), alle anderen Völker waren minderwertige Rassen, vor allem aber das Volk der ***Juden.*** Sie sollten aus dem "gesunden Volkskörper" entfernt werden.

Dieser Rassenwahn kostete in Europa ***6.000.000*** Juden das Leben.

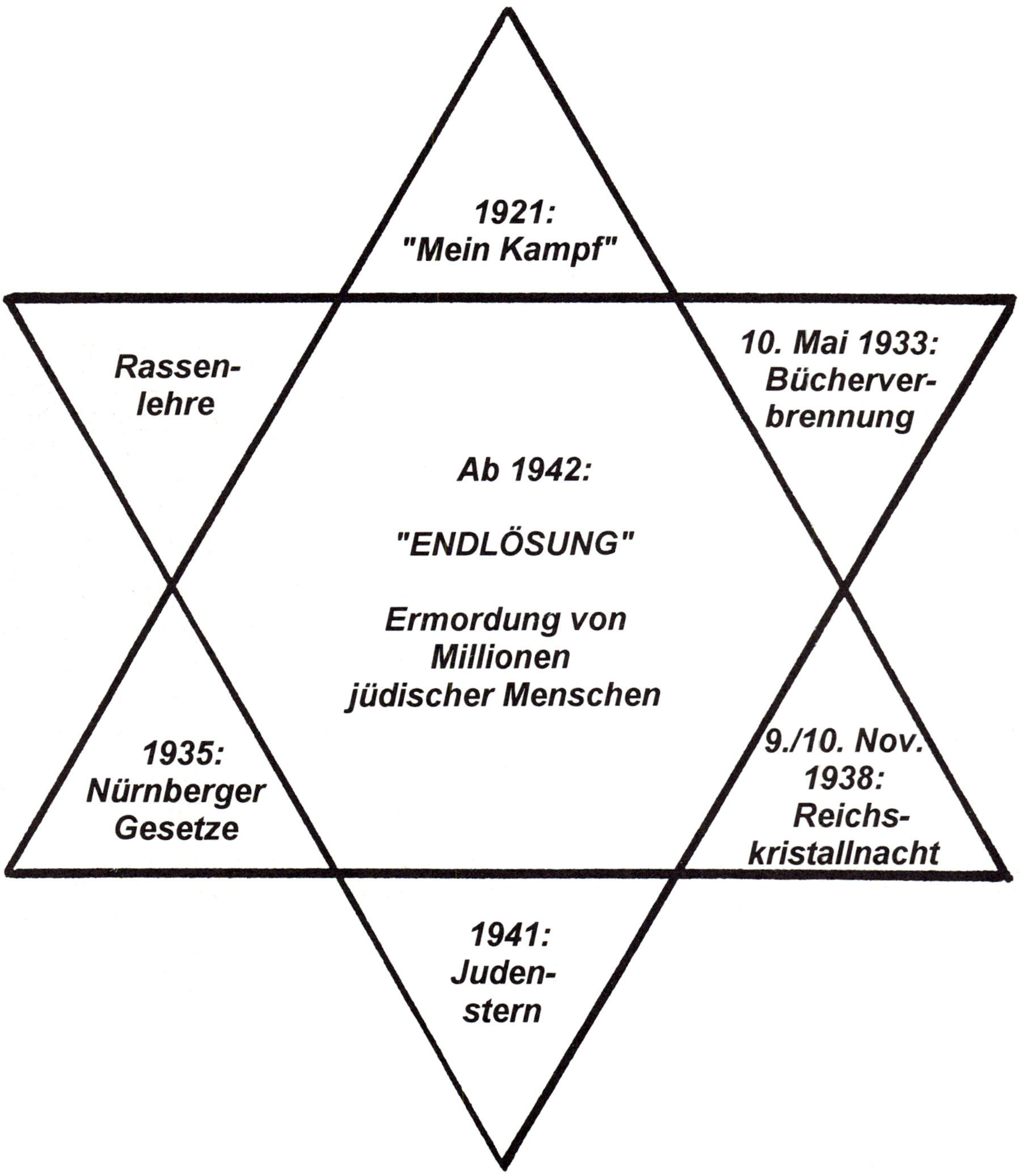

THEMA

Leben in der Diktatur

LERNZIELE

Bewußtmachen, daß die staatlichen Organisationen im NS-Staat alle Bürger erfaßten.
Verstehen, daß das Leben in der Hitler-Diktatur immer von der Angst vor der Gestapo geprägt war.
Bewußtmachen, daß das ganze Leben auf ein Leben im Geist des Nationalsozialismus ausgerichtet war.

ARBEITSMITTEL / MEDIEN / LITERATURHINWEISE

Folie 1 (Leben im NS-Staat), 2 Informationsblätter, 1 Arbeitsblatt

Zusatz: 32 00766 "Wer nicht für uns ist, ist gegen uns" (40 min)

TAFELBILD / FOLIEN

Folie 1

I. Hinführung:

Folie 1 (Leben im NS-Staat)

Zielangabe

TA: ***Leben in der Diktatur***

II. Erarbeitung:

1. TZ: Die staatlichen Organisationen erfassen alle Bürger

stilles Erlesen/Aussprache/LSG

SS: * Erläutern, wie die staatlichen Organisationen den Lebenslauf des Menschen bestimmten.
* Gestalten in verschiedenen Farben den Weg der Männer und Frauen.
* Kennzeichnen, in welcher Organisation sie in ihrem Alter gewesen wären.

2. TZ: Leben in der Furcht vor der Gestapo

Informationsblatt 2/
gemeinsames Erlesen

SS: Die Angst vor der Gestapo steckt den meisten in den Knochen. Oberstes Gebot: Mund halten und nicht provozieren lassen.

III. Vertiefung:

Informationsblatt 1/
Überlegung: Wäre ich gerne in der HJ (im BDM) gewesen?

IV. Sicherung:

Eintrag AB

V. Ausweitung:

Informationsblatt 2/ * Kindergartengebet
* Politische Witze
* "Der Denunziant"
(Karikatur von A. Paul Weber , 1943)

Die staatlichen Organisationen erfassen alle Bürger

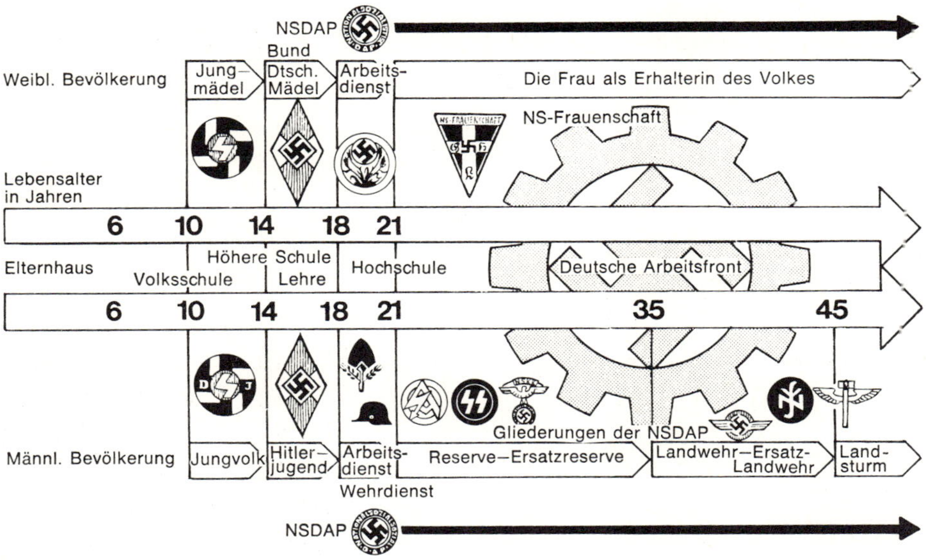

Der absolute Führungsanspruch der NSDAP im Staate äußerte sich auf mehrfache Weise. Es gab kaum einen Staatsbürger, der nicht der Partei oder einem der ihr angeschlossenen Verbände angehörte.
Konnte er den Gliederungen der Partei entgehen, so gehörte er als Berufstätiger sicher einem NS-Berufsverband an, deren Mitgliedschaft ihm den Arbeitsplatz sicherte. Die "Deutsche Arbeitsfront" organisierte die Arbeiter, der Beamtenbund die Beamten, der NS-Lehrerbund die Lehrer usw. Wer nicht arbeiten konnte, wurde von der NS-Volkswohlfahrt betreut. Das System kannte keine Lücke.
Die NSDAP erreichte aber die Menschen aller Altersgruppen. Der Mann war immer im "Dienst". Vom Jungvolk über die HJ zu Reichsarbeitsdienst und Wehrdienst, dann zum Dienst in den Gliederungen und Verbänden der Partei, zu Wehrübungen von Reserve, Landwehr und Landsturm, der Staat hatte sogar Anspruch auf seine Freizeit. Wer sich dem "Dienst" entziehen wollte, schloß sich aus der "Volksgemeinschaft" aus und mußte mit massiven Druckmitteln rechnen.
Ebenso waren Mädchen und Frauen organisiert. "Jungmädel", "BDM", "Arbeitsdienst", "NS-Frauenschaft" - alle waren im großen Plan der NSDAP erfaßt.

Hitler-Jugend

Bund Deutscher Mädchen

Leben in der Furcht vor der Gestapo

Die Gestapo verfolgte politisch "Auffällige" und "Unzuverlässige" wie ein Schatten. Selbst wenn die Richter nichts Sträfliches an ihnen feststellen konnten, kamen die Verdächtigen in Schutzhaft. Die Gestapo glich mehr und mehr einem Schreckgespenst, durch das die Bevölkerung eingeschüchtert wurde. Ihre Leute kamen meistens nachts, tauchten plötzlich auf, drangen in eine Wohnung ein und verschwanden rasch wieder mit dem "Schutzhäftling", den sie abholen sollten. Wer sich am nächsten Tag bei den Nachbarn nach dem "Verschwundenen" erkundigte, bekam zu hören: "Der ist verreist," oder "Ich weiß nicht. Lassen sie mich damit in Ruhe."

Ein Mann erinnert sich:

"Nach der Verhaftung meines Vaters wurde es für mich schwerer in der Schule. Auch die Nachbarn waren nicht mehr so freundlich wie früher, und ich spürte es jeden Tag mehr, wie sie mir aus dem Weg gingen. Meine Schulkameraden wollten mich auf dem Heimweg nicht bei sich haben. Meine Leistungen in der Schule konnten noch so weit über denen der anderen stehen, doch für die Lehrer waren sie immer unzureichend. Sie schnitten mich und ich wurde, obwohl ich mich immer meldete, nicht mehr aufgerufen. Im Zeugnis stand dann, ich beteiligte mich nicht am Unterricht. Die Lehrer hatten immer etwas an mir auszusetzen, denn es war nicht ratsam, einen Schüler zu loben, dessen Vater als Volksschädling hinter Gittern saß.

Die Angst vor der Gestapo steckte wohl den meisten damals tief in den Knochen. Es war eine Zeit, in der man seinem eigenen Bruder nicht mehr trauen durfte, nicht mehr dem Schulfreund, und, es mag unwahrscheinlich klingen, nicht mehr dem Ehepartner.
In einem so gestörten Klima voll gegenseitigem Mißtrauen war höchstes Gebot: Den Mund halten und sich durch nichts und niemand provozieren lassen.

Kindergartengebet

"Händchen falten, Köpfchen senken und an Adolf Hitler denken,
der uns gibt das täglich Brot und uns führt aus aller Not."

Politische Witze

Politische Witze sind in Diktaturen immer schon eine Möglichkeit gewesen, seine Meinung versteckt zu äußern. Zwei Witze aus dem Nazi-Deutschland:

Von der Wiege bis zum Grabe
Die gewaltige NS-Organisation wird weiter ausgebaut. Nach der SA und SS erfaßte man die Jüngeren in der HJ, die noch Jüngeren im Jungvolk, die Jüngsten werden in den NS-Kindergärten geschult, und jetzt sollen auch die Säuglinge organisiert werden. Sie tragen dann den Titel: "AA-Männer"!

Zwei Irrenärzte begegnen einander. Der eine grüßt: "Heil Hitler!" Darauf der andere: "Heil du ihn!"

Leben in der Diktatur

Das Leben in einer Diktatur ist für jemanden, der eine solche Zeit nicht selbst erlebt hat, nicht wirklich nachvollziehbar. Viele Menschen schwankten zwischen mitmachen - sich anpassen - schweigen - sich verweigern.
Einige Begriffe sollen jedoch zum Nachdenken anregen:

______________________: Ein Volksgenosse hatte jederzeit mit erhobenem, ausgestrecktem rechten Arm zu grüßen und dazu ... zu sagen.

______________________: Fast ein Drittel der Jugend trat nach der Machtergreifung Hitlers in die ... ein.

______________________________: "Organisation aller schaffenden Deutschen der Stirn und der Faust".

______________________: Sobald jemand abfällige Äußerungen gegen den Staat machte, wurde er von der Gestapo in ... genommen.

______________________: Es war eine Zeit, in der man seinen eigenen Familienangehörigen nicht mehr vertrauen konnte, viel weniger noch seinem Schulfreund oder einem Bekannten.
Es war die Zeit der ...

______________________: ... gegen den NS-Staat führte zur Einweisung in ein Konzentrationslager.

GESCHICHTE | NAME: ____________ | KLASSE: ____ | DATUM: ________ | NR.: ___

Leben in der Diktatur

Das Leben in einer Diktatur ist für jemanden, der eine solche Zeit nicht selbst erlebt hat, nicht wirklich nachvollziehbar. Viele Menschen schwankten zwischen mitmachen - sich anpassen - schweigen - sich verweigern.
Einige Begriffe sollen jedoch zum Nachdenken anregen:

Heil Hitler: Ein Volksgenosse hatte jederzeit mit erhobenem, ausgestrecktem rechten Arm zu grüßen und dazu ... zu sagen.

Hitlerjugend: Fast ein Drittel der Jugend trat nach der Machtergreifung Hitlers in die ... ein.

Deutsche Arbeitsfront: "Organisation aller schaffenden Deutschen der Stirn und der Faust".

Schutzhaft: Sobald jemand abfällige Äußerungen gegen den Staat machte, wurde er von der Gestapo in ... genommen.

Denunzianten: Es war eine Zeit, in der man seinen eigenen Familienangehörigen nicht mehr vertrauen konnte, viel weniger noch seinem Schulfreund oder einem Bekannten.
Es war die Zeit der ...

Widerstand: ... gegen den NS-Staat führte zur Einweisung in ein Konzentrationslager.

THEMA

Widerstand im Dritten Reich

LERNZIELE

Widerstandsgruppen im Dritten Reich kennenlernen.
Georg Elser als einen Mann des Widerstands verstehen.
Nachdenken über den Widerstand in der Heimatgemeinde/Heimatstadt.

ARBEITSMITTEL / MEDIEN / LITERATURHINWEISE

Folie 1 (Attentat im Bürgerbräukeller am 8. Nov. 1939), 2 Informationsblätter,
1 Arbeitsblatt

TAFELBILD / FOLIEN

Folie 1

I. Hinführung:

Folie 1 (Attentat)

Zielangabe — TA: ***Widerstand im Dritten Reich***

II. Erarbeitung:

Informationsblatt 1/AA/EA: — TA: Wer leistet Widerstand im Dritten Reich?

Auswertung/LSG — TA:
* SPD und KPD
* Arbeiterschaft
* Die Kirchen
* Jugend
* Kreisauer Kreis

III. Vertiefung:

Impuls — L: Bei all diesen Gruppen finden wir gemeinsame Ziele.

TA:
* Beseitigung des NS-Regimes
* Beendigung des Krieges
* Wiederherstellung des Rechtsstaates

Impuls — L: Eine Gruppe ist bisher nicht genannt, die noch genügend Machtmittel besaß, um erfolgreich Widerstand leisten zu können.

SS: Das Militär hätte diese Möglichkeiten

Information durch den Lehrer — L: Dieses Thema greifen wir gesondert auf.

IV. Ausweitung:

Informationsblatt 2/Georg Elser

V. Sicherung:

Eintrag AB

HA: Widerstand in deiner Heimatgemeinde/ Heimatstadt?

Widerstand im Dritten Reich

Seit der Machtergreifung Hitlers gab es in Deutschland Widerstand gegen die Herrschaft des Nationalsozialimus. Männer und Frauen unterschiedlicher Herkunft und Überzeugung kämpften allein oder in Gruppen gegen das NS-Regime.

Widerstand von SPD und KPD

Viele Mitglieder dieser Parteien arbeiteten nach deren Verbot illegal im Untergrund. Viele von ihnen wurden verraten und in Konzentrationslagern ermordet.
Die "Rote Kapelle" war eine Widerstandsorganisation in Berlin. 1942 wurde diese Gruppe enttarnt und fast alle Mitglieder gehängt.

Widerstand in der Arbeiterschaft

Verschiedene Gruppen verbreiteten Flugblätter, illegale Rundfunksendungen, meist im Ausland gedruckte Untergrundzeitungen und forderten die Arbeiter zu Widerstand und Sabotageaktionen auf.

Widerstand in den Kirchen

1933 schloß die deutsche Regierung mit der katholischen Kirche ein Konkordat, in dem sie freie Religionsausübung garantierte. Trotzdem wurden Priester und Laien verfolgt, wenn sie aus christlicher Überzeugung die nationalsozialistischen Lehren ablehnten. Die Jesuitenpatres Alfred Delp und Rupert Mayer sind zwei Beispiele für Widerstandskämpfer aus dem Bereich der katholischen Kirche, die ihren Widerstand mit dem Leben bezahlten.

Widerstand in der Jugend

Die Edelweißpiraten, Jungen zwischen 12 und 17 Jahren, wehrten sich gegen den täglichen Terror des NS-Staates. Die Gestapo jagte sie als Verbrecher. Einige Mitglieder dieser Gruppe wurden 1944 gehängt, wobei die Familien der Jungen gezwungen wurden, zuzusehen.
Eine andere Art von Widerstand leistete die Studentengruppe "Weiße Rose". Hans und Sophie Scholl sowie einige ihrer Freunde wurden 1943 zum Tode verurteilt und hingerichtet.

Der Kreisauer Kreis

Gegner des Nationalsozialismus aus unterschiedlichen politischen Lagern fanden sich auf dem Gut Kreisau des schlesischen Grafen von Moltke zusammen. Sie befaßten sich mit Grundsatzfragen einer künftigen demokratischen Gesellschaft. Auch die meisten Mitglieder dieser Gruppe wurden später verhaftet und hingerichtet.

Ein Tischler wollte Hitler stoppen

Attentäter Georg Elser: Verkannt und vergessen

Von Walter Roller

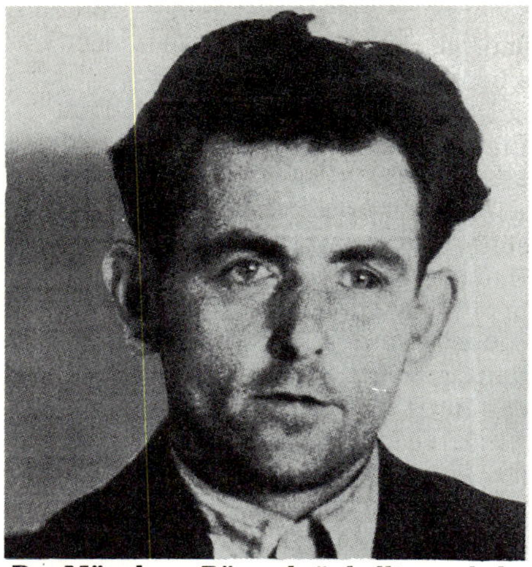

Der Münchner Bürgerbräukeller nach dem Bombenanschlag auf Adolf Hitler vom 8. November 1939 (ganz oben). Dem Attentäter Georg Elser (links) hat man in Heidenheim ein Denkmal gesetzt (rechts).
Bilder: Diekamp/ap/dpa

Am Abend des 8. November 1939 spricht Adolf Hitler im Münchner Bürgerbräukeller. Der Krieg ist zehn Wochen alt, Polen längst besiegt. Hitler stimmt die rund 3000 „Alten Kämpfer", die jedes Jahr in ihrem Traditionslokal die Erinnerung an den mißglückten Putsch von 1923 beschwören, auf die geplante Offensive im Westen ein. In der Säule hinter dem Rednerpult tickt eine Zeitbombe.

Hitler ist in Eile, er will möglichst rasch zurück nach Berlin. Dort soll tags darauf über den Angriff gegen Frankreich beratschlagt werden. Bereits um 21.10 Uhr, viel früher als üblich, verläßt der Reichskanzler den Bürgerbräukeller. Zehn Minuten später explodiert die Höllenmaschine. Der große Saal versinkt in Schutt und Asche, sieben Menschen sterben, 60 werden verletzt. Im Zug nach Berlin erfährt Hitler von dem Attentat. Der oberste Feldherr des Großdeutschen Reiches sieht sich wieder einmal von der „Vorsehung" bestätigt.

Keine Hintermänner

Ein Heer von Polizeibeamten schwärmt aus, um die Verschwörung aufzudecken. „Die Spuren des Verbrechens führen nach England", meldet die NS-Presse, der perfide Anschlag sei im Auftrag des britischen Geheimdienstes verübt worden. In Wahrheit jedoch gibt es keine „Hintermänner". Das Attentat ist das Werk eines Einzelgängers, des schwäbischen Tischlergesellen Georg Elser. Er ist noch am Abend des 8. November an der Schweizer Grenze bei Konstanz von zwei Zöllnern festgenommen worden. In der Nacht zum 14. November legt Elser vor der Sonderkommission ein volles Geständnis ab. Niemand habe ihm geholfen, beteuert der 36jährige, er habe „alles allein erdacht und gemacht".

Der schmächtige, wortkarge Mann stammt aus dem Landkreis Heidenheim. Der Bauernsohn ist ein geschickter, leidenschaftlicher Handwerker, der es bei keinem Meister lange aushält, weil er am liebsten selbständig arbeitet. Er spielt Zither und Baßgeige, seine bevorzugte Lektüre ist die Möbelschreinerzeitung. Bis 1933 wählt Elser die Kommunistische Partei, weil sie mehr Lohn und bessere Wohnungen verspricht. Dann kommen die Nazis an die Macht, Elser macht sie für die „Verschlechterung der Verhältnisse in der Arbeiterschaft" verantwortlich. Im Herbst 1938 holt Hitler die Sudetendeutschen heim ins Reich. Elser, der Mann aus dem Volk, erkennt mit sicherem Gespür, wohin das alles noch führen wird: „Ich war der Überzeugung, daß Deutschland sich andere Länder einverleiben wird und daß deshalb ein Krieg unvermeidlich ist." Während hohe Generale ihre Putschpläne begraben und endgültig vor Hitler in die Knie gehen, entschließt sich Elser zum Attentat. Am 8. November 1938 inspiziert er den Bürgerbräukeller, sieht die Säule hinter dem Podium und entscheidet sich, hier zuzuschlagen.

Ein Jahr dauern die mühseligen Vorbereitungen. Elser arbeitet in einem Steinbruch, um an Sprengstoff und Sprengkapseln heranzukommen. Im Sommer 1939 übersiedelt er nach München. Tagsüber baut er die Bombe, nachts schleicht er über 30mal in den Bürgerbräukeller, wo er die Säule präpariert und schließlich die Bombe deponiert. In den frühen Morgenstunden des 8. November kehrt Elser noch einmal zurück. Er überprüft ein letztesmal den Zündmechanismus. Dann flieht er mit dem Zug aus München.

Noch viele Jahre nach dem Krieg ist vermutet worden, die SS habe Elser für ein „bestelltes" Attentat mißbraucht und mit dem Anschlag lediglich Propagandastoff gegen die Engländer liefern wollen. Anton Hoch und Lothar Gruchmann vom Münchner Institut für Zeitgeschichte haben diese Legende widerlegt. „Klar überschaubar" sei Elsers Lebensweg, so Hoch, „es hat keine geheimnisvollen Verbindungen gegeben."

Elser kam zugute, daß der Bürgerbräukeller leicht zugänglich war und die Sicherungsmaßnahmen während des Führerbesuchs der NSDAP oblagen. „In dieser Versammlung", so hatte Hitler 1936 entschieden, „schützen mich meine Alten Kämpfer, die Verantwortung der Polizei erlischt an den Saaleingängen." Nach dem Münchner Attentat mußten die Alten Kameraden klein beigeben, fortan war die SS auch bei Parteiveranstaltungen für den Schutz des „Führers" zuständig.

50 Jahre danach

Georg Elser wurde „Sonderhäftling" in den Konzentrationslagern Sachsenhausen und Dachau. Er bekam Zusatzverpflegung, durfte Zither spielen und an der Hobelbank arbeiten. Warum? Nun, er sollte „konserviert" werden, um ihn eines Tages in einem großen Schauprozeß als lebenden Beweis für die finsteren Machenschaften Englands präsentieren zu können. Am 9. April 1945 — der endgültige militärische Zusammenbruch war nahe — mußte Elser in Dachau sterben. Auf „Befehl von höchster Stelle".

Es war der Tag, an dem Hitler auch andere, ungleich prominentere Widerstandskämpfer hinrichten ließ: Admiral Canaris, General Oster, Pfarrer Bonhoeffer. Im Gegensatz zu diesen Männern ist „Elser, dem kleinen Mann, die verdiente Anerkennung seiner Tat versagt geblieben" (Hoch) — obwohl er früher als andere gehandelt und nicht erst im Angesicht eines bereits verlorenen Krieges die Beseitigung des Diktators gewagt hat. Vielen Historikern ist Elser kaum eine Zeile wert, nur in wenigen Schulbüchern taucht sein Name auf. Hoch führt das auf die „Eigenart seines Falles" zurück. Der Bürgermeister von Hermaringen, dem Geburtsort Elsers, wagt 50 Jahre nach dem Attentat eine andere, psychologische Erklärung. Elser habe bewiesen, daß „der einzelne durchaus was tun konnte". Den Millionen Mitläufern sei das peinlich gewesen, daher sei Elsers große Tat totgeschwiegen worden.

Straße und Denkmal

Auch in Hermaringen hat es Jahrzehnte gedauert, ehe man sich Georg Elsers erinnerte. Erst vor fünf Jahren ist eine Straße nach dem Attentäter benannt worden — nur im Neubaugebiet und nicht mitten im Ort, wie es Bürgermeister Kurt Keller (44) gerne gehabt hätte. Die Person Elser sei eben „sehr umstritten", klagt Keller, vor allem die älteren unter den 2000 Dorfbewohnern kreideten ihm die unschuldigen Toten im Bürgerbräukeller und sein Bekenntnis zur Kommunistischen Partei an. Keller hält unermüdlich dagegen: Ein Erfolg Elsers, so glaubt er, „hätte uns allen viel erspart. Ohne Hitler wäre der Krieg in dieser Form nicht gekommen."

In Königsbronn (Landkreis Heidenheim) wo Elser die meiste Zeit seines Lebens verbracht hat, erinnert nicht einmal eine Straße an den Attentäter. „Wir halten uns aus der Sache raus", sagt der parteilose Bürgermeister Karl Burr (64), der seit mehr als 30 Jahren im Rathaus regiert. Wie er persönlich über Elser denke? „Ich habe nie nachgeforscht", antwortet Burr und fügt hinzu, in der 7000-Einwohner-Gemeinde gebe es kein Bedürfnis zur Beschäftigung mit Elser. Im übrigen rät Burr: „Fragen Sie doch den Elser-Arbeitskreis."

Der Elser-Arbeitskreis, das ist ein kleines Häuflein von ungefähr zwölf Personen. Kurt Keller ist dabei, weil er meint, daß Georg Elser „endlich einen würdigen Platz in der deutschen Geschichte erhalten soll" und daß ihm Ruhm gebühre für seinen Versuch, Hitler beizeiten auszuschalten. Und gerade die Heimat, so meint Keller, müsse ihrem allzu lange verkannten, großen Sohn ein ehrendes Andenken bewahren.

In der Kreisstadt Heidenheim ist das in Form eines Denkmals geschehen. Keller findet das gut. Aber er wundert sich immer wieder, warum „der Elser draußen im Stadtteil Schnaitheim ein so kleines und der General Rommel in Heidenheim ein so großes Denkmal hat". Schließlich ist der Kriegsheld Rommel im Jahre 1939, als der Tischlergeselle Georg Elser ganz allein die Bombe legte, noch ein ergebener Diener seines Führers Adolf Hitler gewesen.

GESCHICHTE	NAME: ____________	KLASSE: ____	DATUM: ________	NR.: ___

Widerstand im Dritten Reich

Ziele: * ______________________________

* ______________________________

* ______________________________

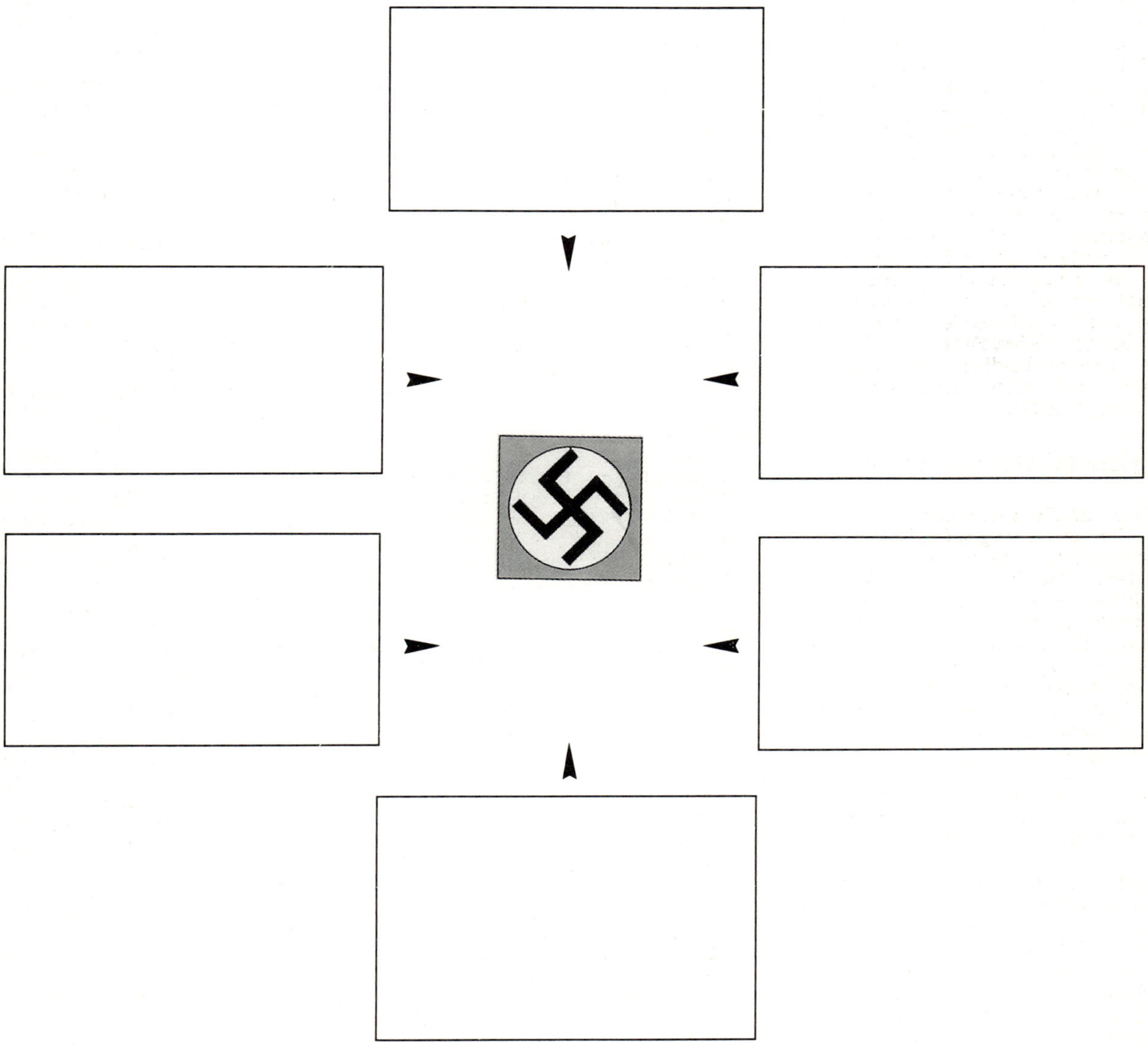

Widerstand in deiner Heimatgemeinde/Heimatstadt?

____

____

NAME: ____________ KLASSE: ______ DATUM: __________ NR.: ____

Widerstand im Dritten Reich

Ziele: * ***Beseitigung des NS-Regimes***

* ***Beendigung des Krieges***

* ***Wiederherstellung des Rechtsstaates***

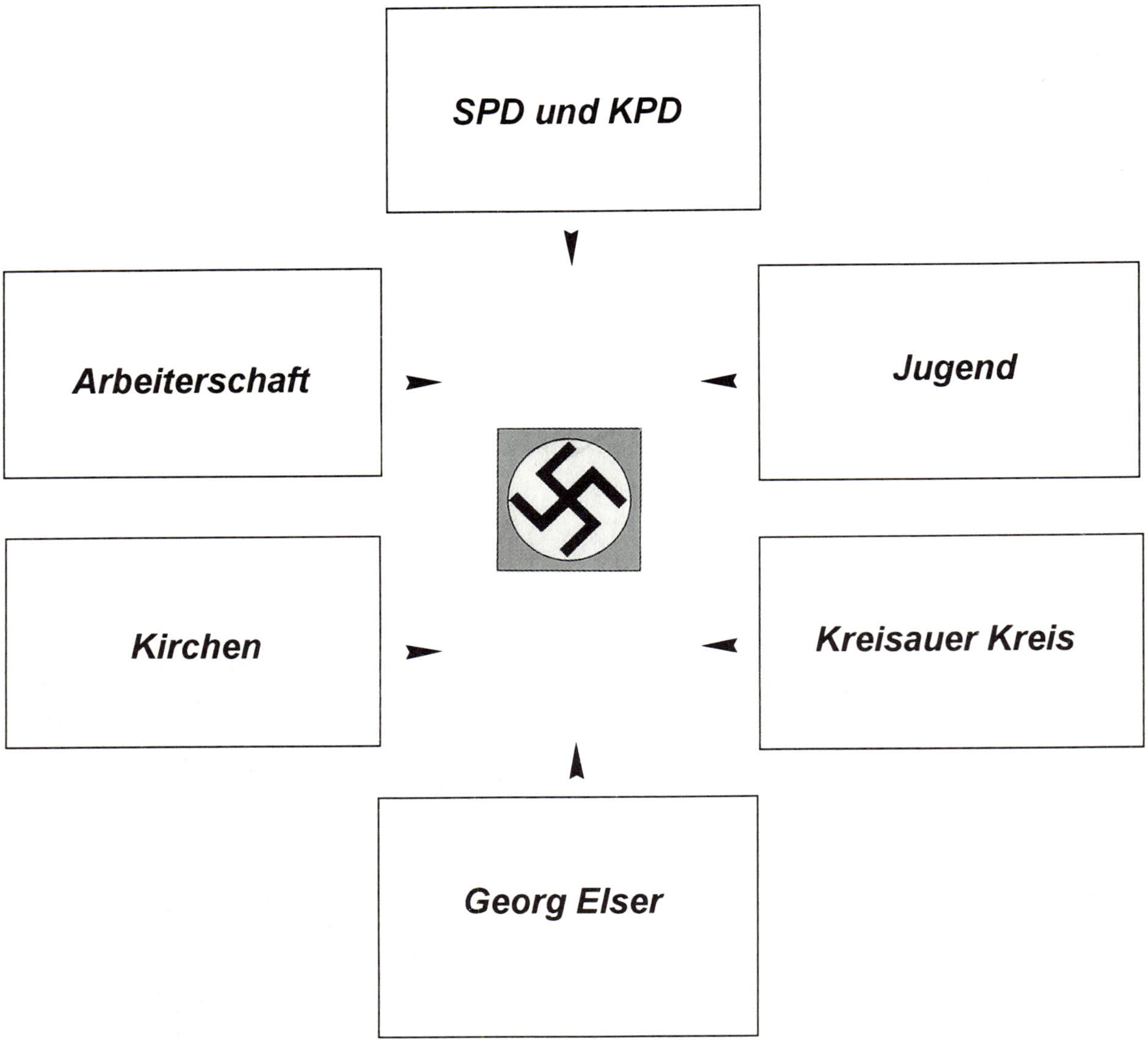

Widerstand in deiner Heimatgemeinde/Heimatstadt?

____

____

THEMA

Friedensbeteuerung und Kriegsvorbereitung

LERNZIELE

Erkennen, daß Hitler durch Friedensreden nach außen die Kriegsvorbereitungen in Deutschland überspielte.
Begreifen, daß Hitlers Politik von vorneherein auf Krieg ausgerichtet war.
Einige Stationen auf dem Weg in den Krieg kennenlernen.
Bewußtmachen, daß sich diese Entwicklung hätte verhindern lassen, wenn die Westmächte frühzeitig entschlossen Hitler entgegengetreten wären.

ARBEITSMITTEL / MEDIEN / LITERATURHINWEISE

Folie (Karikatur AB), Folie 1 (Einmarsch ins Rheinland), 2 Informationsblätter, 1 Arbeitsblatt

Zusatz: 32 00559 "Hitlers Weg in den Krieg" (15 min)

TAFELBILD / FOLIEN

Unter dem Jubel der Bevölkerung vollzog sich am 7. März 1936 der Einmarsch deutscher Truppen in das Rheinland. Der Widerstand der Westmächte gegen die Verletzung des Versailler Vertrages blieb aus.

Folie 1

I. Hinführung:

Folie (Karikatur AB)	SS: Aus einer Kanone (aus dem Mund Hitlers) fliegt eine Friedenstaube. Hitlers Tun und seine Worte stimmen nicht überein.
Zielangabe	TA: ***Friedensbeteuerung und Kriegsvorbereitung***

II. Erarbeitung:

Informationsblätter 1 und 2/ Einsatz des Films Auswertung/LSG Folie 1	TA: * Austritt aus dem Völkerbund * Nichtangriffspakt mit Polen * Wiederaufrüstung in Deutschland * Einführung der allgemeinen Wehrpflicht * Flottenabkommen mit England * Kündigung des Locarno-Vertrages * Einmarsch ins Rheinland * Deutsch-italienischer Vertrag * Eingliederung Österreichs

III. Vertiefung:

Impuls	L: Es gibt immer noch Menschen, die behaupten, Hitler hätte einen Krieg überhaupt nicht gewollt.
	SS: Beweise finden wir in verschiedenen protokollierten Aussagen und in seinem Buch "Mein Kampf".
Informationsblatt 2/ (Hitler 1938 vor deutschen Journalisten)	

IV. Ausweitung:

Impuls	L: Hitler kamen bei seinen Kriegsvorbereitungen einige wichtige Dinge zugute.
	SS: 1. Die anderen Länder wehrten sich nicht energisch von Anfang an. 2. Die freie Meinung im eigenen Land war ausgeschaltet. 3. Die Masse war begeistert.

V. Sicherung:

Eintrag AB

Friedensreden nach außen - Kriegsvorbereitungen im Innern

Hitlers außenpolitsche Ziele waren schon lange festgelegt: neuer Lebensraum. Er war davon überzeugt, daß der Stärkere das Recht habe, sich durchzusetzen und die Rechte anderer Völker zu mißachten. Hitler schrieb in seinem Buch "Mein Kampf":

> *"Wenn wir heute in Europa von neuem Grund und Boden reden, können wir in erster Linie nur an Rußland und die ihm untergebenen Randstaaten denken... Heute werde ich von der nüchternen Erkenntnis geleitet, daß man verlorene Gebiete nicht durch Zungenfertigkeit geschliffener Mäuler zurückgewinnt, sondern durch ein geschliffenes Schwert zu erobern hat, also durch blutigen Kampf."*

Als Hitler 1933 die Regierung übernahm, hatten demnach die Deutschland umgebenden Völker Grund zur Sorge. Hitler tat nun alles Mögliche, um ihre Bedenken zu zerstreuen. In seinen Friedensreden beteuerte er die Friedenssehnsucht des deutschen Volkes und seinen Willen, Selbständigkeit und Unantastbarkeit der anderen Völker zu achten.
Er sagte vor dem Reichstag:

> *"Das nationalsozialistische Deutschland will den Frieden aus tiefinnerster Überzeugung. Was könnte ich anderes wünschen als Ruhe und Frieden?"*

Er brauchte den Frieden, um in Ruhe aufrüsten zu können. Seine Politik zielte aber von Anfang an auf die Eroberung von "neuem Lebensraum" für das deutsche Volk im Osten, d.h. auf Krieg. Geheime Konferenzprotokolle, aber auch allgemein zugängliche Äußerungen, z.B. in seinem Buch "Mein Kampf", beweisen dies.

Erstes Ziel nationalsozialistischer Politik: Aufhebung der durch den Versailler Vertrag geschaffenen Verhältnisse

Nachdem die Reparationszahlungen bereits eingestellt waren, ging es Hitler darum, Deutschland wieder aufzurüsten und zunächst die abgetrennten Gebiete zurückzugewinnen. Dieses Ziel konnte er lange Zeit erfolgreich vor aller Welt verschleiern. Im Oktober 1933 trat er aus dem Völkerbund aus. Um der Welt jedoch seinen Friedenswillen zu zeigen, schloß Hitler im Januar 1934 mit Polen einen Nichtangriffspakt. Zur gleichen Zeit begann die deutsche Wiederaufrüstung. Im Mai 1935 wurde entgegen den Versailler Bestimmungen die allgemeine Wehrpflicht eingeführt. Das Ausland protestierte nicht sehr nachdrücklich. England erlaubte Deutschland sogar in einem Flottenabkommen, seine Seestreitkräfte bis zu einer Stärke von 35% der britischen Kriegsmarine auszubauen und billigte damit Hitlers Vertragsbrüche. 1935 kündigte Hitler den Vertrag von Locarno auf und ließ die Wehrmacht in die entmilitarisierte Zone im Rheinland einmarschieren.

Hitlers Bündnispolitik

Im spanischen Bürgerkrieg entsandte Deutschland die "Legion Condor" und erprobte erstmals seine neuen Flugzeuge und Panzer im Kriegseinsatz. Das gemeinsame Vorgehen Hitlers und Mussolinis in Spanien brachte Deutschland und Italien näher. Der im Herbst 1936 zustandegekommene deutsch-italienische Vertrag begründete die sog. "Achse Rom - Berlin".

Eingliederung Österreichs in das "Großdeutsche Reich"

Am Morgen des 12. März 1938 überschritten die ersten Einheiten der deutschen Wehrmacht die Grenzen zu Österreich. Von der österreichischen Bevölkerung wurden sie meist mit jubelnder Zustimmung begrüßt.
Durch ein von der österreichischen Bundesregierung beschlossenes Gesetz wurde Österreich am 13. März 1938 zu einem Land des Deutschen Reiches erklärt. Hitler selbst ließ sich in Wien von Tausenden als Gründer des "Großdeutschen Reiches" feiern. Das Ausland war überrascht und nahm den Anschluß Österreichs unter Protest zur Kenntnis.

Hitler im Jahr 1938 vor deutschen Journalisten:

"Die Umstände haben mich gezwungen, jahrzehntelang vom Frieden zu reden. Nur unter der fortgesetzten Betonung des deutschen Friedenswillens und der Friedensabsichten war es mir möglich, dem deutschen Volk Stück für Stück die Freiheit zu geben und ihm die Rüstung zu geben, die immer für den nächsten Schritt als Voraussetzung notwenig war. Der Zwang war die Ursache, warum ich jahrelang nur vom Frieden redete."

Hitler über das Zaudern der Westmächte:

"Wären die Franzosen damals ins Rheinland eingerückt, hätten wir uns mit Schimpf und Schande wieder zurückziehen müssen, denn die militärischen Kräfte ... hätten keineswegs auch nur zu einem mäßigen Widerstand ausgereicht."

GESCHICHTE	NAME: ____________	KLASSE: ____	DATUM: ________	NR.: ___

Friedensbeteuerung und Kriegsvorbereitung

Amerikanische Karikatur zur „Friedensrede" Hitlers vom 17. Mai 1933. Was hält der Zeichner von den Friedensbeteuerungen Hitlers?

Hitler brauchte den Frieden, um ______________________

____.

Seine Politik zielte aber von Anfang an auf die Eroberung von "neuem Lebensraum" im Osten, d.h. auf Krieg. Beweise dafür finden wir in

____

____.

Als Hitler im Jahr 1933 die Regierung übernahm, tat er alles Mögliche, um die Bedenken der Nachbarstaaten zu zerstreuen. Immer wieder beteuerte er die Friedenssehnsucht des deutschen Volkes. In Wirklichkeit ging es ihm jedoch darum,

____

____

____.

Einige Stationen auf diesem Wege:

Oktober 1933: ______________________________

Januar 1934: ______________________________

Ab 1934: ______________________________

Mai 1935: ______________________________

1935: ______________________________

____

März 1936: ______________________________

Herbst 1936: ______________________________

März 1938: ______________________________

Die Westmächte erkannten die Gefahr nicht, die von Hitler ausging. Begründe!

____

____

____

GESCHICHTE	NAME: ______	KLASSE: ____	DATUM: ______	NR.: ___

Friedensbeteuerung und Kriegsvorbereitung

Amerikanische Karikatur zur „Friedensrede" Hitlers vom 17. Mai 1933. Was hält der Zeichner von den Friedensbeteuerungen Hitlers?

Hitler brauchte den Frieden, um ***ungestört aufrüsten zu können.***
Seine Politik zielte aber von Anfang an auf die Eroberung von "neuem Lebensraum" im Osten, d.h. auf Krieg. Beweise dafür finden wir in ***geheimen Konferenzprotokollen und in seinem Buch "Mein Kampf".***
Als Hitler im Jahr 1933 die Regierung übernahm, tat er alles Mögliche, um die Bedenken der Nachbarstaaten zu zerstreuen. Immer wieder beteuerte er die Friedenssehnsucht des deutschen Volkes.
In Wirklichkeit ging es ihm jedoch darum, ***Deutschland wiederaufzurüsten und dann neuen Lebensraum für das deutsche Volk zu erobern.***

Einige Stationen auf diesem Wege:

Oktober 1933: ***Austritt aus dem Völkerbund***

Januar 1934: ***Nichtangriffspakt mit Polen***

Ab 1934: ***Wiederaufrüstung in Deutschland***

Mai 1935: ***Einführung der allgemeinen Wehrpflicht***

1935: ***Flottenabkommen mit England***

Kündigung des Locarno-Vertrages

März 1936: ***Einmarsch ins Rheinland***

Herbst 1936: ***Deutsch-italienischer Vertrag***

März 1938: ***Eingliederung Österreichs ins "Großdeutsche Reich"***

Die Westmächte erkannten die Gefahr nicht, die von Hitler ausging. Begründe!

____

____

____

THEMA

Die deutsche Wirtschaft im Dienst der Aufrüstung

LERNZIELE

Erkennen, daß die deutsche Wirtschaft im Dienst der Aufrüstung stand.
Gründe für den Abbau der Arbeitslosigkeit in Deutschland nennen können.
Den Begriff "Wehrwirtschaft" erläutern können.
Die öffentlichen Investitionen für die Wehrmacht als den mit Abstand größten Posten der Investitionen kennenlernen.
Bewußtmachen, daß diese Leistungen nur durch eine riesige Staatsverschuldung möglich waren, an deren Ende der Krieg stehen mußte.

ARBEITSMITTEL / MEDIEN / LITERATURHINWEISE

Folie 1 (Investitionen in Deutschland), 2 Informationsblätter, 1 Arbeitsblatt

TAFELBILD / FOLIEN

Öffentliche Investitionen in Deutschland

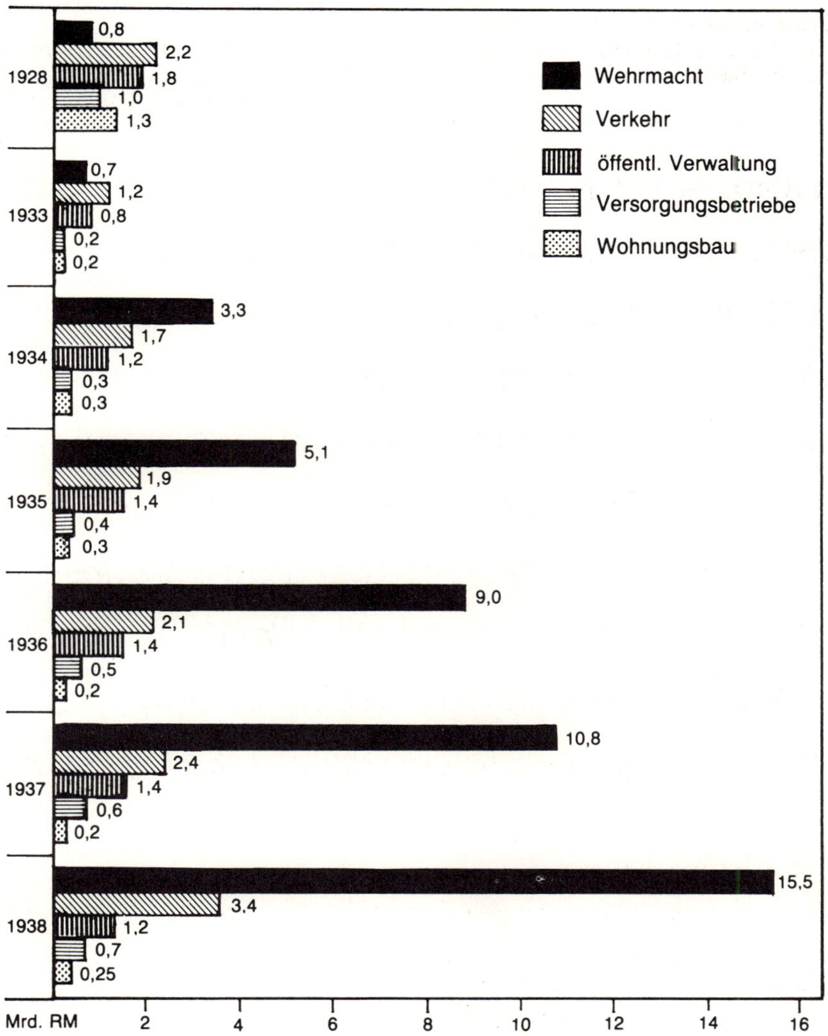

Quelle: R. Erbe: Die nationalsozialistische Wirtschaftspolitik

Folie 1

I. Hinführung:

Folie 1 (Investitionen)

Zielangabe — TA: ***Die deutsche Wirtschaft im Dienst der Aufrüstung***

II. Erarbeitung:

Informationsblätter 1 und 2/
AA/EA/PA

1. Durch welche Maßnahmen gelang es Hitler, die Arbeitslosigkeit zu verringern?
2. Was versteht man unter dem Begriff "Wehrwirtschaft"?

Auswertung/LSG

zu 1.:* Förderung von Vorhaben, die den Einsatz vieler Menschen erforderten (Straßen-, Autobahnbau, Bau von Flugplätzen und Kasernen, Trockenlegung von Sümpfen...).
* Verzicht auf den Einsatz von Maschinen.
* Ausbau der Rüstungsindustrie.
* Arbeitsdienst und Wehrpflicht.
* Familiendarlehen, das viele Frauen veranlaßte, ihren Beruf aufzugeben.

zu 2.: Die deutsche Volkswirtschaft sollte in der Lage sein, alles bereitzustellen, damit ein Krieg geführt werden konnte.

III. Vertiefung:

Impuls

L: Die deutsche Wirtschaft stand vor dem Bankrott.

SS: Hitler richtete seine ganze Politik nur auf Krieg aus.

IV. Sicherung:

Eintrag AB

V. Ausweitung:

Informationsblatt 2 (Volkswagen als Werbemittel für den Hitler-Staat)

Die deutsche Wirtschaft im Dienst der Aufrüstung

Nach der Weltwirtschaftskrise 1929 lebte ein großer Teil der deutschen Bevölkerung in bitterer Armut. Hitler wußte, daß Deutschland wirtschaftlich wieder auf die Beine kommen mußte, wenn er als Führer Erfolg haben wollte.
Die Entwicklung der Arbeitslosenzahlen sprechen vordergründig für Hitlers Maßnahmen.

Arbeitslose im Deutschen Reich:	1933	6 Millionen	1936	1,3 Millionen
	1937	2,4 Millionen	1938	0,4 Millionen

Wie war es zu dieser Entwicklung gekommen?

Das Versprechen, die Arbeitslosigkeit zu beseitigen, war einer der wichtigsten Gründe, warum viele Deutsche die NSDAP gewählt hatten. Die NS-Machthaber gingen daran, dieses Ziel in einem ersten Vierjahresplan zu verwirklichen. Zunächst wurden vor allem solche öffentlichen Vorhaben gefördert, bei denen viel Menschenkraft eingesetzt werden konnte. Beim Straßen- und Autobahnbau (keine Idee Hitlers, sondern bereits Planung der Weimarer Regierung) wurde weitgehend auf Maschinen verzichtet. Dafür arbeiteten Tausende mit Pickel und Schaufel und legten neue Fahrbahnen durch die Landschaft. Ebenso benötigte man riesige Arbeitermassen, um Flugplätze und Kasernen zu bauen sowie Sümpfe, Moore und Trockenflächen in Ackerland zu verwandeln.

Reichsarbeitsdienst beim Trockenlegen eines Sumpfes

Zudem brachte der seit 1933 überall in der Welt einsetzende wirtschaftliche Wiederaufschwung auch in Deutschland viele neue Arbeitsplätze. Vor allem die Rüstungsindustrie wurde stark ausgebaut.
Noch weitere Faktoren entlasteten den Arbeitsmarkt: eine sechsmonatige Arbeitsdienstpflicht für Jungen und Mädchen, die zweijährige Wehrpflicht und großzügige Familiendarlehen, die viele Frauen veranlaßten, ihren Beruf aufzugeben. Nach zwei Jahren war die Arbeitslosenquote bereits um die Hälfte gesunken.

Diese Erfolge brachten dem NS-Regime großes Ansehen. Nur wußten die meisten nicht, daß diese Leistungen einzig durch eine riesige Staatsverschuldung möglich waren. Die Nationalsozialisten planten einen Eroberungskrieg zur Tilgung dieser Gelder von Anfang an fest ein. Wirtschaftlich gesehen, wäre Deutschland unter Führung Hitlers Anfang der vierziger Jahre bankrott gewesen.

Wehrwirtschaft

Im Spätherbst 1936 wurde ein zweiter Vierjahresplan verkündet. Er stand noch eindeutiger im Dienste der Kriegsvorbereitung. In einer geheimen Schrift dazu forderte er:
- Die deutsche Armee muß in 4 Jahren einsatzfähig sein.
- Die deutsche Wirtschaft muß in 4 Jahren kriegsfähig sein.

Das Ziel der nationalsozialistischen Wirtschaft bestand darin, das deutsche Volk "wehrhaft" zu machen. Dazu war es notwendig, daß die Güterversorgung in Deutschland von den anderen Ländern möglichst unabhängig war. Innerhalb von vier Jahren sollte die deutsche Wirtschaft in der Lage sein, nicht nur alle Waren, sondern auch die Rohstoffe dafür im eigenen Land zu produzieren. Die Volkswirtschaft sollte alles bereitstellen, damit ein Krieg geführt werden konnte, darauf liefen die Planungen des Hitlerstaates hinaus. Die Nationalsozialisten sprachen in diesem Zusammenhang von einer **"Wehrwirtschaft".**

Der Volkswagen als Werbemittel für den Hitler-Staat

Von der NS-Gemeinschaft KdF (Kraft durch Freude) angeregt, wurde der Volkswagen zum "KdF-Auto" umbenannt und jedem Arbeiter wurde ein solcher Wagen versprochen. Hunderttausende sparten darauf, um für 990 Reichsmark das "KdF-Auto" zu erwerben.
Die Gelder wurden angeblich zum Aufbau des Volkswagenwerkes verwendet, dienten aber in erster Linie der Aufrüstung der deutschen Wehrmacht.
Ihr Auto bekamen die Sparer nie zu sehen.

Hitler war bewußt, daß er nur mit einer zufriedenen Arbeiterschaft seine Pläne verwirklichen konnte. Sehr werbewirksam stellte er deshalb seine soziale Gesinnung unter dem Schlagwort "Sozialismus der Tat" zur Schau. Seine Maßnahmen, die den gesamten Lebensbereich der "Arbeiter der Stirn und Faust" erfaßten, wurden begeistert aufgenommen.

GESCHICHTE	NAME: ____________	KLASSE: ____	DATUM: ________	NR.: ___

Die deutsche Wirtschaft im Dienst der Aufrüstung

Das Versprechen, die ______________________________ zu beseitigen, war einer der Gründe, warum viele Deutsche die NSDAP gewählt hatten. Um dieses Ziel zu erreichen, setzten die NS-Machthaber verschiedene Mittel ein:

* ______________________________
____
____
* ______________________________
* ______________________________
* ______________________________
* ______________________________
* ______________________________
____

Zudem brachte der seit 1933 überall in der Welt einsetzende wirtschaftliche Wiederaufschwung auch in Deutschland viele neue Arbeitsplätze.
Diese Erfolge brachten dem NS-Regime großes Ansehen. Nur wußten die meisten nicht, daß ______________________________
______________________________. Hitler kümmerte diese Entwicklung wenig; nach seiner Ansicht konnte letztlich nur ein Krieg die Probleme Deutschlands lösen.
Im Herbst 1936 wurde ein zweiter Vierjahresplan verkündet. Er stand eindeutig im Dienst der Kriegsvorbereitung. Innerhalb von vier Jahren sollte die deutsche Wirtschaft alles bereitstellen, was
____
____
____
______________________________.

Blick in die Montagehalle einer Panzerfabrik

GESCHICHTE	NAME:	KLASSE:	DATUM:	NR.:

Die deutsche Wirtschaft im Dienst der Aufrüstung

Das Versprechen, die ***Arbeitslosigkeit*** zu beseitigen, war einer der Gründe, warum viele Deutsche die NSDAP gewählt hatten. Um dieses Ziel zu erreichen, setzten die NS-Machthaber verschiedene Mittel ein:

* ***Förderung von Vorhaben, die den Einsatz vieler Menschen erforderten (Straßen-, Autobahnbau, Bau von Flugplätzen und Kasernen, Trockenlegung von Sümpfen und Mooren ...)***
* ***Verzicht auf den Einsatz von Maschinen.***
* ***Ausbau der Rüstungsindustrie.***
* ***Reichsarbeitsdienst ab 1935 Pflicht.***
* ***Einführung der zweijährigen Wehrpflicht.***
* ***Bereitstellung von Familiendarlehen, das viele Frauen veranlaßte, ihren Beruf aufzugeben.***

Zudem brachte der seit 1933 überall in der Welt einsetzende wirtschaftliche Wiederaufschwung auch in Deutschland viele neue Arbeitsplätze.
Diese Erfolge brachten dem NS-Regime großes Ansehen. Nur wußten die meisten nicht, daß ***diese Leistungen einzig durch eine enorme Staatsverschuldung möglich waren.*** Hitler kümmerte diese Entwicklung wenig; nach seiner Ansicht konnte letztlich nur ein Krieg die Probleme Deutschlands lösen.
Im Herbst 1936 wurde ein zweiter Vierjahresplan verkündet. Er stand eindeutig im Dienst der Kriegsvorbereitung. Innerhalb von vier Jahren sollte die deutsche Wirtschaft alles bereitstellen, was ***zur Führung eines Krieges notwendig war.***

↓

Wehrwirtschaft

THEMA

NS-Annexionspolitik

LERNZIELE

Hitlers Vorgehen gegen die Tschechoslowakei kennenlernen.
Teilnehmer und Ergebnis der Münchner Konferenz nennen können.
Bewußtmachen, daß der Überfall auf die Tschechei nicht mehr mit völkischen Interessen zu begründen war.
Aufzeigen, daß die anderen Staaten wohl zum letzten Mal Hitlers Forderungen nachgekommen waren.

ARBEITSMITTEL / MEDIEN / LITERATURHINWEISE

Folie 1 (Teilnehmer an der Münchner Konferenz), 2 Informationsblätter, 1 Arbeitsblatt

Zusatz: 32 00559 "Hitlers Weg in den Krieg" (15 min)

TAFELBILD / FOLIEN

B 2 Die Teilnehmer an der Münchner Konferenz; von links: Chamberlain, Daladier, Hitler, Mussolini

Folie 1

I. <u>Hinführung:</u>

Folie 1 (Teilnehmer an der Münchner Konferenz)	SS: Europäische Staatsmänner führen mit Hitler Verhandlungen über ...
Zielangabe/Begriffsklärung	TA: ***NS-Annexionspolitik***

II. <u>Erarbeitung:</u>

<u>1. TZ:</u> Das Münchner Abkommen

Informationsblatt 1/AA/EA/PA	L: Wie kam es zum Münchner Abkommen, wer war daran beteiligt und welches Ergebnis wurde erzielt?
Auswertung/LSG	SS: Auf der Münchner Konferenz verhandelten Deutschland, England, Frankreich und Italien über die Abtretung des Sudetenlandes. Am 29. Sept. wurde das Abkommen unterzeichnet.
Impuls (Bild Informationsblatt 1)	L: Den Sudetendeutschen gefiel diese Entscheidung.
	SS: Sie fühlten sich Deutschland verbunden. ...

<u>2. TZ:</u> Hitlers Griff nach Prag

Informationsblatt 2/ stilles Erlesen/Auswertung/LSG	SS: Hitler macht die Tschechoslowakei zu einem Teil des "Großdeutschen Reiches".

III. <u>Vertiefung:</u>

Impuls	L: Die Annexion der Tschechoslowakei war nicht vergleichbar mit den bisherigen Gebietsansprüchen.
	SS: Kein nationales Interesse ...

IV. <u>Sicherung:</u>

Eintrag AB

V. <u>Ausweitung:</u>

Reaktionen des Auslands	SS: Nochmals verhalten sich die anderen Staaten nicht passiv.

NS-Annexionspolitik und die Reaktion der Westmächte

Die Abtretung des Sudetenlandes durch die Tschechoslowakei - das Münchner Abkommen

Hitlers nächstes Ziel war die Zerschlagung der Tschechoslowakei. Etwa 3,5 Millionen Volksdeutsche lebten dort in Sprachinseln, in den Städten und in geschlossenen Siedlungsgebieten am Rande des Staates. Diese sog. **Sudetendeutschen** (nach ihrer Herkunft aus den Sudetenländern Böhmen, Mähren und Schlesien) sollten "heim ins Reich" geholt werden.
Die ausländischen Mächte aber wollten keine weiteren Übergriffe Hitlers mehr dulden.
Der englische Premierminister Chamberlain kam mehrmals nach Deutschland, um mit Hitler zu verhandeln. Hitler forderte die Abtretung der sudentendeutschen Gebiete an das Reich. Er deutete an, daß die deutsche Wehrmacht notfalls darum kämpfen würde.
Als Krieg in Europa drohte, schaltete sich Mussolini als Vermittler ein. Auf der **Münchner Konferenz** verhandelten Deutschland, England, Frankreich und Italien über das Durchführungsverfahren der Abtretung des Sudetenlandes und den zeitlichen Ablauf der Besetzung. Dabei sagte Hitler am 29. September 1939:

> *"Ich bin Herrn Chamberlain dankbar für seine Bemühungen. Ich habe ihm versichert, daß das deutsche Volk nichts anderes als den Frieden will ... Ich habe ihm weiter zugesichert, daß es für Deutschland kein territoriales Problem mehr gibt."*

Am 29. September 1938 wurde das Münchner Abkommen unterzeichnet. Das Sudetenland kam zu Deutschland. Die Tschechoslowakei hatte damit ihren Festungsgürtel in den Randgebirgen verloren. Sie war nun Hitlers Eroberungsdrang ausgeliefert.

Bei der Besetzung des Sudetengebietes wurde Hitler mit seinen Begleitern von hunderttausenden begeisterten Menschen stürmisch bejubelt.

Hitlers Griff nach Prag

Drei Wochen nach der Münchner Konferenz unterzeichnete Hitler einen Geheimbefehl an die deutsche Wehrmacht, die die **"Erledigung der Rest-Tschechei"** einleitete. In der Nacht vom 14. auf den 15. März wurde der tschechische Präsident Hácha in der Berliner Reichskanzlei solange unter Druck gesetzt, bis er die Erklärung unterzeichnete, daß er "das Schicksal des tschechischen Volkes und Landes vertrauensvoll in die Hände des Führers des Deutschen Reiches legt".
Zwei Stunden später, um 6 Uhr morgens, marschierten deutsche Truppen von allen Seiten in das tschechische Staatsgebiet ein. Böhmen und Mähren wurden dem Deutschen Reich angegliedert; die Slowakei dagegen löste sich aus dem Staatenverband und stellte sich unter den Schutz des Reiches. Einen Tag später unterschrieb Hitler in Prag den Erlaß, der die Tschechei zu einem Gebiet des "Großdeutschen Reiches" erklärte.
Diesen Überfall konnte Hitler nicht mehr mit völkischen, nationalen Interessen begründen. Er hatte das Selbstbestimmungsrecht des tschechischen Volkes mißachtet. Das Mißtrauen der Welt in seine Politik war damit bestätigt.

Einmarsch deutscher Truppen in Prag am 15. März 1939

Das Ausland reagierte heftig auf die Besetzung der Tschechoslowakei. Hier einige Stimmen:

Französischer Protest:

"Die Regierung der Republik ist der Ansicht, daß das Vorgehen der Reichsregierung gegen die Tschechoslowakei eine klare Verletzung des Geistes und des Buchstabens der am 29. September in München unterzeichneten Verträge bedeutet."

Aus der Protestnote der Sowjetregierung:

"Mangels einer Willensäußerung des tschechischen Volkes können die Besetzung der tschechischen Länder durch die deutschen Truppen und die darauffolgenden Schritte der deutschen Regierung nur als willkürlich, gewaltsam und aggressiv angesehen werden."

GESCHICHTE	NAME: ____________	KLASSE: ____	DATUM: ________	NR.: ___

NS-Annexionspolitik

Hitlers nächstes Ziel war die Zerschlagung der ______________________________.
Etwa 3,5 Millionen Volksdeutsche lebten dort in Sprachinseln und in den Städten. Diese sog. "______________________________" sollten "heim ins Reich" geholt werden. Die ausländischen Mächte wollten keine weiteren Übergriffe Hitlers mehr dulden. Als aufgrund dieser Entwicklung in Europa Krieg drohte, verhandelten auf der Münchner Konferenz ____
______________ über das Durchführungsverfahren der Abtretung des Sudetenlandes und den zeitlichen Ablauf der Besetzung. Am ____________________ wurde das ____ unterzeichnet.
Das ________________________ wurde Teil des sog. "Großdeutschen Reiches".

Drei Wochen nach der Münchner Konferenz unterzeichnete Hitler einen Geheimbefehl an die deutsche Wehrmacht, der die "Erledigung der Rest-Tschechei" einleitete. Am ________________________ marschierten deutsche Truppen in das tschechische Staatsgebiet ein und machten es zu einem Teil des "Großdeutschen Reiches", dem sog. "____
______________________________, die Slowakei löste sich aus dem Staatenverband und stellte sich unter den Schutz des Reiches.

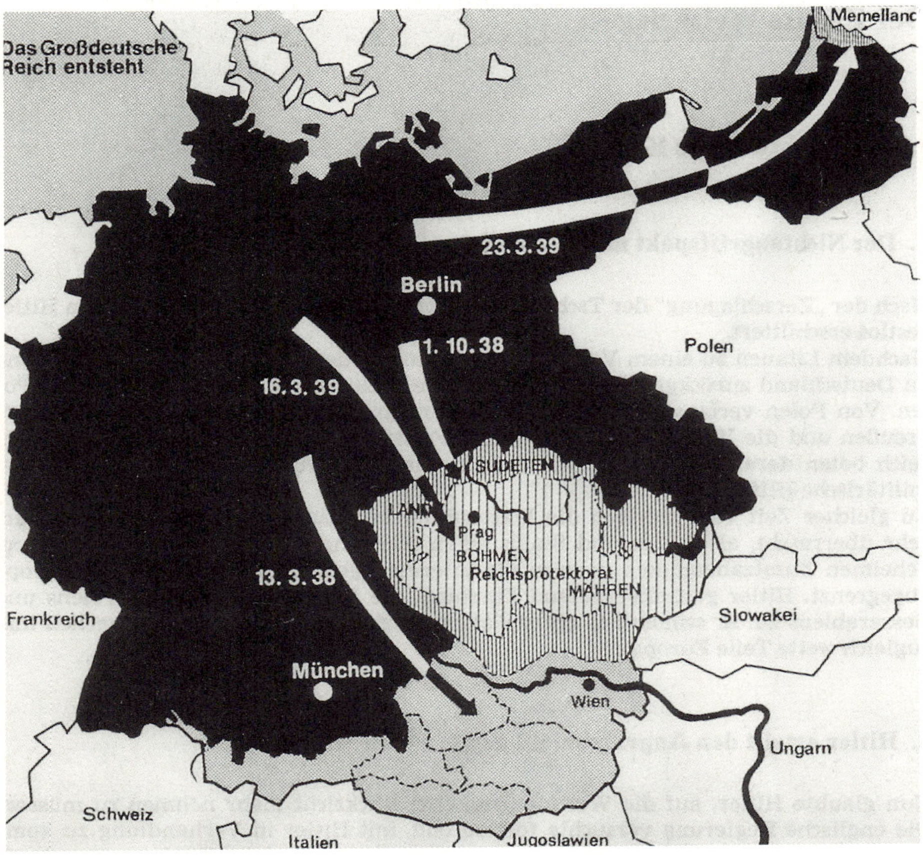

Diesen Überfall konnte Hitler nicht mehr mit nationalen Interessen begründen. Das Mißtrauen der Welt in seine Politik war damit bestätigt.

Kennzeichne die betroffenen Länder der NS-Annexionspolitik mit verschiedenen Farben!

GESCHICHTE	NAME:	KLASSE:	DATUM:	NR.:

NS-Annexionspolitik

Hitlers nächstes Ziel war die Zerschlagung der ***Tschechoslowakei.***
Etwa 3,5 Millionen Volksdeutsche lebten dort in Sprachinseln und in den Städten. Diese sog. " ***Sudetendeutschen***" sollten "heim ins Reich" geholt werden. Die ausländischen Mächte wollten keine weiteren Übergriffe Hitlers mehr dulden.
Als aufgrund dieser Entwicklung in Europa Krieg drohte, verhandelten auf der Münchner Konferenz ***Deutschland, England, Frankreich und Italien*** über das Durchführungsverfahren der Abtretung des Sudetenlandes und den zeitlichen Ablauf der Besetzung. Am ***29. September 1938*** wurde das ***Münchner Abkommen*** unterzeichnet.
Das ***Sudetenland*** wurde Teil des sog. "Großdeutschen Reiches".

Drei Wochen nach der Münchner Konferenz unterzeichnete Hitler einen Geheimbefehl an die deutsche Wehrmacht, der die "Erledigung der Rest-Tschechei" einleitete. Am ***15. März 1938*** marschierten deutsche Truppen in das tschechische Staatsgebiet ein und machten es zu einem Teil des "Großdeutschen Reiches", dem sog. " ***Reichs-protektorat Böhmen und Mähren*** ", die Slowakei löste sich aus dem Staaten-verband und stellte sich unter den Schutz des Reiches.

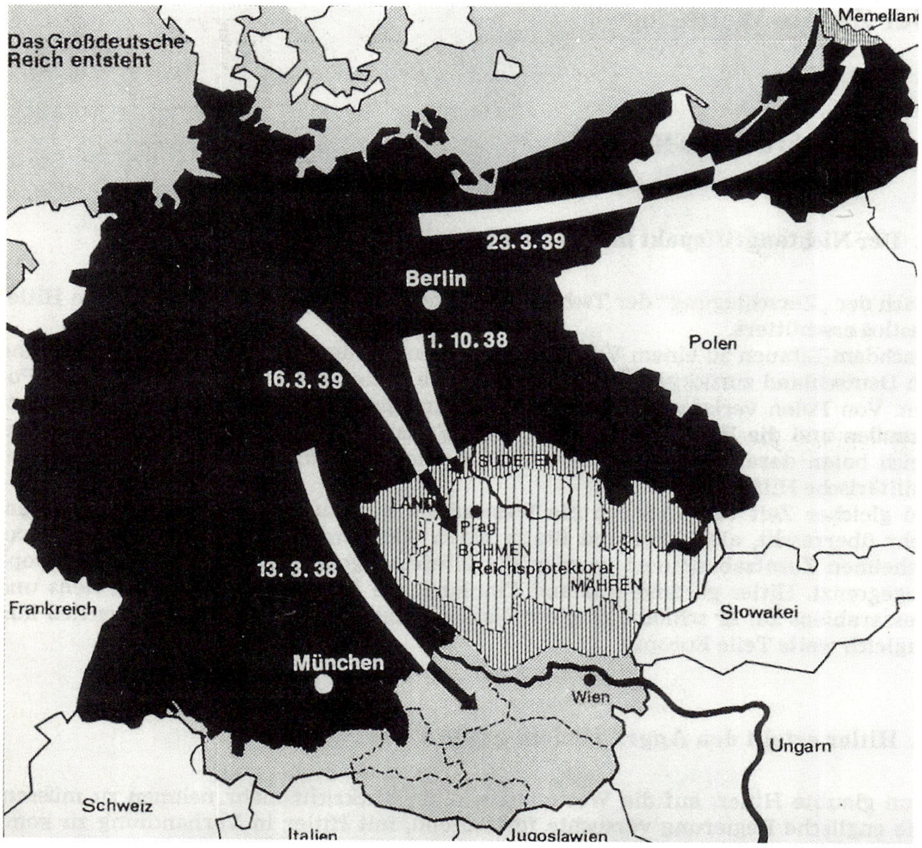

Diesen Überfall konnte Hitler nicht mehr mit nationalen Interessen begründen. Das Mißtrauen der Welt in seine Politik war damit bestätigt.

Kennzeichne die betroffenen Länder der NS-Annexions-politik mit verschiedenen Farben!

THEMA

Angriff auf Polen - der Beginn des Zweiten Weltkrieges

LERNZIELE

Erkennen, wie es zum Angriff auf Polen kam.
Die Rolle des Hitler-Stalin-Pakts einschätzen können.
Erkennen, daß Hitler mit dem Angriff auf Polen den Zweiten Weltkrieg auslöste, nachdem Frankreich und England ein Hilfeversprechen an Polen gegeben hatten.

ARBEITSMITTEL / MEDIEN / LITERATURHINWEISE

Folie 1 (Der Führer verkündet...), 2 Informationsblätter, 1 Arbeitsblatt

Zusatz: 32 00559 "Hitlers Weg in den Krieg" (15 min)
32 00588 "Hitlers Überfall auf Europa" (17 min)

TAFELBILD / FOLIEN

Berliner Ausgabe | „Freiheit und Brot!" | **Berliner Ausgabe**

245. Ausg. / 52. Jahrg. / Einzelpreis 15 Pf. / Auswärts 20 Pf. | Berlin, Sonnabend, 2. September 1939

VÖLKISCHER BEOBACHTER

Kampfblatt der national-sozialistischen Bewegung Großdeutschlands

Der Führer verkündet den Kampf für des Reiches Recht und Sicherheit

Folie 1

I. Hinführung:

* Folie 1 (Der Führer verkündet...)
* TB-Aufnahme: Seit 5.45 Uhr ...

Zielangabe

TA: ***Angriff auf Polen - der Beginn des Zweiten Weltkrieges***

II. Erarbeitung:

Informationsblätter 1 und 2/
AA/EA/PA

1. Wie kam es zum Angriff auf Polen?
2. Welche Rolle spielte dabei der Hitler-Stalin-Pakt?
3. Warum war der Angriff auf Polen zugleich der Beginn des Zweiten Weltkrieges?

Auswertung/LSG

zu 1.: Forderung eines freien Zugangs zu Ostpreußen - Polen soll langfristig den gesamten "Korridor" abtreten - Polen weigert sich - Angriff auf Polen am 1. September 1939.

zu 2.: Der Hitler-Stalin-Pakt soll die Gefahr eines Zweifrontenkrieges beseitigen.

zu 3.: Das Hilfeversprechen Englands und Frankreichs an Polen mußte den Zweiten Weltkrieg auslösen.

IV. Sicherung:

Eintrag AB

V. Ausweitung:

Auch Stalin hatte den Pakt mit Hitler eiskalt kalkuliert. In einer Geheimsitzung am 19. August 1939 führte er aus:

"Krieg oder Frieden: Diese Frage ist nun in ihre kritische Phase eingetreten. Ihre Lösung hängt völlig von der Stellung ab, die von der Sowjetunion eingenommen wird. Wir sind absolut davon überzeugt, daß Deutschland, wenn wir einen Bündnisvertrag mit Frankreich und Großbritannien abschließen, sich gezwungen sehen wird, von Polen zurückzuweichen und ein Auskommen mit den Westmächten zu suchen. Auf diese Weise könnte der Krieg vermieden werden, und die schließliche Entwicklung würde bei diesem Zustand der Dinge einen für uns gefährlichen Charakter annehmen.

Auf der anderen Seite wird Deutschland, wenn wir das euch bekannte Angebot Deutschlands eines Nichtangriffspaktes annehmen, sicher Polen angreifen, und die Intervention Frankreichs und Englands in diesen Krieg wird unvermeidlich werden. Unter solchen Umständen werden wir viele Chancen haben, außerhalb des Konfliktes zu bleiben, und wir können mit Vorteil abwarten, bis die Reihe an uns ist."

Angriff auf Polen - der Beginn des Zweiten Weltkriegs

Neue Ziele im Osten

Eine Woche nach dem Einmarsch der deutschen Truppen in die Tschechoslowakei ließ Hitler das zu Litauen gehörende Memelland (23. 3. 1939) besetzen. Auch hier wurde der 1919 gegründeten Republik Litauen ein Vertrag aufgezwungen, der nur dem Schein nach rechtmäßig war. Dies bedeutete einen weiteren Schritt zur Beseitigung der Versailler Bestimmungen und eine strategische Vorbereitung weiterer Ausdehnungspläne gegen Polen. Er forderte einen freien Zugang nach Ostpreußen. Dieser Teil Deutschlands war durch den sog. "Korridor", die schmale Verbindung Polens mit der Ostsee, vom übrigen Reich getrennt. Polen sollte hier einen Landstreifen für eine Straße und eine Bahnlinie, später den gesamten Korridor abtreten. Außerdem verlangte er, daß die Freie Stadt Danzig wieder in das Reich eingegliedert würde.

England und Frankreich wollten eine weitere Ausdehnung Deutschlands nicht mehr zulassen. Die Beschwichtigungspolitik war gescheitert, die Westmächte boten deshalb Polen militärische Hilfe für den Fall eines Angriffs durch Deutschland an. Zur gleichen Zeit verhandelten sie mit Rußland, um eventuell gemeinsam gegen Deutschland vorgehen zu können.

Informationsblatt 1

Der Hitler-Stalin-Pakt

Die Welt war deshalb überrascht, als Hitler und Stalin am 23. August 1939 einen Nichtangriffspakt schlossen. In einem geheimen Zusatzabkommen grenzten sie ihre Interessengebiete in Europa ab. Der Sowjetunion wurde Finnland, Estland, Lettland, Bessarabien und Ostpolen zugestanden, d.h. die beiden Mächte teilten insgeheim Polen bereits unter sich auf, noch bevor kriegerische Auseinandersetzungen überhaupt begonnen hatten. Hitler glaubte durch diesen Vertrag die Gefahr eines Zweifrontenkrieges beseitigt zu haben.

Außenminister von Ribbentrop unterzeichnet den deutsch-russischen Nichtangriffspakt. Hinter ihm Molotow und Stalin.

Der Angriff auf Polen

Hitler war also zum Angriff auf Polen entschlossen. Die Propaganda sollte helfen, den Boden dafür zu bereiten. Anlaß war der Schutz deutscher Minderheiten. In Polen war das Verhältnis zwischen polnischer Bevölkerung und den dort lebenden Deutschen besonders gespannt. 1939 steigerten sich erneut Übergriffe und Schikanen gegen Deutsche; polnische Militärs sprachen sogar offen von einem Krieg gegen Deutschland.
Polen blieb in der Korridorfrage und gegen die Forderung, Danzig in das Reich einzugliedern hart. Die Westmächte erneuerten das Hilfeversprechen. England bemühte sich trotzdem, Verhandlungen zwischen Polen und Deutschland nochmals in Gang zu bringen. Hitler befürchtete schon, die Westmächte könnten noch einmal zurückweichen, denn er wollte den Krieg. So forderte er von Polen ultimativ die Annahme der deutschen Bedingungen. Polen, durch einen Beistandspakt mit England gestärkt, lehnte ab. Schließlich schuf Hitler den "Grund" für einen Angriff auf Polen selber: In der oberschlesischen Stadt Gleiwitz, nahe der polnischen Grenze, befand sich eine deutsche Rundfunkstation. Männer der SS hatten den Auftrag erhalten, einen Überfall auf diesen Sender zu inszenieren. In polnische Soldatenuniformen gekleidet, drangen sie am Abend des 31. August in den deutschen Sender ein. Einige Zeit später wurde von allen deutschen Radiostationen verbreitet, daß der Sender Gleiwitz von Polen überfallen worden war.
Im Morgengrauen des folgenden Tages, dem 1. September 1939, überschritten deutsche Truppen die Grenzen zu Polen. England und Frankreich hielten ihre Hilfeversprechen und erklärten am 3. September Deutschland den Krieg. Der Zweite Weltkrieg hatte damit begonnen.

Hitler am 1. September 1939 vor dem Reichstag:

> *Polen hat heute nacht zum ersten Mal auf unserem eigenen Territorium auch bereits durch reguläre Soldaten geschossen. Seit 5 Uhr 45 wird jetzt zurückgeschossen! Und von jetzt ab wird Bombe mit Bombe vergolten."*

1. September 1939 - Angriff auf Polen: Der Beginn des Zweiten Weltkrieges

Eine Woche nach dem Einmarsch der deutschen Truppen in die Tschechoslowakei ließ Hitler das ____________________ besetzen. Daraufhin richtete Hitler ganz offen seine Ausdehnungspläne gegen Polen.
Er forderte ____________________.
Dieser Teil Deutschlands war durch den sog. "____________________", die schmale Verbindung Polens mit der Ostsee, vom übrigen Reich getrennt. Polen sollte hier einen Landstreifen für eine Straße und eine Bahnlinie, später dann den ganzen Korridor abtreten. Außerdem verlangte Hitler, ____________________ ____________________.

England und Frankreich wollten eine weitere Ausdehnung Deutschlands nicht mehr zulassen und boten deshalb Polen militärische Hilfe für den Fall eines Angriffs durch Deutschland an.

Hitler schloß daraufhin mit Rußland einen ____________________, in dem bereits im August 1939 die ____________________ zwischen den beiden Mächten beschlossen wurde. Hitler wollte mit diesem Vertrag die Gefahr eines ____________________ beseitigen.

Polen ging auf die Forderungen Hitlers nicht ein. Hitler forderte ultimativ die Annahme der deutschen Bedingungen. Polen lehnte ab. Am ____________________ marschierten deutsche Truppen in Polen ein. England und Frankreich hielten ihre Hilfeversprechen gegenüber Polen und erklärten am ____________________ Deutschland den Krieg. Der Zweite Weltkrieg hatte begonnen.

Deutsche Truppen reißen die rot-weißen Grenzpfähle Polens nieder.

GESCHICHTE	NAME: ______________	KLASSE: ____	DATUM: __________	NR.: ___

1. September 1939 - Angriff auf Polen: Der Beginn des Zweiten Weltkrieges

Eine Woche nach dem Einmarsch der deutschen Truppen in die Tschechoslowakei ließ Hitler das ***Memelland*** besetzen. Daraufhin richtete Hitler ganz offen seine Ausdehnungspläne gegen Polen.
Er forderte ***einen freien Zugang zu Ostpreußen.***
Dieser Teil Deutschlands war durch den sog. " ***Korridor*** ", die schmale Verbindung Polens mit der Ostsee, vom übrigen Reich getrennt. Polen sollte hier einen Landstreifen für eine Straße und eine Bahnlinie, später den ganzen Korridor abtreten. Außerdem verlangte Hitler, ***die Freie Stadt Danzig wieder in das Reich einzugliedern.***

England und Frankreich wollten eine weitere Ausdehnung Deutschlands nicht mehr zulassen und boten deshalb Polen militärische Hilfe für den Fall eines Angriffs durch Deutschland an.

Hitler schloß daraufhin mit Rußland einen ***Nichtangriffspakt,*** in dem bereits im August 1939 die ***Aufteilung Polens*** zwischen den beiden Mächten beschlossen wurde. Hitler wollte mit diesem Vertrag die Gefahr eines ***Zweifrontenkrieges*** beseitigen.

Polen ging auf die Forderungen Hitlers nicht ein. Hitler forderte ultimativ die Annahme der deutschen Bedingungen. Polen lehnte ab. Am ***1. September 1939*** marschierten deutsche Truppen in Polen ein. England und Frankreich hielten ihre Hilfeversprechen gegenüber Polen und erklärten am ***3. September 1939*** Deutschland den Krieg.
Der Zweite Weltkrieg hatte begonnen.

Deutsche Truppen reißen die rot-weißen Grenzpfähle Polens nieder.

Schüler zeichnen den "Korridor"

THEMA

Der Zweite Weltkrieg

LERNZIELE

Den Verlauf des Zweiten Weltkrieges kennenlernen.
Bewußtmachen, daß ein Krieg unendlich viel Leid über die Menschen bringt.

ARBEITSMITTEL / MEDIEN / LITERATURHINWEISE

Folie 1 ("Das Leichentuch"), Folie 2 (Zeit der Blitzkriege), Folie 3 (Deutschlands größte Ausdehnung), 1 Informationsblatt, 1 Arbeitsblatt

Zusatz: 32 00588 "Hitlers Überfall auf Europa" (17 min)
32 00589 "Dem Ende entgegen 1942 - 1945" (23 min)

TAFELBILD / FOLIEN

Folie 1

I. Hinführung:

Anknüpfung an die vorige Stunden

SS: schildern, wie es zum Ausbruch des Zweiten Weltkriegs kam.

Zielangabe

TA: ***Der Zweite Weltkrieg***

II. Erarbeitung:

Schülerbuch, Film, Dias, Materialien der Schüler/ Aussprache/LSG

TA:
* Überfall auf Polen
* Angriff auf Dänemark und Norwegen
* Angriff auf Frankreich
* Luftschlacht über England
* Krieg in Afrika
* Balkanfeldzug
* Angriff auf Rußland
* Japans Angriff auf Pearl Harbour - Kriegseintritt der USA
* Deutsche Kapitulation
* Atombombe in Japan

III. Vertiefung:

Informationsblatt 1/ Folie 2 - 4

SS: fassen die Ereignisse anhand der Karten zusammen

IV. Sicherung:

Eintrag AB

V. Ausklang:

Folie 1 (Meditation)

Das Leichentuch.
Eine prophetische Darstellung von A.P. Weber aus dem Jahre 1941.

Der Zweite Weltkrieg

1. Die deutschen Anfangserfolge:

1. Sept. 1939:	Angriff auf Polen, Blitzkrieg von 18 Tagen.
9. April 1940:	Angriff auf Dänemark und Norwegen. Zugang zum schwedischen Eisenerz.
10. Mai 1940:	Angriff auf die Benelux-Staaten und Frankreich. Nach 6 Wochen Kapitulation Frankreichs.
August 1940:	verschärfter Luftkrieg gegen England.
März 1941:	Afrikafeldzug unter General Rommel.
April 1941:	Angriff auf Jugoslawien und Griechenland, Balkanfeldzug.
22. Juni 1941:	Rußlandfeldzug (Unternehmen Barbarossa).
Dezember 1941:	Kriegseintritt der USA nach dem japanischen Überfall auf Pearl Harbour.
11. Dez. 1941:	Deutschland und Italien erklären den USA den Krieg.
Januar 1942:	Starke russische Gegenoffensive.
März 1942:	Die russische Gegenoffensive wird unter Kontrolle gebracht.
Juni 1942:	Deutsche Vorstöße zur Eroberung des Kaukasus (Erdöl).

2. Die Wende:

Januar 1943:	Schlacht bei Stalingrad. Kapitulation der 6. Armee.
Mai 1943:	Wende im U-Boot-Krieg gegen England durch Einführung des Radars.
Juli 1943:	Britisch-amerikanische Landung in Italien.
September 1943:	Kapitulation Italiens.
6. Juni 1944:	Invasion in der Normandie: Landung der Amerikaner und Briten in Nordfrankreich.
Januar 1945:	Sowjetischer Vorstoß nach Deutschland.
März 1945:	Amerikanischer Vorstoß über den Rhein.
30. April 1945:	Selbstmord Hitlers.
8. Mai 1945:	Bedingungslose Kapitulation Deutschlands.

3. Das Ende des Zweiten Weltkrieges:

6. August 1945:	Atombombe auf Hiroshima.
9. August 1945:	Atombombe auf Nagasaki.
2. September 1945:	formelle Kapitulation Japans.

Informationsblatt 1

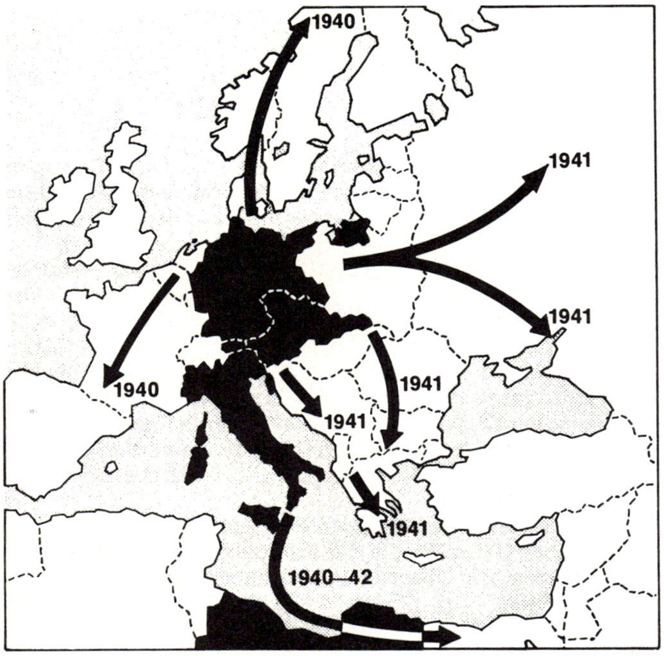

Zeit der Blitzkriege

Deutschland und seine eroberten Gebiete zur Zeit der größten Ausdehnung 1942

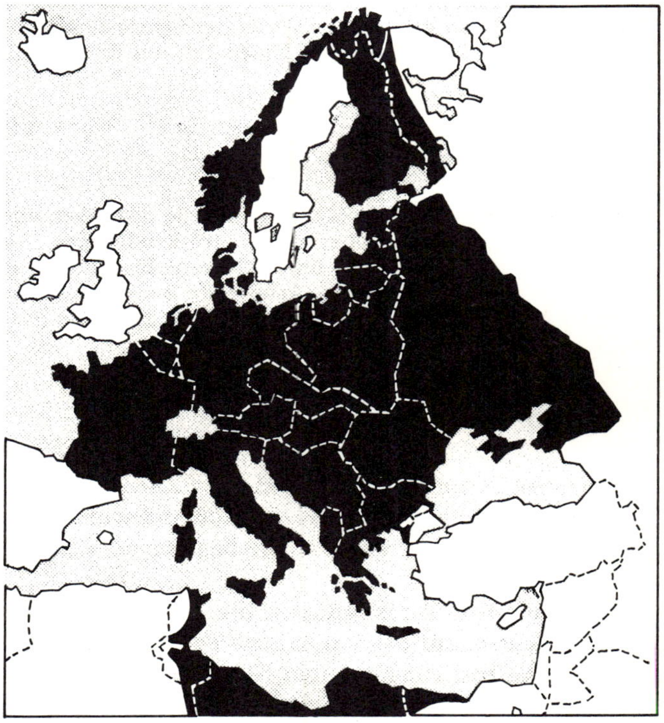

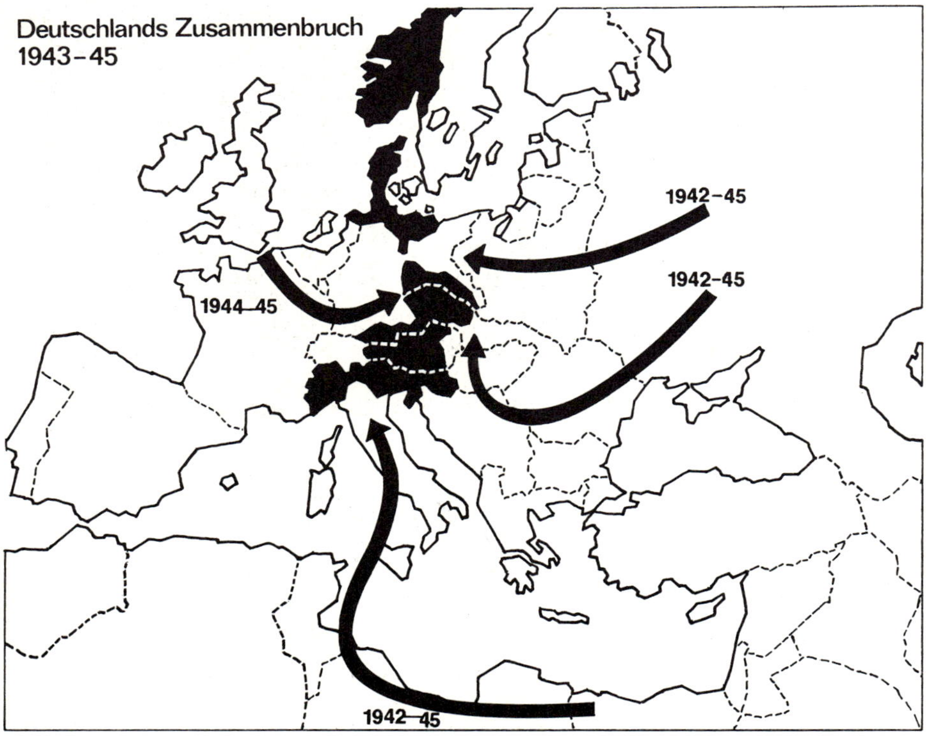

Deutschlands Zusammenbruch 1943 - 1945

Der Zweite Weltkrieg

Deutsche Truppen reißen die rot-weißen Grenzpfähle Polens nieder.

Deutsche Kettenfahrzeuge im Rußlandfeldzug

1. September 1939: ______________________________

____

8. Mai 1945: ______________________________

6. August 1945: ______________________________

____

Hiroshima nach dem amerikanischen Atombombenabwurf am 6. August 1945

Der größte Land-, Luft- und Seekrieg der Geschichte forderte auch die größten Opfer aller Zeiten. Die Katastrophe in Zahlen:

Bevölkerungsverluste in Europa:		**Bevölkerungsverluste in Asien:**	
Gefallene Soldaten	ca. 19 Millionen	Gefallene Soldaten:	ca. 5 Millionen
Tote in der Zivilbevölkerung	ca. 15 Millionen	Tote in der Zivilbevölkerung	ca. 10 Millionen
Ermordete Juden	ca. 6 Millionen		

Der Zweite Weltkrieg

Deutsche Truppen reißen die rot-weißen Grenzpfähle Polens nieder.

Deutsche Kettenfahrzeuge im Rußlandfeldzug

1. September 1939: ***Ausbruch des Zweiten Weltkrieges durch Hitlers Überfall auf Polen.***

8. Mai 1945: ***Bedingungslose Kapitulation Deutschlands.***

6. August 1945: ***Der Abwurf der ersten Atombombe auf Hiroshima beendet den Zweiten Weltkrieg auch in Asien.***

Hiroshima nach dem amerikanischen Atombombenabwurf am 6. August 1945

Der größte Land-, Luft- und Seekrieg der Geschichte forderte auch die größten Opfer aller Zeiten. Die Katastrophe in Zahlen:

Bevölkerungsverluste in Europa:		**Bevölkerungsverluste in Asien:**	
Gefallene Soldaten	ca. 19 Millionen	Gefallene Soldaten:	ca. 5 Millionen
Tote in der Zivilbevölkerung	ca. 15 Millionen	Tote in der Zivilbevölkerung	ca. 10 Millionen
Ermordete Juden	ca. 6 Millionen		

THEMA

Die "Endlösung der Judenfrage"

LERNZIELE

Erkennen, daß in der "Wannsee-Konferenz" am 20. Januar 1942 die sog. "Endlösung der Judenfrage" beschlossen wurde.
Erkennen, daß zu diesem Zweck in Polen sog. "Vernichtungslager" errichtet wurden.
Die Vernichtungslager nennen und auf der Karte zeigen können.
Bewußtmachen, daß die sog. "Endlösung" der Schlußpunkt einer Entwicklung war, die schon viel früher begonnen hatte.
Betroffenheit auslösen.

ARBEITSMITTEL / MEDIEN / LITERATURHINWEISE

Folie 1 (Bild "Endlösung"), Folie 2 (Bild "Endlösung"), 3 Informationsblätter, 1 Arbeitsblatt

Zusatz: 42 00075 "Völkermord" (45 min)
32 02627 "Buchenwald im April 1945" (14 min)
50 04002 "Todesfuge - Das nationalsozialistische KZ-System" (60 min)

TAFELBILD / FOLIEN

Auf dem Weg ins Gas

Folie 1

I. Hinführung:

Folie 1 (Bild "Endlösung")

Zielangabe — TA: ***Die "Endlösung der Judenfrage"***

II. Erarbeitung:

Informationsblatt 1/
stilles Erlesen/Auswertung/LSG

TA: 20. Januar 1942:
In der "Wannsee-Konferenz" in Berlin wird die endgültige Vernichtung der Juden beschlossen.

Zu diesem Zweck werden in Polen sog. "Vernichtungslager" errichtet, in denen der Massenmord betrieben wird.

Der "Endlösung" fallen ca. 6.000.000 Menschen zum Opfer.

III. Vertiefung:

Impuls

L: Die sog. "Endlösung" war der Endpunkt einer Entwicklung, die schon viel früher begonnen hatte.

SS: Judenverfolgung ab der Machtübernahme durch Hitler; doch keiner hat sich dagegen gewehrt.

IV. Sicherung:

Eintrag AB

V. Ausweitung:

Impuls (Folie Karte KZ)

L: Es gab Gründe, warum die Vernichtungslager gerade in Polen gebaut wurden.

Folie 2

SS: Die deutsche Bevölkerung sollte möglichst wenig davon erfahren. ...

Informationsblätter 2 und 3/
(Bericht über die "Sonderbehandlung" der Juden)

Die "Endlösung der Judenfrage"

Bis 1942 hatte die deutsche Wehrmacht bereits viele Gebiete in Osteuropa erobert. Hauptziel aller Verfolgungen, die die SS in dieser Ländern, vor allem in Polen, durchführten, waren die Juden. Sie wurden im ganzen Land zusammengetrieben und in Ghettos gepfercht. Allein im Warschauer Ghetto waren ca. 400.000 Menschen eingeschlossen.
Bereits 1941 beschloß die nationalsozialistische Führung, alle Juden in ihrem Machtbereich zu vernichten. Die Planer dieses Völkermordes rechneten mit ca. 11 Millionen jüdischen Männern, Frauen und Kindern, die ermordet werden sollten.
Anfangs führten sog. "Einsatzkommandos" der SS die Mordpläne aus. Diese Massaker waren der nationalsozialistischen Führung jedoch noch nicht wirkungsvoll und schnell genug. Am **20. Januar 1942** wurde in der sog. **"Wannsee-Konferenz"** in Berlin die endgültige Vernichtung der Juden beschlossen und bis ins Detail geplant und durchorganisiert. Zynisch nannten die Verantwortlichen ihr Vorhaben die "Endlösung der Judenfrage".

Die SS errichtete in Polen große Vernichtungslager, wo in eigens dafür entwickelten Gaskammern Massenmord in einem bisher nicht vorstellbaren Ausmaß möglich war. Die Opfer, vorwiegend Juden, aber auch Polen, Zigeuner, Kommunisten und Gegner des Nationalsozialismus wurden überall zusammengetrieben und unter dem Vorwand der Umsiedelung nach Polen geschafft.
Viele starben schon auf der tagelangen Reise in völlig überfüllten Viehwaggons, ohne Nahrung, ohne Wasser, ohne Toiletten. Sofort nach der Ankunft im Lager teilten SS-Ärzte die Gefangenen in zwei Gruppen: Schwache, Kranke, Alte und kleine Kinder wurden sofort in die Gaskammer geschickt. Wer noch arbeitsfähig war, mußte im Lager bis zur Erschöpfung arbeiten.
Insgesamt fielen der "Endlösung" ca. 6 Millionen Juden zum Opfer.

Ein Beobachter schreibt über die "Sonderbehandlung der Juden":

"Am anderen Tag fuhren wir nach Belcec. Ein kleiner Spezialbahnhof war zu diesem Zweck an einem Hügel geschaffen worden. - Dicht bei dem kleinen zweigleisigen Bahnhof war eine große Baracke, die sogenannte Garderobe, mit einem großen Wertsachenschalter. Dann folgte ein Zimmer mit etwa 100 Stühlen, der Friseurraum. Dann eine kleine Allee im Freien unter Birken, rechts und links von doppeltem Stacheldraht umsäumt, mit Inschriften: Zu den Inhalier- und Baderäumen! - Vor uns eine Art Badehaus mit Geranien, dann ein Treppchen, und dann rechts und links je drei Räume 5 mal 5 Meter, 1,90 Meter hoch, mit Holztüren wie Garagen. An der Rückwand, in der Dunkelheit nicht recht sichtbar, große hölzerne Rampentüren. Auf dem Dach als "sinniger kleiner Scherz" der Davidstern!! - Vor dem Bauwerk eine Inschrift: Heckenholt-Stiftung! Am anderen Morgen um kurz vor sieben Uhr kündigt man mir an: In zehn Minuten kommt der Transport! Tatsächlich kam nach einigen Minuten der erste Zug von Lemberg aus an. 45 Waggons mit 6700 Menschen, von denen 1450 schon tot waren bei ihrer Ankunft. Hinter den vergitterten Luken schauten, entsetzlich bleich und ängstlich, Kinder durch, die Augen voll Todesangst, ferner Männer und Frauen. Der Zug fährt ein: 200 Ukrainer reißen die Türen auf und peitschen die Leute mit ihren Lederpeitschen aus ihren Waggons heraus. Ein großer Lautsprecher gibt die weiteren Anweisungen: Sich ganz ausziehen, auch Prothesen, Brillen usw. Die Wertsachen am Schalter abgeben, ohne Bon oder Quittung. Die Schuhe sorgfältig zusammenbinden (wegen Spinnstoffsammlung), denn in den Haufen von reichlich 25 Meter Höhe hätte sonst niemand die zugehörigen Schuhe wieder zusammenfinden können. Dann die Frauen und die Mädchen zum Friseur, der mit zwei, drei Scherenschlägen die ganzen Haare abschneidet und sie in Kartoffelsäcken verschwinden läßt. "Das ist für irgendwelche Spezialzwecke für die U-Boote bestimmt, für Dichtungen oder dergleichen!" sagt mir der SS-Unterscharführer, der dort Dienst tut. -

Dann setzt sich der Zug in Bewegung. Voran ein bildhübsches junges Mädchen, so gehen sie die Allee entlang, alle nackt, Männer, Frauen, Kinder, ohne Prothesen. Ich selbst stehe mit dem Hauptmann Wirth oben auf der Rampe zwischen den Kammern, Mütter mit ihren Säuglingen an der Brust, sie kommen herauf, zögern, treten ein in die Todeskammern! - An der Ecke steht ein starker SS-Mann, der mit pastoraler Stimme zu den Armen sagt: Es passiert euch nicht das geringste! Ihr müßt nur in den Kammern tief Atem holen, das weitet die Lungen, diese Inhalation ist notwendig wegen der Krankheiten und Seuchen. Auf die Frage, was mit ihnen geschehen würde, antwortete er: Ja, natürlich die Männer müssen arbeiten, Häuser und Chausseen bauen, aber die Frauen brauchen nicht zu arbeiten. Nur wenn sie wollen, können sie im Haushalt oder in der Küche mithelfen. - Für einige von diesen Armen ein kleiner Hoffnungsschimmer, der ausreicht, daß sie ohne Widerstand die paar Schritte zu den Kammern gehen - die Mehrzahl weiß Bescheid, der Geruch kündet ihnen ihr Los! - So steigen sie die kleine Treppe herauf, und dann sehen sie alles. Mütter mit Kindern an der Brust, kleine nackte Kinder, Erwachsene, Männer und Frauen, alle nackt - sie zögern, aber sie treten in die Todeskammern, von den anderen hinter ihnen vorgetrieben oder von den Lederpeitschen der SS getrieben. Die Mehrzahl, ohne ein Wort zu sagen. Eine Jüdin von etwa 40 Jahren mit flammenden Augen ruft das Blut, das hier vergossen wird, über die Mörder. Sie erhält 5 oder 6 Schläge mit der Reitpeitsche ins Gesicht, vom Hauptmann Wirth persönlich, dann verschwindet auch sie in der Kammer. - Viele Menschen beten. Ich bete mit ihnen, ich drücke mich in eine Ecke und schreie laut zu meinem und ihrem Gott. Wie gern wäre ich mit ihnen in die Kammern gegangen, wie gern wäre ich ihren Tod mitgestorben. Sie hätten dann einen uniformierten SS-Offizier in ihren Kammern gefunden - die Sache wäre als Unglücksfall aufgefaßt und behandelt worden und sang- und klanglos verschollen. Noch also darf ich nicht, ich muß noch zuvor künden, was ich hier erlebe!

Die Kammern füllen sich. Gut vollpacken - so hat es der Hauptmann Wirth befohlen. Die Menschen stehen einander auf den Füßen. 700 bis 800 auf 25 Quadratmetern, in 45 Kubikmetern! Die SS zwängt sie physisch zusammen, soweit es überhaupt geht. - Die Türen schließen sich. Währenddessen warten die anderen draußen im Freien, nackt. Mit Dieselauspuffgasen sollen die Menschen zu Tode gebracht werden.
Aber der Diesel funktioniert nicht! Der Hauptmann Wirt kommt. Man sieht, es ist ihm peinlich, daß das gerade heute passieren muß, wo ich hier bin. Jawohl, ich sehe alles! Und ich warte. Meine Stoppuhr hat alles brav registriert. 50 Minuten, 70 Minuten - der Diesel springt nicht an. Die Menschen warten in ihren Gaskammern. Vergeblich. Man hört sie weinen, schluchzen ... Der Hauptmann Wirth schlägt mit seiner Reitpeitsche dem Ukrainer, der dem Unterscharführer Heckenholt beim Diesel helfen soll, zwölf-, dreizehnmal ins Gesicht. Nach 2 Stunden 49 Minuten - die Stoppuhr hat alles wohl registriert - springt der Diesel an. Bis zu diesem Augenblick leben viele Menschen in diesen vier Kammern, viermal 750 Menschen in viermal 45 Kubikmetern! - Von neuem verstreichen 25 Minuten. Richtig, viele sind jetzt tot. Man sieht das durch das kleine Fensterchen, in dem das elektrische Licht die Kammern einen Augenblick beleuchtet. Nach 28 Minuten leben nur noch wenige. Endlich, nach 32 Minuten ist alles tot! -
Von der anderen Seite öffnen Männer vom Arbeitskommando die Holztüren. Man hat ihnen - selbst Juden - die Freiheit versprochen und einen gewissen Promillesatz von allen gefundenen Werten für ihren schrecklichen Dienst. Wie Basaltsäulen stehen die Toten aneinandergepreßt in den Kammern. Es wäre auch kein Platz, hinzufallen oder auch nur sich vornüber zu neigen. Selbst im Tode noch kennt man die Familien. Sie drücken sich, im Tod verkrampft, noch die Hände, so daß man Mühe hat, sie auseinanderzureißen, um die Kammer für die nächste Charge freizumachen. Man wirft die Leichen, naß von Schweiß und Urin, kotbeschmutzt, heraus. Kinderleichen fliegen durch die Luft. Man hat keine Zeit, die Reitpeitschen der Ukrainer sausen auf die Arbeitskommandos. Zwei Dutzend Zahnärzte öffnen mit Haken den Mund und sehen nach Gold. Gold links, ohne Gold rechts. Andere Zahnärzte brechen mit Zangen und hämmern die Goldzähne und Kronen aus den Kiefern. -
Die nackten Leichen wurden auf Holztragen nur wenige Meter weit in Gruben von 100 mal 20 mal 12 Meter geschleppt. Nach einigen Tagen gärten die Leichen hoch und fielen alsdann kurze Zeit später stark zusammen, so daß man eine neue Schicht auf dieselben werfen konnte. Dann wurde zehn Zentimeter Sand darübergestreut, so daß nur noch vereinzelte Köpfe und Arme herausragten. - Ich sah an einer solchen Stelle Juden in den Gräbern auf den Leichen herumklettern und arbeiten. Man sagte mir, daß versehentlich die tot Angekommenen eines Transportes nicht entkleidet worden seien. Dies müsse natürlich wegen der Spinnstoffe und Wertsachen, die sie sonst mit ins Grab nähmen, nachgeholt werden. - Weder in Belcec noch in Treblinka hat man sich irgendeine Mühe gegeben, die Getöteten zu registrieren oder zu zählen. Die Zahlen waren nur Schätzungen nach dem Waggoninhalt...
Alle meine Angaben sind wörtlich wahr. Ich bin mir der außerordentlichen Tragweite dieser meiner Aufzeichnungen vor Gott und der gesamten Menschheit voll bewußt und nehme es auf meinen Eid, daß nichts von allem, was ich registriert habe, erdichtet oder erfunden ist, sondern sich genauso verhält..."

▲
Vernichtungslager Auschwitz:

Ab 1940 entstand im besetzten Polen das mit 40 qkm größte Vernichtungslager. Zur „Endlösung der Judenfrage“ trafen täglich aus ganz Europa die Transportzüge mit den verhafteten Opfern auf dem lagereigenen Bahnhof ein, wo sie sofort nach dem Aussteigen in zwei Kolonnen getrennt wurden, links Frauen und Kinder, rechts die Männer.

Die Toten von Dachau:

Nach den bisherigen Ermittlungen des Internationalen Suchdienstes wurden in Dachau 31 951 beurkundete Todesfälle für die Zeit von 1933 bis 1945 festgestellt. Dabei muß erwähnt werden, daß Dachau kein „Vernichtungslager“ war. Nicht beurkundet und nicht bekannt ist u. a. die Anzahl folgender Todesfälle: „Sonderbehandlung“ (Personen, die während des Krieges von der Gestapo zur Exekution in das KZ Dachau eingewiesen wurden); „Kommissar-Erlaß“ (Sowjetische Kriegsgefangene, die aufgrund des „Kommissar-Erlasses“ im KZ Dachau exekutiert wurden); „Todesfälle auf Evakuierungstransporten bzw. Todesmärschen aus dem KZ-Dachau mit Außenlagern, März—April 1945“. ▼

GESCHICHTE	NAME: ______	KLASSE: ____	DATUM: ______	NR.: ___

Die "Endlösung der Judenfrage"

Am ____________________ wurde in der sog. "____________________

____________________" in Berlin die endgültige Vernichtung der Juden beschlossen und in allen technischen Einzelheiten eiskalt geplant und durchorganisiert. Diese Besprechung fand unter Vorsitz des SS-Obergruppenführers Heydrich statt. Zynisch nannten die Verantwortlichen ihr Vorhaben "____________________

____________________.

Die Planer dieses Völkermordes rechneten mit ca. ____________________ jüdischen Männern, Frauen und Kindern, die ermordet werden sollten.

Die SS richtete zu diesem Zweck in ______________ große ______________

____________________ ein, wo in eigens dafür entwickelten Gaskammern Massenmord in einem bisher nicht vorstellbaren Ausmaß möglich war.

Solche Vernichtungslager gab es in ____________________

____________________.

Opfer waren ____________________

____________________.

Insgesamt fielen der "Endlösung" ca. ______________ Menschen zum Opfer.

GESCHICHTE	NAME: ______	KLASSE: ____	DATUM: ______	NR.: ____

Die "Endlösung der Judenfrage"

Am ***20. Januar 1942*** wurde in der sog. "***Wannseekonferenz***" in Berlin die endgültige Vernichtung der Juden beschlossen und in allen technischen Einzelheiten eiskalt geplant und durchorganisiert.
Diese Besprechung fand unter Vorsitz des SS-Obergruppenführers Heydrich statt.
Zynisch nannten die Verantwortlichen ihr Vorhaben "***Endlösung der Judenfrage.***"
Die Planer dieses Völkermordes rechneten mit ca. ***11 Millionen*** jüdischen Männern, Frauen und Kindern, die ermordet werden sollten.
Die SS richtete zu diesem Zweck in ***Polen*** große ***Vernichtungslager*** ein, wo in eigens dafür entwickelten Gaskammern Massenmord in einem bisher nicht vorstellbaren Ausmaß möglich war.
Solche Vernichtungslager gab es in ***Treblinka, Sobibor, Kulmhof, Majdanek und Auschwitz-Birkenau.***
Opfer waren ***vorwiegend Juden, aber auch Polen, Zigeuner, Kommunisten, Priester und Gegner des Nationalsozialismus.***
Insgesamt fielen der "Endlösung" ca. ***6 Millionen*** Menschen zum Opfer.

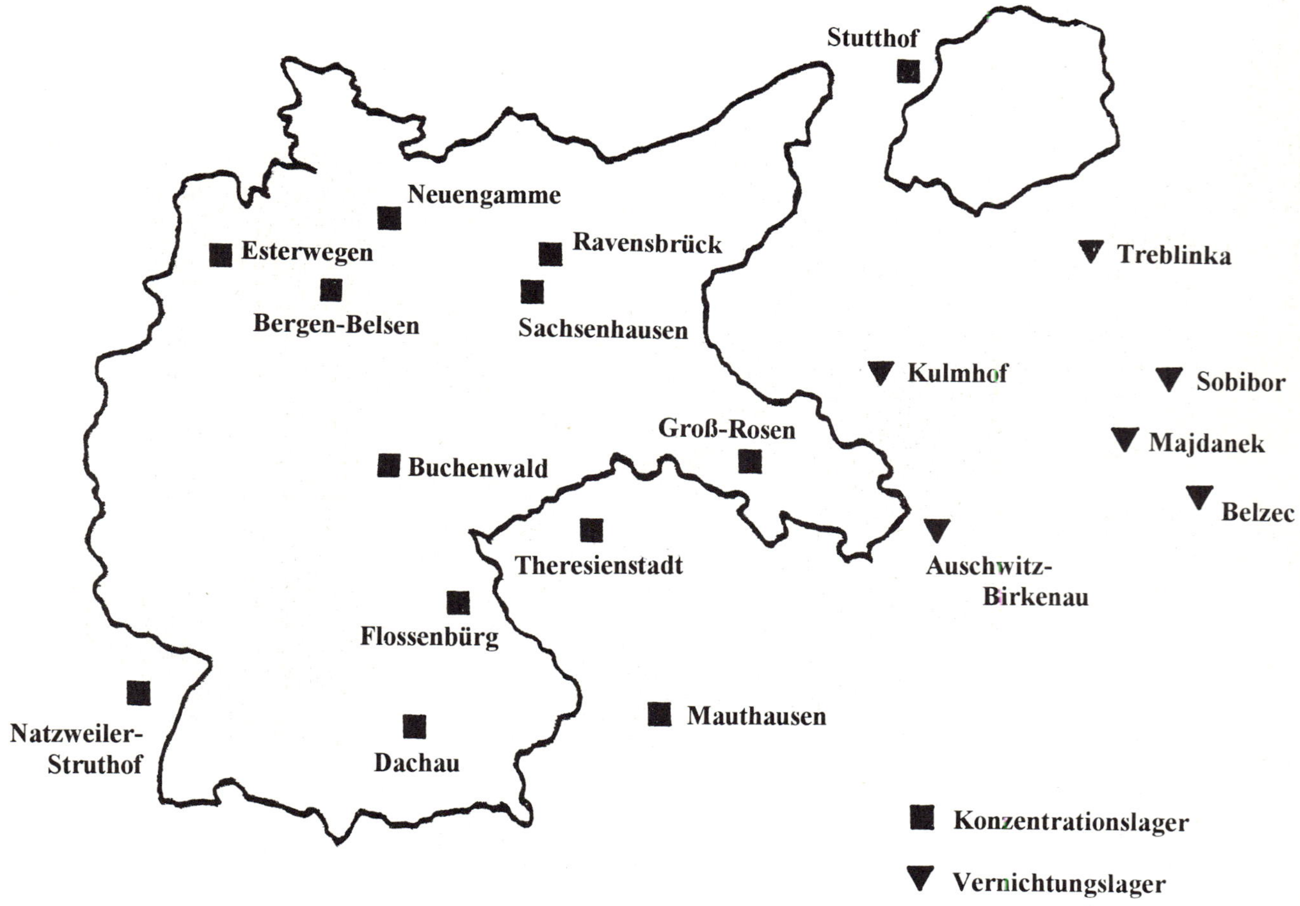

THEMA

Die Versklavung Osteuropas

LERNZIELE

Die rücksichtslose Umsiedelungspolitik als Ziel Hitlers erkennen.
Bewußtmachen, daß die besetzten Ostgebiete ausgeplündert wurden.
Vermitteln, daß am Ende des Krieges ca. 7 Millionen zwangsverpflichtete Arbeiter für die deutsche Rüstungsindustrie tätig waren.
Erkennen, daß sich aufgrund dieser unmenschlichen Politik Partisanengruppen in den besetzten Gebieten bildeten.

ARBEITSMITTEL / MEDIEN / LITERATURHINWEISE

Folie 1 (Deutsche Truppen), 2 Informationsblätter, 1 Arbeitsblatt

TAFELBILD / FOLIEN

Die deutschen Truppen wurden von der Bevölkerung der von der Sowjetunion 1939/40 anektierten Gebiete nahezu einstimmig willkommen geheißen. - Einzug deutscher Truppen in Riga.

Folie 1

I. Hinführung:

Folie 1 (Deutsche Truppen beim Einzug in Riga)

L: Riga liegt in Lettland und war 1941 von der Sowjetunion besetzt.

SS: Die Menschen scheinen sich über den Einmarsch deutscher Truppen zu freuen.

Zielangabe

L: ***Welche Politik betrieb Hitler in den eroberten Ländern Osteuropas?***

II. Erarbeitung:

Informationsblatt 1/
stilles Erlesen/Auswertung/LSG

TA:
* Ziel: Ansiedlung der Deutschen als Herrenvolk.
* Versklavung der bisherigen Bevölkerung.
* Ausplünderung des Landes (Nahrungsmittel, Rohstoffe, Kohle, Öl, wertvolle Maschinen).
* Verschleppung der Menschen zum Arbeitseinsatz in Deutschland (Tätigkeit in der Landwirtschaft und in der Rüstungsindustrie).

III. Vertiefung:

Informationsblatt 2/
gemeinsames Erlesen/LSG

SS: Die unmenschliche Besatzungspolitik führte zur Bildung von Partisanengruppen, die der deutschen Wehrmacht sehr zusetzte.
Ganze Divisionen regulärer Armeen mußten zur Bekämpfung der Partisanentätigkeit eingesetzt werden. Auch in Polen und Jugoslawien bildeten sich Widerstandsgruppen.

IV. Sicherung:

Eintrag AB

V. Ausweitung:

Spurensuche: "Fremdarbeiter" in unserem Ort während der NS-Zeit.

Die Versklavung Osteuropas

Beim Einmarsch in die baltischen Staaten und in die Ukraine wurden die deutschen Truppen von der Bevölkerung vielfach als Befreier von der sowjetischen Zwangsherrschaft begrüßt. Aber Hitler hatte nur das Ziel, in den eroberten Ostgebieten die Deutschen als Herrenvolk anzusiedeln und die einheimische Bevölkerung zu versklaven, auszusiedeln oder zu vernichten. Kommandos der SS ermordeten unzählige Kriegsgefangene und Zivilisten.

Hitlers Politik in den besetzten Ostgebieten bedeutete die Ausplünderung weiter Landstriche und die Verschleppung von Hunderttausenden zu Zwangsarbeit ins Reich. Die russische und polnische Bevölkerung sollte gewaltsam verringert werden. Nahrungsmittel, Rohstoffe, Kohle, Öl und wertvolle Maschinen wurden nach Deutschland abtransportiert. Die Fremdarbeiter wurden in der Landwirtschaft und in der Rüstungsindustrie eingesetzt. Gegen Ende des Krieges waren fast sieben Millionen fremde Arbeitskräfte für die deutsche Rüstung tätig. Die Rüstung erreichte auf diese Weise, trotz der massierten Luftangriffe, noch im Jahre 1944 einen Höhepunkt.

Himmler über die Behandlung der Völker im Osten am 25. 5. 1940:

"Für die nichtdeutsche Bevölkerung im Osten darf es keine höhere Schule geben als die vierklassige Volksschule. Das Ziel dieser Volksschule hat lediglich zu sein: Einfaches Rechnen bis höchstens 500, Schreiben des Namens, eine Lehre, daß es ein göttliches Gebot ist, den Deutschen gehorsam zu sein und ehrlich, fleißig und brav zu sein. Lesen halte ich nicht für erforderlich."

„Ostarbeiterinnen" kommen in Berlin an. Sie werden in Rüstungsbetrieben eingesetzt. Ende 1944 gibt es in Deutschland 6,5 Millionen zwangsverpflichtete Arbeiter.

Widerstand in den besetzten Ländern Osteuropas

Binnen kurzer Zeit hatte es die Besatzungspolitik Hitlers fertiggebracht, die meist freundliche Haltung gegenüber den Deutschen in haßerfüllte Feindschaft zu verkehren. Aufgrund der unmenschlichen Besatzungspolitik bildeten sich hinter der deutschen Front Untergrundbewegungen und Partisanengruppen.

In einer Führerbesprechung am 16. Juli 1941 legte Hitler seine Pläne mit Rußland nach einem "Endsieg" dar:

Grundsätzlich kommt es darauf an, den riesenhaften Kuchen (die UdSSR) handgerecht zu zerlegen, damit wir ihn erstens beherrschen, zweitens verwalten und drittens ausbeuten können. Die Russen haben jetzt einen Befehl zum Partisanenkrieg hinter unserer Front gegeben. Dieser Partisanenkrieg hat auch einen Vorteil: er gibt uns die Möglichkeit, auszurotten, was sich gegen uns stellt.
Die Bildung einer militärischen Macht westlich des Urals darf nie wieder in Frage kommen und wenn wir hundert Jahre Krieg führen müßten."

Himmler in einer Rede vor NS-Gruppenführern am 4. Oktober 1943 in Posen:

"... Wie es den Russen geht, wie es den Tschechen geht, ist mir total gleichgültig. Das, was in den Völkern an gutem Blut vorhanden ist, werden wir uns holen, indem wir ihnen, wenn notwendig, die Kinder rauben und sie bei uns großziehen. Ob die anderen Völker in Wohlstand leben oder ob sie verrecken vor Hunger, das interessiert mich nur so weit, als wir sie als Sklaven für unsere Kultur brauchen, anders interessiert mich das nicht."

Aus dieser unmenschlichen Einstellung deutscher NS-Führer heraus, wuchsen in Osteuropa die Partisanenarmeen zu Stärken an, die die deutsche Seite zwangen, mit militärischen Verbänden gegen sie vorzugehen. Die besondere Kampftaktik der Partisanen - Kleinkrieg ohne feste Front, Angriffe überall gleichzeitig und blitzartig, anschließend sofortiger Rückzug in die Verstecke - ließ sie aus diesem ungleichen Krieg zumeist als Sieger hervorgehen.
Das Verhalten der SS-Einheiten und der Reichskommissare gegenüber den "slawischen Untermenschen" und die Zwangsrekrutierung von Arbeitskräften führten dazu, daß sich immer mehr Männer und Frauen den Partisanen anschlossen.
Einzelaktionen gegen Brücken, Eisenbahnen, Lkw-Transporte, Nachschublager usw. häuften sich. Von der russischen Front aus wurden schließlich die Partisanenverbände durch regelmäßige Funkbefehle gezielt eingesetzt. Die immer brutaleren Abschreckungs- und Vergeltungsmaßnahmen, mit denen die deutsche Seite des Problems Herr zu werden versuchte, verschärften nur die Situation. Insbesondere trugen Geiselerschießungen dazu bei, daß Widerstandswille und Haß wuchsen.
Im Laufe des Krieges wurde dadurch der Einsatz von ganzen Divisionen regulärer Armeen hinter der Front notwendig. Auch in Polen, Jugoslawien und in den besetzten Westgebieten bildeten sich Widerstandsgruppen.

Die Versklavung Osteuropas

Krieg in Rußland. Einwohner von Kertsch (Krim) suchen nach ihren Angehörigen unter den Toten.

Nach Hitlers Ansicht brauchte das deutsche Volk zusätzlichen ____________________-____________, der nur im Osten zu erobern war. Er verfolgte das Ziel, die Deutschen als ________________________ in den eroberten Ostgebieten anzusiedeln und die bisherige Bevölkerung zu versklaven oder zu vernichten.
Hitlers Politik in den besetzten Ostgebieten bedeutete die ______________________ des Landes (____ und die ____________________________ von Hunderttausenden zu Zwangsarbeit ins Reich. Die Fremdarbeiter wurden in der ______________________________ und in der ____ eingesetzt.
Aufgrund dieser unmenschlichen Besatzungspolitik bildeten sich hinter der deutschen Front Untergrundbewegungen und __________________________________.
In diesem Kampf steigerte sich die Brutalität von beiden Seiten immer mehr.

Binnen kurzer Frist hatte es die brutale Besatzungspolitik fertiggebracht, die freundliche Haltung der Bevölkerung in haßerfüllte Feindschaft zu verkehren. Partisanenverbände fanden bei der Mehrheit der Bevölkerung Unterstützung.

Die Versklavung Osteuropas

Nach Hitlers Ansicht brauchte das deutsche Volk zusätzlichen ***Lebensraum,*** der nur im Osten zu erobern war. Er verfolgte das Ziel, die Deutschen als ***Herrenvolk*** in den eroberten Ostgebieten anzusiedeln und die bisherige Bevölkerung zu versklaven oder zu vernichten.

Hitlers Politik in den besetzten Ostgebieten bedeutete die ***Ausplünderung*** des Landes (***Nahrungsmittel, Rohstoffe, Kohle, Öl, Maschinen***) und die ***Verschleppung*** von Hunderttausenden zu Zwangsarbeit ins Reich. Die Fremdarbeiter wurden in der ***Landwirtschaft*** und in der ***Rüstungsindustrie*** eingesetzt.

Aufgrund dieser unmenschlichen Besatzungspolitik bildeten sich hinter der deutschen Front Untergrundbewegungen und ***Partisanengruppen.***

In diesem Kampf steigerte sich die Brutalität von beiden Seiten immer mehr.

Binnen kurzer Frist hatte es die brutale Besatzungspolitik fertiggebracht, die freundliche Haltung der Bevölkerung in haßerfüllte Feindschaft zu verkehren. Partisanenverbände fanden bei der Mehrheit der Bevölkerung Unterstützung.

THEMA

Der Umsturzversuch am 20. Juli 1944

LERNZIELE

Gründe, Durchführung und Folgen des Umsturzversuches vom 20. Juli 1944 erklären können.
Roland Freisler als den Mann kennenlernen, der die Attentäter zum Tode verurteilte.
Verstehen, daß der 20. Juli als Gedenktag zur Erinnerung an den deutschen Widerstand eingerichtet worden ist.
Bewußtmachen, welche Bedeutung der deutsche Widerstand für das Nachkriegsdeutschland hatte.

ARBEITSMITTEL / MEDIEN / LITERATURHINWEISE

Folie 1 (Hier starben für Deutschland...), Folie 2 (Roland Freisler), 1 Informationsblatt, 1 Arbeitsblatt

Zusatz: 32 03375 "Widerstand gegen Hitler - 20. Juli 1944" (21 min)

TAFELBILD / FOLIEN

Folie 1

I. Hinführung:

Folie 1 (Hier starben für Deutschland...)

Zielangabe	TA: ***Der Umsturzversuch am 20. Juli 1944***

II. Erarbeitung:

Informationsblatt 1/Film/ Aussprache/LSG	SS: Graf Stauffenberg versuchte am 20. Juli 1944 Hitler mit einer Bombe zu töten. Das Attentat mißlang.

III. Vertiefung:

Folie 2 (Roland Freisler)	SS: Der Präsident des Volksgerichtshofs, Roland Freisler, war im ganzen Volk gefürchtet wegen seiner blutigen Rechtssprechung. Er verurteilte die Attentäter zum Tode.
Information durch den Lehrer	L: Die Hinrichtung in einem Schuppen des Zuchthauses Plötzensee in Berlin wurde für Hitler in allen Einzelheiten gefilmt.

IV. Ausweitung:

Informationsblatt 1	SS: Der 20. Juli ist heute der Gedenktag des deutschen Widerstandes. Er soll daran erinnern, daß viele Menschen für die Freiheit des deutschen Volkes gestorben sind.
Impuls	L: Ist ein Widerstand in dieser Form überhaupt gerechtfertigt? Kann man einen Mord verantworten?
Diskussion	

IV. Sicherung:

Eintrag AB

Der Umsturzversuch am 20. Juli 1944

Allen, die einen Umsturz herbeisehnten, war bewußt, daß er ohne die Mithilfe des Militärs nicht möglich war. Schon früh bildete sich in der Wehrmacht eine Gruppe von Widerstandskämpfern. Nachdem mehrere Versuche, Hitler auszuschalten und einen ehrenhaften Frieden herbeizuführen, fehlgeschlagen waren, beschlossen hohe Offiziere ein Attentat auf Hitler. In einer Aktentasche brachte **Claus Graf Schenk von Stauffenberg** am 20. Juli 1944 eine Bombe in Hitlers Hauptquartier. Hitler wurde von der Explosion nur leicht verletzt, vier seiner Mitarbeiter starben. Der geplante Umsturzversuch war gescheitert. Stauffenberg und drei andere Offiziere wurden standrechtlich erschossen. Kurze Zeit danach brach der Aufstandsversuch zusammen.
Hunderte von Widerstandskämpfern wurden danach auf Befehl Hitlers vom Vorsitzenden des Volksgerichtshofs zum Tode verurteilt und durch Erhängen hingerichtet. Viele Widerstandskämpfer wurden ohne Urteil in die Konzentrationslager gebracht und dort von der SS getötet. Heute ist der **20. Juli der Gedenktag des deutschen Widerstandes.** Er soll vom Willen des deutschen Volkes nach Freiheit und Gerechtigkeit zeugen. Wenn auch der Widerstand gegen Hitlers Gewaltherrschaft im ganzen gesehen erfolglos war, so zeigt er doch, was viele Deutsche damals wirklich gedacht haben.
Er beweist, daß die Gewissenskraft der Widerstandskämpfer stärker war als ihre Angst vor der Gewalt. Dies haben auch bedeutende Politiker des Auslands erkannt und darin die geistige Grundlage des Wiederaufbaus eines neuen Deutschland in Freiheit und Menschenwürde gesehen.

Im „Führerhauptquartier“ – wenige Stunden nach dem Attentat. Unter den Betrachtern (in weißer Uniform) Hermann Göring.

Als Präsident des Volksgerichtshofes, der im ganzen Volk wegen seiner radikalen und blutigen "Rechtssprechung" gefürchtet und berüchtigt war, erreichte Roland Freisler eine traurige Berühmtheit. Vor seinem Richtertisch landeten auch die meisten Beteiligten an dem Umsturzversuch gegen Hitler vom 20. Juli 1944.

Zahlreiche Widerstandskämpfer gegen den Nationalsozialismus wurden nach ihrer Verurteilung durch den Volksgerichtshof in diesem Raum der Haftanstalt Plötzensee erhängt.

Folie 2

GESCHICHTE	NAME: ____________	KLASSE: ____	DATUM: ________	NR.: ____

Der Umsturzversuch am 20. Juli 1944

Das Hauptquartier Hitlers in Ostpreußen war von 3 Sperrzonen umgeben, die nur schwer durchschritten werden konnten, weil für jeden Sperrkreis ein besonderer Ausweis erforderlich war.
Als Stauffenberg am 20. Juli 1944 kurz vor mittags bis in den innersten Sperrkreis gelangt war, mußte er zu seiner Überraschung feststellen, daß die Lagebesprechung nicht in dem üblichen Betonbunker, sondern in dem sogenannten Teehaus stattfand, dessen Erdboden und Decke ohne festen Steinbelag waren.
Hitler war anwesend, außer Himmler und Göring war der übliche Personenkreis versammelt. Stauffenbergs Platz war unmittelbar rechts neben Hitler.
Nachdem der Vortrag (Stauffenbergs) über die Ersatzlage bei der Truppe beendet war, konnte sich Stauffenberg durch einen vorgetäuschten Telefonanruf herausrufen lassen.
Er betätigte die Zündung der Zeitbombe, die sich in seiner Aktentasche befand, stellte sie an das Tischbein, das seinen Platz und den Stuhl Hitlers trennte und verließ das Zimmer. Die Explosion ereignete sich, als Hitler an seinem Platz stehend sich über eine Karte auf dem Tisch beugte.
Die Tatsache des fehlenden Steinbelages hatte zur Folge, daß der Luftdruck der Explosion seinen Ausweg durch die Wand nahm. Die meisten Beteiligten wurden ins Freie geschleudert und kamen so mit dem Leben davon.
Hitler selbst erlitt außer Prellungen und Brandwunden nur eine Verletzung an der rechten Hand. Die Szene bot nach der Explosion ein furchtbares Bild. Es hatte den Anschein, als ob die Insassen des Raumes tot oder sterbend in ihrem Blute lagen.
Stauffenberg hatte sich in der Nähe aufgehalten. Er wartete, bis die Explosion die sonst im Hauptquartier herrschende Stille mit ohrenbetäubendem Krachen unterbrach.
In dem festen Glauben, daß die Bombe das ihr zugedachte Werk verrichtet habe, begab sich Stauffenberg auf den Rückzug. Mit Glück und List gelang es ihm, aus dem Hauptquartier hinauszukommen. Er flog nach Berlin.

Allen, die einen Umsturz planten, war bewußt, daß er ohne die Mithilfe des Militärs nicht möglich war. Schon früh bildete sich in der Wehrmacht eine Gruppe von Widerstandskämpfern. Nachdem mehrere Versuche, Hitler auszuschalten, fehlgeschlagen waren, brachte am 20. Juli 1944 Claus Graf Schenk von Stauffenberg in einer Aktentasche eine Bombe in Hitlers Hauptquartier. Hitler wurde von der Explosion nur leicht verletzt, vier seiner Mitarbeiter starben. Der Umsturzversuch war gescheitert. Hunderte von Widerstandskämpfern wurden zum Tode verurteilt.

Claus Graf Schenk von Stauffenberg (1907–1944)

Heute ist der 20. Juli der ______________________________.

Er soll vom Willen des deutschen Volkes nach Freiheit und Gerechtigkeit zeugen.

Zugleich soll er uns daran erinnern, daß ______________________________

______________________________.

Der Umsturzversuch am 20. Juli 1944

Das Hauptquartier Hitlers in Ostpreußen war von 3 Sperrzonen umgeben, die nur schwer durchschritten werden konnten, weil für jeden Sperrkreis ein besonderer Ausweis erforderlich war.
Als Stauffenberg am 20. Juli 1944 kurz vor mittags bis in den innersten Sperrkreis gelangt war, mußte er zu seiner Überraschung feststellen, daß die Lagebesprechung nicht in dem üblichen Betonbunker, sondern in dem sogenannten Teehaus stattfand, dessen Erdboden und Decke ohne festen Steinbelag waren.
Hitler war anwesend, außer Himmler und Göring war der übliche Personenkreis versammelt. Stauffenbergs Platz war unmittelbar rechts neben Hitler.
Nachdem der Vortrag (Stauffenbergs) über die Ersatzlage bei der Truppe beendet war, konnte sich Stauffenberg durch einen vorgetäuschten Telefonanruf herausrufen lassen.
Er betätigte die Zündung der Zeitbombe, die sich in seiner Aktentasche befand, stellte sie an das Tischbein, das seinen Platz und den Stuhl Hitlers trennte und verließ das Zimmer. Die Explosion ereignete sich, als Hitler an seinem Platz stehend sich über eine Karte auf dem Tisch beugte.
Die Tatsache des fehlenden Steinbelages hatte zur Folge, daß der Luftdruck der Explosion seinen Ausweg durch die Wand nahm. Die meisten Beteiligten wurden ins Freie geschleudert und kamen so mit dem Leben davon.
Hitler selbst erlitt außer Prellungen und Brandwunden nur eine Verletzung an der rechten Hand. Die Szene bot nach der Explosion ein furchtbares Bild. Es hatte den Anschein, als ob die Insassen des Raumes tot oder sterbend in ihrem Blute lagen.
Stauffenberg hatte sich in der Nähe aufgehalten. Er wartete, bis die Explosion die sonst im Hauptquartier herrschende Stille mit ohrenbetäubendem Krachen unterbrach.
In dem festen Glauben, daß die Bombe das ihr zugedachte Werk verrichtet habe, begab sich Stauffenberg auf den Rückzug. Mit Glück und List gelang es ihm, aus dem Hauptquartier hinauszukommen. Er flog nach Berlin.

Allen, die einen Umsturz planten, war bewußt, daß er ohne die Mithilfe des Militärs nicht möglich war. Schon früh bildete sich in der Wehrmacht eine Gruppe von Widerstandskämpfern. Nachdem mehrere Versuche, Hitler auszuschalten, fehlgeschlagen waren, brachte am 20. Juli 1944 Claus Graf Schenk von Stauffenberg in einer Aktentasche eine Bombe in Hitlers Hauptquartier. Hitler wurde von der Explosion nur leicht verletzt, vier seiner Mitarbeiter starben. Der Umsturzversuch war gescheitert. Hunderte von Widerstandskämpfern wurden zum Tode verurteilt.

Claus Graf Schenk von Stauffenberg (1907–1944)

Heute ist der 20. Juli der ***Tag des deutschen Widerstandes.***

Er soll vom Willen des deutschen Volkes nach Freiheit und Gerechtigkeit zeugen.

Zugleich soll er uns daran erinnern, daß ***viele Menschen aus allen Kreisen der Bevölkerung für die Freiheit Deutschlands gestorben sind.***

THEMA

Die Kapitulation Deutschlands am 8. Mai 1945

LERNZIELE

Gründe nennen können, die zur Kapitulation Deutschlands führten.
Bewußtmachen, daß Hitler mit allen Mitteln versuchte, die Niederlage abzuwenden.
Verdeutlichen, daß Hitler auch nicht davor zurückschreckte, Kinder in den Tod gehen zu lassen.
Die Bedeutung der Rede von Bundespräsident Richard von Weizsäcker zum 40. Jahrestag der Beendigung des Zweiten Weltkrieges herausarbeiten.

ARBEITSMITTEL / MEDIEN / LITERATURHINWEISE

Folie 1 (Jugendliche Soldaten), 2 Informationsblätter, 1 Arbeitsblatt

Zusatz: 32 00589 "Dem Ende entgegen 1942 - 1945" (23 min)

TAFELBILD / FOLIEN

Folie 1

I. Hinführung:

Folie 1 (Jugendliche Soldaten)

Zielangabe — TA: ***Die Kapitulation Deutschlands am 8. Mai 1945***

II. Erarbeitung:

Informationsblatt 1/ gemeinsames Erlesen/LSG — SS:

* Spätestens seit der Invasion im Sommer 1944 war die Niederlage Deutschlands nur noch eine Frage der Zeit.
* Der "Volkssturm" sollte Deutschland verteidigen.
* 12 - 14jährige Jungen opferten sich in den letzten Kriegstagen für den "Führer".
* Hitler beging am 30. April 1945 Selbstmord.
* Am 8. Mai 1945 kam es zur bedingungslosen Kapitulation.

III. Vertiefung:

Impuls — L: Mit dem 8. Mai 1945 ändert sich für das deutsche Volk vieles.

SS: Ende des Krieges, Herrschaft der Besatzungsmächte, Suche nach Schuldigen, Kriegsgefangenschaft.

IV. Sicherung:

Eintrag AB

V. Ausweitung:

Informationsblatt 2/ Impuls — L: Bundespräsident Richard von Weizsäcker hielt am 8. Mai 1985 anläßlich des 40. Jahrestags der Beendigung des Zweiten Weltkriegs eine auch im Ausland vielbeachtete Rede.

gemeinsames Erlesen/ Diskussion

Die Kapitulation vom 8. Mai 1945

Die Niederlage Deutschlands war nur noch eine Frage der Zeit. Im Sommer 1944 fand die Invasion in Frankreich statt: Amerikanische und englische Truppen landeten an der nordfranzösischen Küste und rückten weiter gegen Deutschland vor. Auch von Südfrankreich und Italien rückten die Alliierten verstärkt an. Gleichzeitig trieben die russischen Truppen die erschöpften deutschen Ostarmeen vor sich her.
Doch noch immer verkündete die Propaganda den Glauben an den "Endsieg". Im Herbst 1944 ließ Hitler den "Volkssturm" mobilisieren. Alle waffenfähigen Männer zwischen 16 und 60 Jahren mußten Deutschland "mit allen Waffen und Mitteln" verteidigen. Das betraf vor allem Jugendliche und Alte, die gegen die hochgerüsteten und bestens ausgebildeten Truppen der Alliierten geschickt und sinnlos geopfert wurden.
Als Anfang 1945 die Alliierten schon überall die Grenzen des alten Reichsgebietes erreicht hatte, überschlugen sich die "Durchhalteparolen", die der Propagandaminister durch Rundfunk und Zeitungen verbreiten ließ. Der nachlassende Widerstandswille der Wehrmacht wurde mit harten Strafen bedroht. Standgerichte verurteilten in den letzten Tagen des Krieges viele vernünftige Menschen, die die Aussichtslosigkeit des Kampfes erkannt hatten, wegen Feigheit vor dem Feind zum Tode. Als grausame Beispiele blieben Erschossene und Erhängte oft tagelang unbestattet.

Kaltblütig und menschenverachtend war der Aufruf an das "Jungvolk", in der Organisation "Wehrwolf" den Alliierten hinter seinen Frontlinien Schaden zuzufügen. Viele 12- bis 14jährige Hitlerjungen, deren Idealismus und Opferwillen schamlos mißbraucht wurde, opferten sich im Kampf "für den Führer".

Am 25. April 1945 trafen amerikanische und russische Truppen in Torgau an der Elbe zusammen. Am selben Tag wurde Berlin von der Roten Armee eingeschlossen. Die Amerikaner überließen die Eroberung der Stadt den russischen Truppen.
Zwei Wochen wurde um die deutsche Hauptstadt gekämpft. Hitler lebte zu diesem Zeitpunkt in einem unterirdischen Bunker in der Reichskanzlei. Als er erkennen mußte, daß es keinen Ausweg mehr gab, verübte er am 30. April 1945 Selbstmord.
Er hatte das Volk in die Katastrophe geführt und entzog sich nun der Verantwortung. Bezeichnend für seine Einstellung waren seine Worte, die er kurz vor seinem Ende gesagt haben soll:

> *"In diesem Krieg gibt es keinen Kompromiß. Es gibt nur Sieg oder Untergang. Sollte das deutsche Volk versagen, dann wird es untergehen. Ja, dann soll es untergehen, dann soll es krepieren ... Versagt das deutsche Volk, dann wird das Ende für Deutschland grausam sein. Aber mehr hat es dann auch nicht verdient."*

Auch Joseph Goebbels, Heinrich Himmler und weitere Personen aus dem Umkreis Hitlers nahmen sich das Leben. Andere führende Nationalsozialisten wurden festgenommen, viele konnten untertauchen.
Am 8. Mai 1945 unterzeichnete Generalfeldmarschall Keitel die bedingungslose Kapitulation Deutschlands.

Ansprache des Bundespräsidenten Richard von Weizsäcker zum 40. Jahrestag der Beendigung des Zweiten Weltkrieges (Auszüge)

... Viele Völker gedenken heute des Tages, an dem der Zweite Weltkrieg in Europa zu Ende ging. Seinem Schicksal gemäß hat jedes Volk dabei seine eigenen Gefühle. Sieg oder Niederlage, Befreiung von Unrecht und Fremdherrschaft oder Übergang zu neuer Abhängigkeit, Teilung, neue Bündnisse, gewaltige Machtverschiebungen - der 8. Mai 1945 ist ein Datum von entscheidender historischer Bedeutung in Europa.

Der 8. Mai ist für uns vor allem ein Tag der Erinnerung an das, was Menschen erleiden mußten. Er ist zugleich ein Tag des Nachdenkens über den Gang unserer Geschichte. Je ehrlicher wir ihn begehen, desto freier sind wir, uns seinen Folgen verantwortlich zu stellen.

... Und dennoch wurde von Tag zu Tag klarer, was es heute für uns alle gemeinsam zu sagen gilt: Der 8. Mai war ein Tag der Befreiung. Er hat uns alle befreit von dem menschenverachtenden System der nationalsozialistischen Gewaltherrschaft.

Niemand wird um dieser Befreiung willen vergessen, welche schweren Leiden für viele Menschen mit dem 8. Mai erst begannen und danach folgten. Aber wir dürfen nicht im Ende des Krieges die Ursache für Flucht, Vertreibung und Unfreiheit sehen. Sie liegt vielmehr in seinem Anfang und im Beginn jener Gewaltherrschaft, die zum Krieg führte.

Wir dürfen den 8. Mai 1945 nicht vom 30. Januar 1933 trennen.

... Wir lernen aus unserer eigenen Geschichte, wozu der Mensch fähig ist. Deshalb dürfen wir uns nicht einbilden, wir seien nun als Menschen anders und besser geworden.

Es gibt keine endgültig errungene moralische Vollkommenheit - für niemanden und für kein Land! Wir haben als Menschen gelernt, wir bleiben als Menschen gefährdet. Aber wir haben die Kraft, Gefährdungen immer von neuem zu überwinden.

Hitler hat stets damit gearbeitet, Vorurteile, Feindschaften und Haß zu schüren. Die Bitte an die jungen Menschen lautet:

Lassen Sie sich nicht hineintreiben in Feindschaft und Haß

gegen andere Menschen,
gegen Russen oder Amerikaner,
gegen Juden oder Türken,
gegen Alternative oder Konservative,
gegen Schwarz oder Weiß.

Lernen Sie, miteinander zu leben, nicht gegeneinander.

... Schauen wir am heutigen 8. Mai, so gut wir es können, der Wahrheit ins Auge.

GESCHICHTE	NAME: ____________	KLASSE: ____	DATUM: ________	NR.: ____

Die Kapitulation Deutschlands am 8. Mai 1945

Die Niederlage Deutschlands war seit dem Sommer 1944 nur noch eine Frage der Zeit. Trotzdem ließ Hitler im Herbst 1944 den "________________________" mobilisieren. Alle waffenfähigen Männer zwischen ______ und ______ Jahren mußten Deutschland mit allen Waffen und Mitteln verteidigen. Durch den Aufruf an das "Jungvolk" erreichte Hitler, daß sich selbst 12jährige Jungen noch für den "Führer" opferten.

Soldaten der Roten Armee hissen die russische Fahne in Berlin.

Die Niederlage war jedoch nicht aufzuhalten.
Am ____________ trafen amerikanische und russische Truppen in Torgau an der Elbe zusammen.
Als Hitler erkennen mußte, daß es keinen Ausweg mehr gab, entzog er sich der Verantwortung und verübte am __________ __________ in der Reichskanzlei in Berlin ____________________.
Auch ____________ ____________________ (Propagandaminister) und ____________________ ____________ (Chef der SS) nahmen sich das Leben. Viele NS-Größen konnten jedoch untertauchen.
Am 8. Mai 1945 trat die ____ ____________________ in Kraft.

Die Unterzeichnung der deutschen Kapitulation durch Generalfeldmarschall Keitel

Die Kapitulation Deutschlands am 8. Mai 1945

Die Niederlage Deutschlands war seit dem Sommer 1944 nur noch eine Frage der Zeit. Trotzdem ließ Hitler im Herbst 1944 den " ***Volkssturm*** " mobilisieren. Alle waffenfähigen Männer zwischen ***16*** und ***60*** Jahren mußten Deutschland mit allen Waffen und Mitteln verteidigen. Durch den Aufruf an das "Jungvolk" erreichte Hitler, daß sich selbst 12jährige Jungen noch für den "Führer" opferten.

Soldaten der Roten Armee hissen die russische Fahne in Berlin.

Die Niederlage war jedoch nicht aufzuhalten. Am ***25. April 1945*** trafen amerikanische und russische Truppen in Torgau an der Elbe zusammen. Als Hitler erkennen mußte, daß es keinen Ausweg mehr gab, entzog er sich der Verantwortung und verübte am ***30. April 1945*** in der Reichskanzlei in Berlin ***Selbstmord.*** Auch ***Joseph Goebbels*** (Propagandaminister) und ***Heinrich Himmler*** (Chef der SS) nahmen sich das Leben. Viele NS-Größen konnten jedoch untertauchen. Am 8. Mai 1945 trat die ***bedingungslose Kapitulation Deutschlands*** in Kraft.

Die Unterzeichnung der deutschen Kapitulation durch Generalfeldmarschall Keitel

THEMA

Not und Elend der Bevölkerung

LERNZIELE

Bewußtmachen, daß Krieg Not und Elend für die Menschen bedeutet.
Bereitschaft wecken, gegen jede Kriegshetze Stellung zu nehmen.

ARBEITSMITTEL / MEDIEN / LITERATURHINWEISE

Folie 1 (Leid im Krieg), 2 Informationsblätter, 1 Arbeitsblatt

Zusatz: 42 04186 "Flucht und Vertreibung I: Inferno im Osten" (57 min)
42 04187 "Flucht und Vertreibung II: Die Rechtlosen" (57 min)
42 04188 "Flucht und Vertreibung III: Zwischen Fremde und Heimat" (56 min)

TAFELBILD / FOLIEN

Luftangriff

... Endlich hat sie den S-Bahnsteig erreicht. Erleichtert lehnt sie sich mit dem Rad an die hellgrüne Kachelwand und läßt alle, die nach ihr kommen, an sich vorbei. Dabei muß sie aufpassen, nicht mit fortgeschoben zu werden. Wenn sie hier stehenbleibt, findet der Gropa sie wenigstens gleich.
Da! Das erste laute Pfeifen! Kurz darauf schlägt es irgendwo ein. Luftdruck und Erschütterung lassen die Menschen zusammenfahren. Angstvolle Rufe werden laut. Änne spürt, wie ihr Hals ganz trocken wird. Wenn doch nur der Gropa endlich da wäre!
Ein neuer Einschlag, noch näher, noch lauter. Der ganze Bahnhof bebt. Irgendwo heult ein Kind, ein Baby schreit. Eine Frau ruft laut: "Paul! Paul! Wo biste denn?"...
Änne schaut nur immer die Treppe hoch, von der ständig weitere Menschen in den Tunnel herabdrängen. Wo der Gropa nur bleibt? Hat er es doch nicht mehr geschafft, ist er in irgendeinen anderen Luftschutzraum hinein?
Wieder dieses laute Pfeifen, und dann eine neuer Einschlag, der die Tunnelwände beben läßt. Kurz darauf zischt, pfeift und kracht es mehrere Minuten lang ununterbrochen. Nicht weit von Änne fällt eine ganze Familie auf die Knie und betet. Woanders wird unverständliches Zeug geschrien. ...

Auszug aus KORDON, Klaus: "Der erste Frühling" (Beltz Verlag, 1993)

Folie 1

I. Hinführung:

Folie 1 (Leid im Krieg)

Zielangabe — TA: ***Not und Elend der Bevölkerung***

II. Erarbeitung:

Informationsblätter 1 und 2/ arbeitsteilige PA/GA

L: Berichte über die Not der
- Flüchtlinge
- Vertriebenen
- Zivilbevölkerung durch Bombenangriffe
- Soldaten.

Auswertung/LSG

III. Vertiefung:

AB/AA

L: Erläutere, worunter die einzelnen Personengruppen wohl am meisten zu leiden hatten.

Aussprache

SS: **Die Soldaten** mußten jeden Augenblick um ihr Leben fürchten.
Die Flüchtlinge wußten nicht, ob sie den Westen erreichen würden und was sie dort erwartet.
Die Vertriebenen mußten damit rechnen, getötet zu werden.
Die Frauen hatten Angst um das Leben ihrer Kinder und hofften, daß der Mann den Krieg überlebt.
Die Kinder konnten keine Minute unbeschwert spielen und wuchsen im Angesicht von Tod und Elend auf.

IV. Ausweitung:

Impuls

L: Wenn wir nur eines aus der Geschichte lernen könnten, wäre schon viel gewonnen.

SS: Es darf keinen Krieg mehr gegen!

V. Sicherung:

Eintrag AB

Not und Elend der Bevölkerung

Flüchtlinge und Vertriebene

Flüchtlingstrecks

In den letzten Monaten des Krieges flohen Millionen von Deutschen in Ost- und Südosteuropa vor der Roten Armee nach Westen. Da die Behörden und Parteidienststellen der Bevölkerung die Lage an der Front verschwiegen und nichts zu einer Evakuierung aus dem Kriegsgebiet unternommen hatten, setzte eine überstürzte Fluchtbewegung ein. Angst vor den Übergiffen der Roten Armee trieb die Zivilbevölkerung nach Westen.
Schon am 16. Oktober 1944 gelang es den Russen, nach Ostpreußen durchzubrechen. Jetzt nützten die Durchhalteparolen nichts mehr. Lange Flüchtlingstrecks setzten sich in Bewegung. Jeder konnte nur einen geringen Teil seiner Habe auf den schwerfälligen Pferdewagen mitnehmen, die mühsam über die Landstraße holperten.
Im letzten Kriegswinter versuchten 4 - 5 Millionen Deutsche vor den anrückenden sowjetischen Armeen aus den Ostprovinzen zu fliehen. Da die Verkehrsmittel für ihre Evakuierung nicht ausreichten, begaben sie sich in langen Flüchtlingstrecks auf den Weg nach Westen. Zehntausende starben auf den Landstraßen vor Hunger und Entkräftung. Viele Kolonnen wurden zudem von russischen Tieffliegern und Panzern beschossen.

Diejenigen, die nicht rechtzeitig fliehen konnten oder die Heimat nicht verlassen wollten, waren der Roten Armee ausgeliefert. Mit Plünderungen, Verwüstungen, Erschießungen und Vergewaltigungen der Frauen rächten sich nun die sowjetischen Truppen an den Verbrechen, die von Deutschen auf russischem Boden jahrelang begangen worden waren.

In Güterwagen werden ausgewiesene Deutsche nach dem Westen transportiert.

Nach der Flucht eines großen Teils der Deutschen begann die gewaltsame Vertreibung. Die Ausweisung der Deutschen erfolgte mit großer Härte. Sie wurden auf Plätzen wie Vieh zusammengetrieben, in Lagern ohne Verpflegung gesammelt und dann in Zügen und Lastwagen in das zerbombte, ausgehungerte Deutschland abtransportiert. Fast 3 Millionen Deutsche kamen bei der Vertreibung ums Leben.

Das grausame Vorgehen erregte im westlichen Ausland Widerspruch. In England wurden im Parlament Stimmen gegen diese Behandlung laut. Ein Regierungssprecher antwortete darauf: "Ich glaube nicht, daß die Deutschen ... das geringste Recht dazu haben, sich darüber zu beklagen."

Bombenangriffe

Gerettete nach einem Bombenangriff

Wie in keinem Krieg zuvor hatte die Zivilbevölkerung zu leiden; zuerst in den von Deutschland überfallenen Ländern, dann in Deutschland selbst. Lebensmittel wurden knapp, Brennstoff war Mangelware. Vor allem die Stadtbewohner waren von dieser Not betroffen. Zermürbend waren vor allem die Luftangriffe. Jede Minute - ob während der Arbeit oder mitten in der Nacht - mußten die Menschen mit "Fliegeralarm" rechnen. Nach dem ersten Ton der Sirene versuchten die Menschen so schnell wie möglich die Luftschutzräume, meist Keller, aufzusuchen. Dort saßen sie und hörten die Detonationen der Bomben.
Vor allem der Bombenkrieg forderte unter der Zivilbevölkerung die meisten Opfer. Schon 1940 wollte Hitler die Engländer durch das "Ausradieren" ihrer Städte in die Knie zwingen. Entsetzlich waren auch die Folgen deutscher Bombenangriffe auf holländische Städte wie Rotterdam und Amsterdam. Sie wurden aber noch weit übertroffen von dem Leid und den Zerstörungen, die englische und amerikanische Bomberflotten in deutschen Städten anrichteten. Seit 1942 verwandelten sie ganze Wohnviertel in Schutt und Asche. Bis Kriegsende starben ca. 600.000 Zivilpersonen, meist Frauen und Kinder, unter grausamen Qualen. Allein beim Bombenangriff auf Dresden in der Nacht vom 13. auf den 14. Februar 1945 kamen vermutlich 90.000 Menschen im Feuersturm ums Leben, unter ihnen viele Flüchtlinge aus den Ostgebieten. Die gezielte Vernichtung von Wohngebieten sollte in erster Linie die Bevölkerung zermürben und jeden Widerstandswillen brechen.

Soldaten erleiden körperliche und seelische Qualen

Die Strapazen, denen die Soldaten ausgesetzt waren, können wir heute kaum noch erahnen. Sie lebten oft jahrelang getrennt von ihren Angehörigen, litten unter Hunger, Kälte, Verwundungen und mußten ständig darauf gefaßt sein, im Kampf zu sterben. Millionen von ihnen gerieten in Gefangenschaft, büßten dort ihre Gesundheit ein oder starben an Hunger, Seuchen, Erschöpfung oder grausamer Behandlung durch die Bewacher.

Ein Soldat berichtet in einem Feldpostbrief aus Stalingrad:

"Ich war entsetzt, als ich die Karte sah. Wir sind ganz allein, ohne Hilfe von außen. Hitler hat uns sitzenlassen. Dieser Brief geht noch ab, wenn der Flugplatz noch in unserem Besitz ist. Wir liegen im Norden der Stadt. Die Männer meiner Batterie ahnen es auch, aber sie wissen es nicht so genau wie ich. So also sieht das Ende aus. In Gefangenschaft gehen Hannes und ich nicht, ich habe gestern vier Mann gesehen, die von den Russen gefangengenommen waren, nachdem unsere Infantrie wieder den Stützpunkt genommen hatte. Nein, in Gefangenschaft gehen wir nicht. Wenn Stalingrad gefallen ist, wirst du es hören und lesen, und Du weißt dann, daß ich nicht wiederkehre."

GESCHICHTE	NAME: ______	KLASSE: ____	DATUM: ______	NR.: ____

Not und Elend der Bevölkerung

"Vermißt"

Ankunft eines Flüchtlingszuges aus dem Osten

Angst, Tod, Verzweiflung, Schrecken, Verwüstung, Leid - alle Menschen hatten unter dem Krieg zu leiden:

Die Soldaten ______________________________

______________________________.

Die Flüchtlinge ______________________________

______________________________.

Die Vertriebenen ______________________________

______________________________.

Die Frauen ______________________________

______________________________.

Die Kinder ______________________________

______________________________.

↓

Wenn wir eines aus der Geschichte lernen wollen, dann ist das Wichtigste diese Erkenntnis:

Not und Elend der Bevölkerung

"Vermißt"

Ankunft eines Flüchtlingszuges aus dem Osten

Angst, Tod, Verzweiflung, Schrecken, Verwüstung, Leid - alle Menschen hatten unter dem Krieg zu leiden:

Die Soldaten ______________________________

______________________________.

Die Flüchtlinge ______________________________

______________________________.

Die Vertriebenen ______________________________

______________________________.

Die Frauen ______________________________

______________________________.

Die Kinder ______________________________

______________________________.

↓

Wenn wir eines aus der Geschichte lernen wollen, dann ist das Wichtigste diese Erkenntnis:

Es darf keinen Krieg mehr geben!